Sabine Föllinger

Aischylos

Sabine Föllinger

AISCHYLOS

Meister der griechischen Tragödie

Verlag C.H.Beck

Mit fünf Stammtafeln und fünf Abbildungen im Text

Satz: Fotosatz Amann, Aichstetten
Druck und Bindung: Druckerei C. H. Beck, Nördlingen
Gedruckt auf alterungsbeständigem Papier
(hergestellt aus chlorfrei gebleichtem Zellstoff)
Printed in Germany
ISBN 978 3 406 59130 3

www.beck.de

Inhalt

Einleitung

«Schluss mit dem Dozieren ex cathedra. Von heute an sollen Sie die Märchen der Brüder Grimm, die Tragödien des Aischylos, das Ramayana oder die keltischen Legenden lesen. Ganz nach Belieben. Sie sollen ihren Gehalt herausdestillieren und analysieren, wie diese Texte funktionieren und warum sie unsere Gefühle ansprechen.» Mit diesen Worten fordert in Carlos Ruiz Zafóns Roman «Das Spiel des Engels» der Verleger Corelli, eine mephistophelische Gestalt, den jungen Schriftsteller David Martín auf, zu begreifen und diese Erkenntnis in seiner schriftstellerischen Arbeit umzusetzen, daß «die Menschen Ideen und Vorstellungen durch Erzählungen, durch Geschichten lernen und aufnehmen, nicht durch Schulmeisterlektionen und theoretische Abhandlungen.»

Literatur als Weltdeutung! Es ist kein Zufall, daß in diesem Zusammenhang gerade die Tragödie des Aischylos auftaucht. Denn die Tragödie ist allgemein ein Modell für die Realität, weil sie konzentriert und fokussiert, ja in extrem zugespitzter Form menschliches Verhalten, seine Motivationen, seine Problematiken und Abgründe, sein Scheitern und das damit verbundene Leid darstellt – und das trifft in besonderer Weise auf das dramatische Werk des Aischylos zu. Aischylos, ein «Meister der Tragödie»! Das haben bereits die Athener des 5. Jahrhunderts v. Chr. erkannt, die nach seinem Tod, entgegen der sonst üblichen Praxis, für seine Tragödien die Erlaubnis der Wiederaufführung erteilten. Was aber macht Aischylos zu einem «Meister»? Denn weder stand er ganz am Beginn der Tragödie noch bildeten allgemeiner Auffassung zufolge seine Werke den Höhepunkt der technischen Entfaltungsmöglichkeiten. Ja, einer in Handbüchern durchaus noch geläufigen Entwicklungstheorie zufolge sind seine Dramen eine Art Vorstufe zu der Vollendung der Gattung in der Sophokleischen Tragödie.

Das «Meisterhafte» an Aischylos' Werk besteht in der Komplexität, die seine Darstellung menschlicher Problematik auszeichnet. Kein anderer klassischer Tragiker knüpft ein so dichtes Gewebe von Kausalitäten, um die Bedingungen menschlichen Handelns zu beleuchten. In den Aischyleischen Tragödien erscheinen die Protagonisten in mannigfaltigen Bezügen, welche die Grundlagen menschlicher Handlungen bilden und sie beeinflussen. Dies macht die Dramen eindrucksvoll und großartig – aber auch schwierig! Dem modernen Theaterbesucher erschließen sich Aischylos' Dramen weniger leicht als die Sophokleischen oder Euripideischen Werke, gerade weil aufgrund der Komplexität von Ursachen und Motivationen das Vorwissen über die mythischen, historischen, politischen und religiösen Voraussetzungen für ihr Verständnis noch wichtiger als für die Deutung der beiden anderen Dramatiker ist. Aischylos wollte aber offensichtlich auch gar keine leichte Kost bieten, galt doch schon den Zeitgenossen seine Sprache als schwierig. Der Erfolg, den er bei den Athenern genoß, sagt – so gesehen – nicht nur über den Dichter, sondern auch über das Publikum etwas aus. Um so bedauerlicher ist es, daß uns von seiner umfangreichen Produktion mit sieben Tragödien nur relativ wenig erhalten ist. Darunter aber befindet sich, um das Urteil des Dichters Charles Swinburne zu zitieren, «the greatest achievement of the human mind», die *Orestie*. Diese Trilogie, die eine komplexe Textur von Konflikten vorführt und in der epochemachenden Inszenierung von Peter Stein 1980 in Berlin vollständig auf die Bühne gebracht wurde, zieht in jüngster Zeit verstärkt das Interesse der Theater auf sich. Davon zeugen die Inszenierungen der letzten fünf Jahre in Regensburg, Berlin, Karlsruhe, Nürnberg und Würzburg.

Das vorliegende Buch ist als Einführung gedacht, bietet aber auch durchaus eigene Deutungen und Akzentsetzungen. Geistesgeschichtliche, allgemein historische und künstlerische Voraussetzungen sollen geklärt, Probleme aufgezeigt und Interpretationen der einzelnen Dramen geboten werden, die sich, wie in der Darstellung der *Orestie* besonders deutlich werden wird, nicht unbedingt mit der *communis opinio* der Forschung decken. Dabei führe ich Überlegungen meiner früheren Untersuchungen zu Aischylos weiter und baue sie für ein breiteres Publikum aus. Gegenüber einer allzu einseitigen Auffassung Aischyleischer Tragödien als Medium theologischer Aussagen oder als Vehikel demokratischer Meinungsbildung, wie sie Teile der Forschung der letzten Jahre bestimmt, soll die Vielschichtigkeit deutlich werden, die Aischylos' Dramen ausmacht, und insbesondere das Innovative seiner dramatischen Kunst Würdigung finden.

Nach einem längeren, grundlegenden Kapitel zu Autor und Werk werden die Dramen in der Reihenfolge ihrer Entstehung vorgestellt. Den *Prometheus*, dessen Authentizität umstritten ist, beziehe ich, mit aller Vorsicht, mit ein und stelle ihn an den Schluß der Einzeldeutungen. Innerhalb der den einzelnen Stücken gewidmeten Kapitel wird zur ersten Orientierung ein Überblick über den Inhalt geboten. Daran schließt eine Einführung an, bevor drittens die dem Dramenverlauf folgende Interpretation Einzelaspekte erschließt und zu einer Gesamtdeutung führt. Ein Einblick in die fragmentarische Überlieferung eines Aischyleischen Satyrspiels und in die Fragmente soll einen Eindruck von dem vermitteln, was uns verlorengegangen ist. Den Abschluß bildet ein Ausblick auf die Rezeption, der die grundlegende Bedeutung der Aischyleischen Dramen für die Literaturgeschichte erhellen soll.

Die Übersetzungen der Zitate aus den Dramentexten stammen, sofern nichts anderes angegeben ist, von mir. Dafür, daß sie der Sprachgewalt des Originals nicht gleichkommen, mögen mir Dichter und Leser Verzeihung gewähren.

Danken möchte ich an dieser Stelle dem Verlagslektor Herrn Dr. Stefan von der Lahr für seine kompetente und motivierende Betreuung des Buches und, last but not least, meinem Mann Oliver Stoll für seine unendliche Geduld.

1 Charakteristika der Aischyleischen Tragödie

Die Tragödie: Begriff, Entstehung und Funktion

Die Begriffe «Tragödie» und «tragisch» haben eine lange Geschichte durchlaufen und sind mit immer neuen Bedeutungen belegt worden. In besonderem Maße einflußreich waren Schellings Auffassung, daß Tragik im Konflikt von Außenwelt und menschlicher Freiheit bestehe, und Hegels Vorstellung, das Tragische sei der Konflikt zweier Prinzipien mit gleichem Geltungsanspruch. Die Begriffsgeschichte nahm ihren Ausgang von Aristoteles' (4. Jahrhundert v. Chr.) Diskussion der Tragödie. Aristoteles widmete seine literaturtheoretischen Überlegungen in der *Poetik* hauptsächlich der Tragödie. Dabei hatte er vor allem die Dramen des 5. Jahrhunderts vor Augen, die er qualitativ – als ‹Mustertragödie› gilt ihm Sophokles' *König Ödipus* – den Werken seiner eigenen Zeit vorzog, wenngleich er auf diese auch rekurriert. Wenn er beschreibt, was eine Tragödie ausmacht, oder vorschreibt, wie eine gute Tragödie auszusehen habe, entwickelte er also *post festum* Kriterien auf empirischer Grundlage.

Gleichzeitig konzipierte Aristoteles seine Vorstellungen in Auseinandersetzung mit und Absetzung von anderen Auffassungen, wobei insbesondere die Stellungnahme zu Platons Kritik an der Gattung Tragödie wichtig war. In der Definition der Tragödie, die Aristoteles in Kapitel 6 seiner *Poetik* gibt, ist das entscheidende Merkmal der Tragödie, daß sie menschliches – und zwar, im Unterschied zur Komödie, ernsthaftes – Handeln nachahme. Darum ist es folgerichtig, daß er von den verschiedenen Elementen, die er als Konstituenten einer Tragödie nennt (Handlungsstruktur – Plot –, Charaktere, Argumentationsstrukturen der Reden, stilistische Gestaltung, Inszenierung und Melodik), der Handlungsstruktur die erste Stelle zuweist. Es folgen die Charaktere, denn eine sinnvolle, in sich schlüssige und glaubhafte Handlungsführung, die Aristoteles für eine gute Tragödie fordert (*Poetik*, Kapitel 8,10,11), setzt stimmige Charaktere voraus. Der Inszenierung weist

Aristoteles die unwichtigste Rolle zu und behandelt sie dementsprechend in der *Poetik* eher marginal. Zwar ist er sich der psychologischen Effekte einer eindrucksvollen Inszenierung bewußt, aber die Qualität einer Tragödie hängt für ihn nicht von ihrer Aufführung ab. Warum das so ist, kann man leicht erkennen. Eine Inszenierung – selbst eine sehr gute – ist etwas Temporäres, die Tragödie als literarisches Werk hingegen hat Bestand. Darum stellt Aristoteles fest, eine Tragödie entfalte ihre Wirkung auch ohne Aufführung und Schauspieler, also nur beim Lesen. Handlungsführung und Charaktere sind ja tatsächlich das, was auch heute noch, obwohl wir keine Kenntnisse über die jeweilige antike Aufführung mehr besitzen, die Stücke ausmacht und uns fasziniert. Denn es sind keine Regieanweisungen für die Dramen erhalten, so daß sich Hinweise über Aktionen von Schauspielern und Chor nur implizit den Texten entnehmen lassen. Äußere Effekte können die Wirkung verstärken, bilden aber nicht die Essenz eines Stückes. Daß die Athener selbst das so gesehen haben, beweist die Tatsache, daß sie bei den Aischyleischen Tragödien eine Ausnahme von der Regel der nur einmaligen Aufführung von Tragödien machten und Wiederaufführungen erlaubten. Denn dies heißt ja nichts anderes, als daß sie in ihnen ein Potential erkannten, das von der Erstaufführung mit all ihren Besonderheiten der Inszenierung unabhängig war.

Aristoteles ist auch für die Entstehung der Gattung Tragödie eine wichtige Quelle. In der modernen Forschung ist bereits die Deutung des Begriffs Tragödie umstritten. Was bedeutet das aus den Bestandteilen *trag* (*trágos* = Bock) und *odía* (Gesang) bestehende Wort «*tragodía*» («Bock-Gesang»)? Wahrscheinlicher als die religionsgeschichtlich inspirierte Interpretation, es habe sich ursprünglich um einen Gesang zu einem im Dionysoskult integrierten Opfer eines Bockes oder um den Gesang um den Preis eines Bockes gehandelt, ist die Auffassung, «*tragodía*» bezeichne einen «Gesang der Böcke», und diese Böcke seien als Satyrn, also Mischwesen aus Mensch und Tier, verkleidete Anhänger des Dionysoskults gewesen. Um nun die Verbindung zu der literarischen Form Tragödie zu begreifen, muß man etwas weiter ausholen und darauf, wie man sich die Entstehung der Tragödie vorzustellen hat, eingehen. Auch für diese schwierige Frage gibt die *Poetik* des Aristoteles wichtige Auskünfte (Kapitel 4), die, mit anderen aus antiken Zeugnissen stammenden Informationen kombiniert, folgende Hypothese zulassen:

Am Beginn stand der Dithyrambos, ein Kultgesang für den Gott Dionysos, der ursprünglich improvisiert wurde. Den Chor bildeten als Satyrn verkleidete Männer, die sangen und tanzten. Möglicherweise am Ende des 7. Jahrhunderts v. Chr. hat Arion von Methymna als erster beide Elemente – das chorisch-heroische und das spaßig-satyrhafte – miteinander verbunden und aus dem eigentlich improvisierten Gesang eine feste Form gebildet, ihn also literarisiert. Dabei wurden, wie man vermuten kann, mythische Erzählungen zum Inhalt gemacht, und damit trat eine wichtige Änderung ein, denn die Tragödie bzw. diese ihre Vorform wurde, wie Aristoteles es ausdrückt, von einer Gattung mit spaßhaften Inhalten zu einer Form mit seriösen Sujets. Entscheidend für die weitere Entwicklung und die Bedeutung der Tragödie ist ihre politische Institutionalisierung. Diese fällt in die Zeit der athenischen Alleinherrschaft. Im Jahr 534 v. Chr. führte der athenische Tyrann Peisistratos, um das Volk für sich zu gewinnen, die Dionysien, ein Fest zu Ehren des mit Ekstase und Wein verbundenen Gottes Dionysos, ein. Dies war möglicherweise die Geburtsstunde der Tragödie. Denn zu diesem Anlaß durfte der Dichter Thespis, der bis dahin offensichtlich auf einer Art Wanderbühne mit Rollen Vorführungen veranstaltet hatte, zum erstenmal offiziell auftreten. Er galt der Antike allgemein als Schöpfer der Tragödie. Wenn man verschiedene Überlieferungen kombiniert, kommt man zu dem Ergebnis, daß er als erster auf die Idee kam, den Chor in einen Dialog mit einem Schauspieler, *hypokritḗs*, treten zu lassen, welcher nicht sang, sondern sprach. Mit dieser Neuerung verband die Tragödie nun drei Elemente, die auch unser modernes Musical aufweist: Gesang, Tanz und Sprechen.

Über den Nachfolger des Thespis, Choirilos, ist fast nichts bekannt, im Unterschied zu Phrynichos, mit dem dann Aischylos in Konkurrenz trat. Phrynichos soll seinen ersten Sieg um 510 v. Chr. errungen haben. Die für ihn überlieferten Dramentitel zeugen davon, daß er Stücke mit mythischen Sujets auf die Bühne brachte, aber auch insofern innovativ war, als er Geschehnisse der Zeitgeschichte dramatisierte, also das Subgenre des Historiendramas begründete. Allerdings war sein wohl erster Versuch, die 492 v. Chr. aufgeführte Tragödie *Die Einnahme Milets*, kein Erfolg. Dies hatte seinen Grund darin, daß er in diesem Stück eine Niederlage der Athener auf die Bühne brachte: Im Jahr 494 v. Chr. hatte eine Erhebung der griechischen Kolonisten Kleinasiens, die Athen unterstützt hatte, mit der brutalen Niederschlagung durch den persischen Herrscher geendet. Eine Wiederholung dieser Niederlage im Theater goutierte das athenische Publikum offensichtlich nicht und ließ es den Dichter mit einer Geldstrafe büßen. Bei seinem nächsten Historiendrama ging Phrynichos geschickter vor. 476 v. Chr. thematisierte er den Sieg der Griechen über die Perser bei Salamis und ließ das Geschehen aus der Sicht der geschlagenen Perser spielen. Dieses Werk regte Aischylos offensichtlich zu seiner Tragödie *Die Perser* an, die er 472 v. Chr. auf die Bühne brachte. Bereits die wenigen für Phrynichos überlieferten Dramentitel und Fragmente bezeugen, daß Aischylos sein dramatisches Œuvre in Auseinandersetzung mit ihm produzierte.

Aischylos kam der antiken Überlieferung zufolge für die Entwicklung der Tragödie zentrale Bedeutung zu. Denn er beschnitt die Rolle des Chores, indem er den zweiten Schauspieler einführte und damit den Sprechpartien und der schauspielerischen Aktion mehr Gewicht gab. Die Einführung des dritten Schauspielers soll Aristoteles zufolge Sophokles, dem zweiten großen Tragödiendichter des 5. Jahrhunderts v. Chr., zu verdanken sein. Daß Aischylos zwei Schauspieler einsetzte, schuf ganz neue dramatische Möglichkeiten gegenüber einer Situation, da dem Chor nur ein Schauspieler gegenübertrat.

Mit der begrenzten Zahl von Schauspielern, von denen jeder mehrere Rollen übernehmen mußte, ist gleichzeitig ein wesentlicher Zug der griechischen Tragödie angesprochen. Denn da ein und derselbe Schauspieler verschiedene Rollen übernahm, war eine ungebrochene Identifikation der Zuschauer mit den Personen auf der Bühne, wie sie in der Regel das moderne Theater anstrebt, nicht ohne weiteres gegeben. Dieser ‹Verfremdungseffekt› wurde dadurch verstärkt, daß alle Charaktere von Männern gespielt wurden. Dies galt auch für die Frauenrollen, die für die attische Tragödie sehr wichtig sind. Die Schauspieler trugen Masken, so daß ihnen eine individuelle Ausgestaltung der Rollen mit Hilfe von Mimik nicht möglich war. Sie mußten andere Mittel, wie Gestik und eine bestimmte Sprechtechnik, einsetzen.

Dies führt uns zu den speziellen Produktionsbedingungen, die für eine Tragödie der griechischen Klassik galten. Entsprechend ihrer Entwicklung aus einem Kultgesang und ihrer Installierung im Rahmen von Feierlichkeiten des Stadtstaats Athen zu Ehren des Gottes Dionysos hatte die Aufführung einer Tragödie einen politisch-religiösen

Charakter. Dionysos war der Theatergott. Er stand für Befreiung und Lösung, für Rausch und Identitätswechsel. Die ihm gewidmeten Feste waren die Dionysien und die Lenäen. Die Dionysien waren das wichtigere Fest, da an ihm mehr Gäste aus der restlichen griechischen Welt und außergriechischen Gebieten teilnahmen. So dienten die Dionysien auch der außenpolitischen Präsentation Athens. Die Dichter produzierten die Dramen im Rahmen eines Wettbewerbs (*Agón*) stets speziell für ein bestimmtes Dionysienfest, Wiederaufführungen waren nicht erlaubt – bis auf die bereits erwähnte bezeichnende Ausnahme der Aischylos-Tragödien. Im Theater saß ein großes, nicht nur athenisches, Publikum. Die Zuschauer kamen aus allen sozialen Schichten. Es ist wahrscheinlich, wenngleich nicht ganz sicher, daß sich auch Frauen im Publikum befanden, doch sie dürften in der Minderzahl gewesen sein. Um diesem heterogenen Publikum zu gefallen, mußte der Dichter also, wie man sich vorstellen kann, ganz verschiedenen Bedürfnissen gerecht werden.

Die Dionysien waren ein mehrtägiges Fest. Das Theater lag direkt beim Dionysostempel, zu dem am ersten Tag der Dionysien eine festliche Prozession führte. Die Aufführung der Tragödien war ein festes Element der Dionysien. Sie war staatlich organisiert. Denn der höchste politische Funktionsträger, der *Árchon epónymos* – der Oberbeamte, nach dem das Jahr benannt war –, setzte ein Jahr vor der Aufführung fest, welche Dichter ihre Stücke auf die Bühne bringen durften. Er wählte aus den Bewerbern drei Dichter aus. Jeder der drei Tragödiendichter mußte eine Tetralogie, eine Folge von drei Tragödien und ein Satyrspiel – eine Art burleske Variante der Tragödie (vgl. S. 182 f.) –, schreiben. Der *Árchon epónymos* war es auch, der reiche Privatleute, die *Choregen*, bestimmte. Diese mußten die Aufführungen finanzieren, indem sie aus ihrem Vermögen die gesamte Ausstattung und den Unterhalt aller an einer Dramenaufführung beteiligten Personen, also der Chormitglieder, der Schauspieler und der Musiker, bezahlten. Eine solche Funktion bedeutete, insbesondere wenn die Tetralogie, die man finanziert hatte, erfolgreich war, Prestige und politischen Einfluß. Darum übernahmen reiche Bürger diese Aufgabe, die als Pflicht gegenüber der staatlichen Gemeinschaft galt, in der Regel trotz der mit ihr verbundenen finanziellen Einbußen gerne. Die Mitglieder des Chores, die *Choreuten*, waren keine professionellen Künstler, sondern ausgewählte athenische Bürger. Auch hieran sieht man, daß die Tragödien fest im politischen Leben verankert waren. Denn die Mitglieder des Chores spielten damit nicht nur eine Rolle, indem sie im Drama eine Gruppe von älteren Männern oder sympathisierenden Sklavinnen darstellten, sondern sie repräsentierten gleichzeitig die athenische Gesellschaft. Noch markanter ist dieses demokratische Element bei den Aufführungen der Dithyramben, der Kultlieder für Dionysos. Jede der zehn Phylen, der Verwaltungsbezirke Athens, brachte je zwei Dithyramben zur Aufführung, wobei man pro Dithyrambus einen Chor von 50 Männern oder Knaben benötigte. Wenn man überlegt, daß alle diese Chöre, sowohl die für die Dramenaufführungen als auch die für die Darbietungen der Dithyramben, trainiert werden mußten, wird einem klar, wieviel Aufwand und Vorbereitung das Fest der Dionysien erforderte. Allerdings muß man sich vor Augen halten, daß athenische Männer durch ihre Teilnahme an Dithyrambenchören schon im frühen Alter und überhaupt durch eine umfassende musische Erziehung wohl gut darauf vorbereitet waren.

Das Verfahren der Urteilsfindung, mit dem der Sieger des Tragödienwettbewerbs bestimmt wurde, war kompliziert und zeigt die Bedeutung, die dieser Auszeichnung zugemessen wurde. Jede der zehn Phylen, in die die athenische Bürgerschaft aufgegliedert war, reichte Namen von Kandidaten für das Amt des Preisrichters ein. Anhand der Kandidatenliste wurden Täfelchen mit den betreffenden Namen in zehn Urnen (nach Phylen geordnet) geworfen. Diese zehn Urnen wurden dann von den *Prytanen* (Regierungsbeamten) und *Choregen* versiegelt und – von speziellen Beamten, den *Tamiaí*, bewacht – auf der Akropolis deponiert. Zu Beginn der Spiele wurden die Urnen ins Theater gebracht. Am Morgen vor jedem Dichterwettkampf zog der *Árchon Epónymos* aus jeder Urne ein Täfelchen. Man brauchte für drei Wettkämpfe, den Dithyrambenagon, den Tragödienagon und den Komödienagon, je zehn Richter. Die auf diese Weise ausgelosten Richter wurden aufgerufen und vereidigt. Nach der Aufführung schrieben sie ihr Urteil auf ein Täfelchen. Dann wurden die Täfelchen in eine Urne geworfen, aus der der *Árchon* nur fünf herauszog und verlas; die anderen Täfelchen blieben für die Entscheidung unberücksichtigt. Dieses Verfahren sollte Unbestechlichkeit gewährleisten.

Welche der uns heute noch bekannten griechischen Tragödien in den Wettkämpfen siegreich waren, wissen wir dank entsprechender antiker Überlieferung vielfach. Aber welche Kriterien jeweils entscheidend waren, ist in der Regel nicht bekannt. So fiel etwa Euripides' *Medea*, die in der Folgezeit viel bewundert wurde und auch heute noch rezipiert wird, durch.

Worin aber bestand nun eigentlich die Wirkung einer Tragödie? Offensichtlich insbesondere in der Emotionalisierung der Zuschauer! Hierin waren sich Gorgias, ein Sophist – also ein bezahlter Wanderlehrer –, und die Philosophen Platon und Aristoteles einig, doch bewerteten sie diesen Effekt unterschiedlich. Gorgias beschrieb ihn neutral (*Helena*, Kapitel 9), Platon kritisierte ihn, weil er einer Erziehung zur Männlichkeit nicht zuträglich sei (*Politeia* X. 605D7 ff.), Aristoteles wertete ihn positiv. Denn mit der Erregung der Affekte sei eine «*Kátharsis*», eine «Reinigung», verbunden. Seine kurze (*Poetik* 6. 1149b27–28), in der Forschung lebhaft diskutierte und umstrittene Äußerung zum ‹kathartischen›, also reinigenden Effekt der Tragödie ist wohl am ehesten so zu deuten, daß der Zuschauer, während er der Tragödie beiwohnt, insbesondere die Affekte des «Mitleidens» (*Éleos*) und der «Furcht» (*Phóbos*) empfindet. Denn einerseits leidet er mit den Protagonisten des Geschehens mit, andererseits fürchtet er, ihm und den Seinen könne Gleiches widerfahren. Dennoch kann er das, was er sieht, genießen, da er sich unterschwellig bewußt ist, daß das Geschehen auf der Bühne nicht ihn betrifft. Daß er sich nicht vollständig mit den Protagonisten auf der Bühne identifizierte, ist wohl durch den Umstand, daß er denselben Schauspieler in verschiedene Rollen schlüpfen sah, befördert worden. Besonders am Ende des Stückes, da die Illusion ganz aufgelöst wird, setzt der reinigende Effekt ein, da der Zuschauer einsieht, daß das Geschehen nicht ihn betrifft und er von den ihn bedrängenden Affekten, mitzuleiden und zu fürchten, befreit wird. Der ästhetische Genuß des Zuschauers bei der Tragödie beruht also auf der Aufrechterhaltung und der Lösung einer Spannung, die durch die Gleichzeitigkeit eines Gefühls der Nähe und einer Empfindung der Distanz entsteht, vielleicht am besten vergleichbar mit dem, was der moderne Zuschauer eines Krimis erlebt.

Allerdings darf man Aristoteles, wenn man seine in der *Poetik* gegebenen Erläuterungen der Katharsis in den weiteren Rahmen seiner Philosophie einordnet, so verstehen, daß die von ihm beschriebene Katharsis nicht nur einen ästhetischen, sondern auch einen moralischen Effekt hat. Bei dem Aristotelischen Begriff der poetischen Katharsis dürfte es sich um eine Analogie zur medizinischen Katharsis handeln.

Den Hintergrund bildete die medizinische Anschauung, daß die Gesundheit des Körpers auf einer Balance verschiedener Stoffe beruhe. Dieses Gleichgewicht sei abhängig davon, daß schädliche oder zu reichlich vorhandene Stoffe durch einen natürlichen Reinigungsprozeß, eine biologische Katharsis, ausgeschieden würden. Krankheit beruhe also auf einer Störung des Gleichgewichts. Darum setzte der Arzt eine medizinische Katharsis mit Hilfe verschiedener diätetischer oder invasiver Maßnahmen in Gang, um einen Reinigungsprozeß einzuleiten, der eigentlich auf natürliche Weise hätte erfolgen sollen. Dadurch sollten die überschüssigen Stoffe aus dem Körper ausgeschieden werden. Vergleichbar mit dem durch einen ärztlichen Eingriff hervorgerufenen Reinigungsvorgang bewirkt die von dem Dichter produzierte Nachahmung menschlichen Handelns auf der Bühne eine Reinigung von den Affekten. Wie also die Katharsis überschüssiger Stoffe im Körper das Gleichgewicht wieder herstellen, nicht aber die betreffenden Stoffe eliminieren soll, so scheint Aristoteles auch mit der poetischen Katharsis einen Prozeß zu meinen, der auf die Ausgewogenheit, die harmonische Komposition des Menschen hin ausgerichtet ist. Das Theater gewährt also nicht nur Vergnügen, sondern, damit verbunden, eine seelische Läuterung. Dabei sprechen nach Aristoteles die unterschiedlichen Elemente der Tragödie die Zuschauer auf verschiedene Weise an: Während für die gebildeten Zuschauer die Handlung im Mittelpunkt steht, entfaltet bei dem ungebildeteren Publikum die Musik ihre Wirkung (*Politik* 8. 1342a11–30).

Bauformen der Tragödie

Die griechische Tragödie war, anders als ihre moderne Vertreterin, keine Prosagattung, sondern Dichtung. Der Sprechvers war der iambische Trimeter, dessen Basiselement die wiederholte Abfolge einer kurzen und einer langen Silbe ist, wobei an bestimmten Stellen des Versmaßes statt einer Kürze auch eine Länge stehen kann oder Längen in zwei Kürzen aufgelöst werden: x-∪-, x-∪-, x-∪-.

Für den Einzug des Chores wurde gerne das anapästische Metrum, eine Art von Marschrhythmus, verwendet (∪ ∪-). Die Chorlyrischen Metren waren vielfältig und zum Teil auch kompliziert und hatten je nach Verwendung der metrischen Einheiten Signalwirkung, insofern bestimmte Versmaße Aufgeregtheit, andere Trauer, Gelassenheit und andere Stimmungen ausdrückten.

Die Struktur einer klassischen Tragödie wurde durch die Abfolge von Chorliedern und Schauspielerauftritten bestimmt. Ihre Bezeichnungen richten sich nach den Ausführungen in Aristoteles' *Poetik*:

Am Beginn einer Tragödie steht meistens – wenn auch, wie gerade bei Aischylos, nicht immer – der im Sprechvers gehaltene *Prolog*, der aus einer oder mehreren Szenen bestehen kann. Er informiert die Zuschauer etwa über die mythische Vorgeschichte und führt in die Handlung ein. Es folgt die *Párodos*, der Einzug des Chores in die Orchestra, der im Marschrhythmus der Anapäste oder in chorlyrischen Versmaßen gehalten ist. Dann schließt sich das erste *Epeisódion* an. Die weiteren *Epeisodia*, deren Anzahl nicht festgelegt ist, sondern von Tragödie zu Tragödie variiert, sind durch Chorlieder voneinander getrennt. Sie heißen *Stasima*, Standlieder, weil der Chor für diese in der Orchestra verblieb, auch wenn er sich dort zu seinem Gesang tänzerisch bewegte. Die Chorlieder wurden vom *Aulós*, einem klarinettenähnlichen Musikinstrument, begleitet. Leider ist die Musik der Chorgesänge für uns verloren.

Die *Epeisódia* sind geprägt von den Schauspielerauftritten, die im Sprechvers des iambischen Trimeters gehalten sind. Dieser kann in Form einer *Rhesis*, einer langen zusammenhängenden Rede, erfolgen, etwa wenn es sich um einen Botenbericht oder um einen Entscheidungsmonolog handelt. Oder es findet ein Dialog in Form einer *Stichomythie*, eines schnellen Schlagabtauschs zweier Protagonisten, statt, bei dem der Sprecher von Vers zu Vers wechselt. Er ist typisch für Gerichtsszenen, aber auch für den Zank und die Rechthaberei von Streitgesprächen, bei denen ‹ein Wort das andere gibt›. So kommt die *Stichomythie* etwa bei der Auseinandersetzung Apollons mit den Rachegöttinnen, den Erinyen, im dritten Drama der *Orestie* zum Einsatz. Beide Formen, die *Rhesis* wie die *Stichomythie*, gewähren die Möglichkeit rhetorischer Gestaltung. Weiter gibt es Szenen, in denen der Schauspieler in einen Dialog mit dem Chor tritt (*epirrhematische Szenen*), so daß sich ein Wechsel von sprechendem Schauspieler und singendem Chor findet. Von besonderer Wichtigkeit in den Aischyleischen Tragödien sind die *Amoibaía*, Wechselgesänge zwischen Chor und Schauspieler, bei denen der Schauspieler nicht nur in Sprechversen, sondern auch in lyrischen Versmaßen vorträgt. Eine Unterform ist der *Kommós*, ein strophisch gegliederter Klagegesang, wie ihn am Ende der *Perser* Xerxes zusammen mit dem Chor singt. Ein großer *Kommós* ist der Dialog der Geschwister Elektra und Orestes mit dem Chor im zweiten Stück der *Orestie*, den *Choephoren* («Spenderinnen der Weihegüsse»). In ihm beschwören die Protagonisten am Grab Agamemnons gemeinsam die Bedeutung der Rache. Die Soloarie, bei der ein Schauspieler sein gesangliches Talent unter Beweis stellen konnte, wurde erst später beliebt.

Die *Éxodos* bezeichnet eigentlich das Auszugslied, mit dem der Chor die Orchestra verläßt, im weiteren Sinne aber auch den Teil des Dramas, auf den kein Chorlied mehr folgt.

Autor und Werk

Aischylos' Leben (525/4–456/5 v. Chr.) fällt in die Zeit des politischen Umbruchs in Athen. 525/4 v. Chr. geboren, erlebte er noch die Alleinherrschaft der Peisistratiden – eines Tyrannengeschlechts – mit und wurde Zeuge der demokratischen Wende in Athen. Die Entwicklung der Demokratie vollzog sich allmählich und nicht ohne Brüche und Probleme. Spannungen entstanden nicht zuletzt dadurch, daß Angehörige der alten Adelsfamilien, die bereits unter den Peisistratiden zur führenden Schicht gehört hatten, weiterhin tonangebend blieben. Dies mag ein Grund dafür sein, daß die Aischyleischen Dramen Spannungen zwischen Individuum und Kollektiv in den Mittelpunkt stellen und gleichzeitig das Handeln der Protagonisten als Ergebnis eines affirmativen oder konfliktgeladenen Verhältnisses der Generationen deuten.

Aischylos selbst stammte aus der Adelsfamilie der Eupatriden in dem athenischen Demos (Verwaltungsbezirk) Eleusis, aber es wäre zu voreilig, seine vornehme Herkunft für eine Deutung seiner Dramen nutzen zu wollen und zu unterstellen, er habe in den Spannungen von aristokratiefreundlichen Parteien und demokratiefreundlichen Parteien Stellung für die Aristokratie ergriffen. Die Frage der modernen Forschung nach seinem politischen Standpunkt entzündete sich vor allem an der *Orestie*. Ihr letztes Stück, die *Eumeniden*, schildert die Einrichtung des Areopags, des Adelsrats, durch die Göttin Athene in mythischer Zeit. Da vier Jahre vor der Aufführung der Trilogie just dieses Organ einer Reform unterzogen worden war, warf die moderne Forschung die Frage auf, ob der Dichter mit seiner Tragödie dazu habe Stellung nehnen wollen. Auf die schwierige Frage, wie diese Bezugnahme auf ein Ereignis der zeitgenössischen Politik zu deuten ist, werde ich bei den Ausführungen zur *Orestie* näher eingehen (S. 160 ff.).

Über das Leben des Aischylos gibt es aus der Antike, wie dies für Dichter generell üblich war, etliche anekdotische Berichte. So soll er einer grotesken Erzählung zufolge dadurch ums Leben gekommen sein, daß ein Adler seinen kahlen Schädel mit einem Felsen verwechselte und deshalb eine Schildkröte auf ihn fallen ließ, deren Panzer er knacken wollte (Test. 2, 98 Radt). Doch wenn man von derlei unglaubwürdigen Erzählungen absieht, bleiben nur wenige zuverlässige Informationen über sein Leben. Wohl 497/6 v. Chr. trat Aischylos zum ersten Mal mit einem Drama an die Öffentlichkeit, erst zwölf Jahre später, im Jahr 484 v. Chr., also mit 40 Jahren, konnte er seinen ersten Sieg aufweisen. Aus dem Jahr 472 v. Chr. stammt das erste Drama, das uns vollständig erhalten ist, die *Perser*. Von den wohl insgesamt 90 Dramen, die er verfaßt haben soll, sind uns nur sieben – den umstrittenen *Prometheus* mitgerechnet – vollständig überliefert, dazu umfangreichere Reste eines Satyrspiels und zahlreiche kleinere Dramenfragmente. Auch er war, wie die ersten Dramendichter überhaupt, gleichzeitig Dichter und Regisseur, und die Inszenierung seiner Stücke brachte ihm besonderen Ruhm ein.

Aischylos ist das beste Beispiel dafür, daß die attischen Dramendichter keine Künstler waren, die sich von der Welt abschotteten, sondern aktive Bürger. Er kämpfte 490 v. Chr. in der berühmten Schlacht von Marathon, in der die Griechen völlig überraschend gegen die zahlenmäßig weit überlegenen Perser gewannen, und soll auch 480 v. Chr. bei Salamis, als die Perser abermals in Griechenland einfielen, Kriegsteilnehmer gewesen sein. Sein militärisches Engagement bei Marathon ist das einzige Ereignis aus Aischylos' Leben, das ein auf den Dichter verfaßtes Grabepigramm erwähnt – so, als habe die Dichtung keine Rolle gespielt. Daraus die Schlußfolgerung zu ziehen, für Aischylos selbst habe sie keinen so hohen Stellenwert wie sein militärisches Engagement gehabt, scheint mir allerdings zu weit gegriffen. Denn es ist unwahrscheinlich, daß ein Dichter, zumal einer, der sich stets in einem Wettbewerb mit Konkurrenten messen muß, sein eigenes Œuvre so gering veranschlagt. Wären seine eigenen Werke nur als Augenblicksprodukte gedacht gewesen, hätte er kaum in einer hoch elaborierten Sprache gedichtet, die bereits den Zeitgenossen als schwer verständlich galt.

Wie bedeutsam Aischylos die Anerkennung für das eigene Werk war, macht die Erzählung deutlich, daß er aus Ärger über die Niederlage gegen Sophokles nach Sizilien gegangen sei. Unabhängig davon, ob diese Anekdote wahr ist, bringt sie doch zum Ausdruck, wie wichtig für die Dramatiker des 5. Jahrhunderts v. Chr. der Sieg war. Tatsächlich dürfte Aischylos von der Einladung des griechischen Tyrannen von Sizilien, Hieron von Syrakus, geschmeichelt gewesen sein. So finden wir ihn als Dramatiker nicht nur in Athen, sondern auch in Sizilien, wo er wahrscheinlich 471 oder 470 v. Chr. eine Wiederaufführung der 472 v. Chr. in Athen aufgeführten *Perser* gab und ein Festspiel zu Ehren der neu gegründeten Stadt Aitne dichtete. Seine Tätigkeit in der westgriechischen Kolonie zeigt seine Berühmtheit als Dichter, aber auch die Bedeutung, die die militärischen Siege für eine gemeingriechische Identität hatten. Denn in demselben Jahr, 480 v. Chr., als die Athener im Verbund mit den Spartanern und anderen Griechen bei Salamis die Perser besiegten, errangen die sizilischen Griechen einen Sieg über ihre Feinde und Erzrivalen, die Karthager. So konnten die *Perser* als eine Chiffre für den griechischen Triumph über die Feinde überhaupt gelesen werden, auch wenn sich, wie die Besprechung dieses Dramas zeigen wird (S. 57), ihre Bedeutung nicht darin erschöpft. Die beiden letzten Jahre seines Lebens verbrachte Aischylos ebenfalls in Sizilien, wo er 456 v. Chr. verstarb und ihm in Gela das oben erwähnte Grabepigramm gesetzt wurde.

Aischylos' Stücke galten als so herausragend, daß kurz nach seinem Tod ein Volksbeschluß erging, der es erlaubte, seine Stücke außer Konkurrenz wiederaufzuführen, und jedem, der dies beabsichtigte, auf staatliche Kosten einen Chor zuzuteilen. Das Außerordentliche dieses Vorgehens wird noch deutlicher, wenn man bedenkt, daß die geltende Praxis, Dramen nur einmal aufzuführen, erst 386 v. Chr. geändert wurde. Es muß häufige Wiederaufführungen der Aischyleischen Stücke gegeben haben; denn als der Komödiendichter Aristophanes im Jahr 405 v. Chr. eine literaturkritische Komödie auf die Bühne brachte, in der die beiden Dichter Aischylos und Euripides in einen Wettstreit treten, konnte er darauf rechnen, daß die zahlreichen Zitate und Anspielungen auf die Aischyleischen Dramen vom Publikum verstanden wurden. In dieser Komödie, die nach einem ihrer Chöre *Frösche* betitelt ist, reist der Theatergott Dionysos in die Unterwelt, um den kürzlich verstorbenen Tragödiendichter Euripides wieder in die Oberwelt zurückzubringen. Im Hades wird er in einen Streit zwischen Euripides und Aischylos verwickelt, die um den ersten Platz in der Tragödiendichtung konkurrieren. Dionysos nimmt die Richterrolle ein und entscheidet sich entgegen seiner ursprünglichen Absicht für Aischylos, weil er der bessere Lehrer der Athener gewesen sei. Das Stück gibt reichen Aufschluß über die Eigenheiten Aischyleischer Dichtung, die offensichtlich als typisch galten, denn ansonsten hätte Aristophanes nicht damit rechnen können, daß seine überzogene Darstellung verstanden und für witzig befunden würde. Die Anspielungen beziehen sich zum einen auf den Charakter des Aischylos, der als zorniger Hitzkopf gezeichnet ist, dann auf die Aischyleische Dramaturgie, deren Eigenwilligkeit mit Inszenierungseffekten verbunden war. So ließ er in dem verlorenen Drama *Niobe* die Hauptperson lange in Schweigen auf der Bühne sitzen, aus Schmerz über den Verlust ihrer Kinder verstummt.

Ein Zug, den die Aristophanische Komödie auffallend betont, ist die Aischyleische Sprache: Sie sei geschwollen und geschraubt, voll Pathos, unverständlich, geprägt durch einen nicht nachvollziehbaren Satzbau und veraltetes Vokabular. Ihr fehle die Klarheit und die rhetorische Aufmachung der Euripideischen Diktion. Zu der sprachlich-stilistischen Charakterisierung kommt der moralische Gehalt der Stücke. Im Unterschied zu Euripides' Dramen gehe es in Aischylos' Stücken weniger demokratisch zu, und statt ehebrechender Frauen bringe er mannhafte Krieger auf die Bühne. Der Aischylos des Aristophanes gibt dies gerne zu ebenso wie er die Feststellung trifft, daß seine Stücke weniger demokratischen Geist besäßen: Ihm gehe es darum, die Besten auf der Bühne zu zeigen, nicht aber, wie Euripides, die moralisch Verkommenen, wie etwa Ehebrecherinnen. Mit der Präsentation mannhafter Protagonisten habe er die Bürger der Stadt belehrt und gebessert. Der moralisch-körperlichen Ertüchtigung der Bürger durch seine Stücke wird die moralische Zersetzung, die die Euripideischen Dramen bewirkten, gegenübergestellt.

Die Charakterisierung des Aischylos, die Aristophanes seine Protagonisten vornehmen läßt, darf man nicht als bare Münze nehmen. Schließlich handelt es sich um eine Komödie, in der zugunsten komischer Effekte Überspitzungen und Verdrehungen auf die Bühne gebracht werden. So schuf ja gerade der historische Aischylos mit Klytämestra den dramatischen Prototyp der Ehebrecherin. Aristophanes' Darstellung trifft zwar einige Züge der Aischyleischen Tragödie – vor allem ihre sprachlich-stilistische Gestaltung –, wird ihr aber nicht gerecht. Wie über –, ja verdreht Aristophanes bestimmte Klischees auf die Bühne bringen konnte, zeigt die Figur seines Sokrates in der Komödie *Die Wolken*. In ihr tritt Sokrates als Sophist und Naturphilosoph auf, was der historische Sokrates beides gerade nicht war.

Mythos und Tragödie

Aischylos hat, wie die anderen griechischen Tragödiendichter, Gestalten und Motive aus den mythischen Erzählungen als Basis für den Inhalt seiner Tragödien verwendet. Eine Ausnahme bilden die bereits genannten *Perser*, die ein Stück Zeitgeschichte dramatisieren. Allerdings haben weder Aischylos noch die anderen Tragödiendichter, wie gerne behauptet wird, überlieferte Mythen einfach in ein Drama ‹umgeformt›. Vielmehr haben sie tatkräftig an der Gestaltung der Mythen mitgewirkt. Für das griechische Verständnis waren die mythischen Erzählungen etwas Wandelbares. Die Dichter konnten mit den ihnen überlieferten Namen und Motiven sehr flexibel umgehen. Dies hat dazu geführt, daß wir von einzelnen Mythen so vielfältige Variationen besitzen. Welche Gestaltung des Mythos dann eine Art kanonischer Geltung erhielt, hing davon ab, wie stark sich eine Version durchsetzen konnte. Daß die schöne Griechin Helena, von dem trojanischen Prinzen Paris entführt, in Troja lebte, bis ihr Ehemann Menelaos sie nach dem Sieg der Griechen wieder zurück nach Sparta brachte, ist seit dem am Beginn des 7. Jahrhunderts v. Chr. entstandenen Homerischen Epos *Ilias* die Sagenversion, die sich durchgesetzt hat. Aber gerade in Auseinandersetzung mit dem Homerischen Epos schuf im 6. Jahrhundert v. Chr. der Dichter Stesichoros eine neue Erzählung, derzufolge Helena sich niemals in Troja befunden hatte und nur ein Trugbild dort weilte, um das der Krieg entbrannte. Diese Version legte der Tragödiendichter Euripides am Ende des 5. Jahrhunderts v. Chr. seiner Tragödie *Helena* zugrunde, in der die schöne Helena nicht als Typ der ‹femme fatale›, sondern als die treue, aber verleumdete Ehefrau erscheint. Wie sich bereits anhand dieses Beispiels erkennen läßt, spielte für die Entwicklung und Etablierung der griechischen Mythologie die Literatur eine zentrale Rolle. Es sind Literaten, die entscheidende Elemente einführen und Motive neu erfinden oder aber bereits vorhandene Motive so stark akzentuieren, daß eine bestimmte Mythenversion kanonisch wird. Dieses

Phänomen führt zu der interessanten und wesentlichen Frage, auf welche Weise Tradierung funktioniert, das heißt wann und wie es dazu kam, daß etwas zum Kernbestand eines Mythos wurde. Und vieles, was wir heute als ‹den› Mythos einer bestimmten Person betrachten, ist erst durch die Fassung in Ovids berühmter, um die Zeitenwende entstandener Dichtung *Metamorphosen* zu einem solchen geworden.

Zurück zur Tragödie: Hier sind es bestimmte Erfordernisse der Handlungsstruktur, die einen Dichter dazu bewegen, individuelle Neuerungen einzuführen oder eigene Akzente zu setzen, damit ein bühnentaugliches Stück entsteht. Aristoteles betrachtete ein Stück als gelungene Tragödie, wenn es Emotionen erzeugte und mit dem ästhetischen Genuß eine moralische Läuterung verband (vgl. S. 17 f.). Auch wenn die Dichter die Tragödien für eine einmalige Aufführung schrieben, kann man doch davon ausgehen, daß sie ihre Werke nicht als ‹Eintagsfliegen› betrachteten. Dies kommt schön in dem Aischylos zugeschriebenen Ausspruch zum Ausdruck, er habe seine Werke der Ewigkeit geweiht. Auch das Publikum sah in ihnen offensichtlich keine Dichtungen, die man nach einmaligem Gebrauch wegwerfen konnte, sonst hätte es nicht, wie von den Aischyleischen Dramen, Wiederaufführungen gegeben und wären nicht die Texte im Umlauf gewesen – eine Publikation im modernen Sinne gab es noch nicht –, so daß die Tragödiendichter, aber auch der die Tragödien verulkende Komödiendichter Aristophanes damit rechnen konnten, daß zumindest das gebildetere Publikum Zitate und Anspielungen verstehen und goutieren würde.

Das Spezifikum einer Tragödie war also, daß sie eine individuelle Handlungsgestaltung mit einem die Textebene übersteigenden allgemeinen Aussagegehalt verband. Darin, daß es bei Tragödien genau darauf ankam, sah Aristoteles den Grund dafür, daß die Dichter in der Regel auf mythische Geschehnisse zurückgriffen, da diese einem großen Publikum vorn vornherein glaubhafter seien (*Poetik* 9. 1451b15–18). Diese Aussage wirft auch Licht auf das Verständnis, das die Griechen des 5. und 4. Jahrhunderts v. Chr. vom Mythos hatten: Selbst nach den Veränderungen, die die sophistische Bewegung und die Entstehung von Philosophie und Wissenschaft hervorgebracht hatten, wurden nicht alle mythischen Erzählungen aus der Vergangenheit verworfen. Vielmehr kritisierte man einzelne Aspekte; den Trojanischen Krieg etwa betrachteten fast alle Griechen bis in die Spätantike hinein als historisch. Der reflektierte Umgang mit den mythischen Erzählungen zeigte sich also nicht in einer prinzipiellen Ablehnung des Mythos, sondern man kritisierte immer wieder einzelne Erzählungen oder Elemente, je nach dem eigenen Leitinteresse. Und selbst dort, wo man an der Historizität bestimmter Mythen zweifelte, griff man gerne, wie etwa der Philosoph Platon, auf Mythen zurück, um in Ergänzung einer argumentativ-rationalen Welterklärung auf erzählerische Weise Weltdeutung zu betreiben. Das vielbemühte Schlagwort «Vom Mythos zum Logos» suggeriert also eine geradlinige Entwicklung, die es so nicht gab.

Man kann die Tatsache, daß Aischylos sich nach den *Persern* keinen weiteren zeithistorischen Dramen mehr zuwandte, sondern mythische Sujets bearbeitete, als Zeichen dafür werten, daß er das ihnen später von Aristoteles attestierte Potential an allgemein gültiger – sowohl überzeitlicher als auch überpersönlicher – Bedeutung erkannte. Die anderen Tragödiendichter folgten ihm darin.

Der politische Kontext der Aischyleischen Tragödie

Da die Tragödie als Bestandteil der Dionysien eine religiöse und politische Institution war und Aischylos' Werk mit den *Persern* außenpolitisches Geschehen zum Thema macht, aber auch in anderen Dramen auf die politischen Verhältnisse seiner Zeit rekurriert, bildet die Kenntnis des politischen Kontexts eine wichtige Voraussetzung für das Verständnis der Aischyleischen Tragödien. Aischylos' Lebenszeit (525/4–456/5 v. Chr.) fällt in eine Zeit des Umbruchs, die man als Wende von der archaischen zur klassischen Zeit charakterisiert. Als archaische oder frühgriechische Epoche bezeichnet man die Zeit vom 8. Jahrhundert v. Chr. bis zu dem Zeitpunkt, als in Athen die Alleinherrschaft, die Tyrannis, von der Demokratie abgelöst wurde. Als Stichdatum gilt das Jahr 510 v. Chr. Zuletzt hatten Herrscher aus dem Haus der Peisistratiden Athen regiert: Nach dem Tod des Peisistratos, der die Dionysien als Staatskult einführte, hatten seine Söhne Hippias und Hipparchos die Herrschaft übernommen, die Hippias nach der Ermordung seines Bruders allein ausübte. 510 v. Chr. besiegte der Oppositionelle Kleisthenes mit spartanischer Hilfe Hippias. Kleisthenes führte nach einigen Schwierigkeiten Reformen durch, die die Basis dafür waren, daß sich in einem jahrelangen

Prozeß die Demokratie in Athen entwickelte, deren Charakteristikum die Beteiligung aller männlichen Bürger an Regierung und Rechtsprechung war. Das zentrale Entscheidungsorgan war die Volksversammlung (*Ekklesía*), daneben trat ein aus allen Verwaltungsbezirken Athens zusammengesetzter Rat (*Boulé*) für politische Entscheidungen zusammen. Ein Bürgerheer diente der Verteidigung Athens.

Parallel zu den innenpolitischen Umwälzungen wurde Athen auch in den Strudel der außenpolitischen Ereignisse mit hineingerissen. Denn die Wende des 6. auf das 5. Jahrhundert v. Chr. und die ersten Jahrzehnte des 5. Jahrhunderts v. Chr. waren für die Auseinandersetzung der Griechen mit den Persern ein entscheidender Abschnitt. Im Zuge einer ungeheuren Expansion hatten die Perser seit der Mitte des 6. Jahrhunderts v. Chr. ein großes Reich errichtet und mit der Unterwerfung der Meder und der Lyder auch die bis dahin von den Lydern abhängigen Griechen, die in den früheren Jahrhunderten die Inseln und die Küste Kleinasiens besiedelt hatten, unter ihre Herrschaft gebracht. Gegen die persische Oberhoheit gab es in den 90er Jahren des 5. Jahrhunderts v. Chr. einen Aufstand der kleinasiatischen Griechen, den Athen mit einem kleinen Aufgebot unterstützte. Doch die Perser behielten die Oberhand. Die Niederlage der Griechen thematisierte, wie bereits erwähnt, der Tragödiendichter Phrynichos in einem Drama, was ihm aber eine Geldstrafe eintrug. Den Beistand, den die Athener im Aufstand der kleinasiatischen Griechen geleistet hatten, sollte 490 v. Chr. eine persische Strafexpedition ahnden. An dieser Expedition nahm auch Hippias teil, der nach seiner Niederlage ins persische Exil gegangen war und nun von den Persern wieder eingesetzt werden sollte. Doch, anders als erwartet, wurden die Perser in der östlich von Athen und Attika liegenden Ebene von Marathon von einem griechischen Aufgebot besiegt, an dem die Athener maßgeblich beteiligt waren. Auch die persische Invasion in Griechenland, die König Xerxes 480 v. Chr. unternahm, endete mit einem überraschenden Sieg der Griechen gegen die Perser: Auf Betreiben des Themistokles stellte das aus verschiedenen griechischen Kontingenten bestehende Heer die persische Flotte bei der Insel Salamis zum Kampf. Die Griechen siegten aufgrund ihrer überlegenen Taktik. Auch ein Jahr später gelang den Griechen unter spartanischer Führung in der Landschlacht bei Plataiai ein Sieg über die Perser. Diese Erfahrung, ein zahlenmäßig weit überlegenes Heer aufgrund von Einigkeit, Taktik und ideellem Engagement zu besiegen, war entscheidend für folgende Versuche, eine griechische Identität zu bilden, und wurde in den zahlreichen Momenten innergriechischer Auseinandersetzungen immer wieder beschworen.

Aischylos hat den so eindrücklichen Sieg der Griechen über die Perser bei Salamis in der Tragödie *Die Perser* dramatisch umgesetzt. Da eine Tragödie gattungsbedingt nicht ein positives Ereignis in Szene setzen kann, stellt das Drama das Geschehen aus der Sicht der Perser dar und schildert die Niederlage aus der Perspektive der am persischen Königshof in Susa zurückgebliebenen Mutter des Xerxes und der Ältesten des persischen Reiches, bevor der geschlagene König Xerxes zurückkehrt und alles in einem von Trauerpathos durchtränkten Finale endet. Wie die Besprechung dieses historischen Dramas zeigen wird (vgl. S. 57), ist es nicht einfach ein verhüllter Lobpreis auf griechische Überlegenheit, sondern es verknüpft die persische Niederlage mit einem Vater-Sohn-Konflikt. Aber es konnte als eine positive Würdigung athenischer und überhaupt griechischer Tugenden gelesen werden. Dies dürfte der Grund dafür gewesen sein, daß Aischylos von dem griechischen Tyrannen im sizilischen Syrakus gebeten wurde, dieses Drama dort wiederaufzuführen.

Athen selbst profitierte außenpolitisch von seiner Vorreiterrolle, die es dank seiner Flotte im Perserkrieg gespielt hatte. Denn in der folgenden Zeit gelang es ihm, durch eine geschickte Bündnispolitik eine Vormachtstellung in der griechischen Welt zu erlangen und dabei die bis dahin führenden Spartaner zu übertrumpfen. Als Anführerin des sogenannten Attischen Seebundes verwaltete es die gemeinsame Bundeskasse, in die alle Mitglieder einen Beitrag zu leisten hatten. Und es waren gerade die Dionysien mit ihren vielfältigen religiösen, politischen und kulturellen Aspekten, zu denen zahlreiche Gäste aus dem griechischen und nichtgriechischen Ausland anreisten, die Athen zur Präsentation seiner Macht nach außen nutzte. Vor diesem Hintergrund gewinnt auch das Drama *Sieben gegen Theben* eine politische Dimension, indem es als eine Spiegelung der prekären Balance der griechischen Stadtstaaten untereinander verstanden werden konnte. Doch ebensowenig wie die *Perser* erschöpft sich das Drama in dieser Perspektive, wie seine Deutung zeigen wird.

Die Innenpolitik war geprägt von den Rivalitäten führender Politiker. Diese entstammten auch jetzt, im demokratischen Athen, nach wie vor aristokratischen Familien, von denen einige bereits in den Jahrhunderten vorher entscheidenden politischen Einfluß gehabt hatten. Das führte zu Spannungen in der jungen Demokratie. Einem solchen Konflikt entsprang eine Verfassungsänderung, die dem Volk mehr Rechte gewährte: In Auseinandersetzung mit seinem politischen Gegner Kimon übertrug Ephialtes im Jahr 462/1 v. Chr. die Rechte, die bisher das aristokratische Gremium des Areopags innegehabt hatte, auf die demokratischen Organe. Dem Areopag verblieben nur noch Rechte im sakralen Bereich und die Gerichtsbarkeit bei vorsätzlichem Mord und Körperverletzung. In der modernen Forschung hat man hierin mitunter den Umbruch zur radikalen Demokratie erblickt, doch bleiben die genauen Ereignisse und Veränderungen aufgrund der schwierigen Quellenlage im unklaren. In jedem Fall ist eine Verbindung zwischen der Areopagreform und der 458 v. Chr., also vier Jahre später, aufgeführten *Orestie* des Aischylos ersichtlich. Im letzten Stück, den *Eumeniden*, läßt Aischylos die Göttin Athena den Areopag als Gerichtshof einrichten. Die erste Handlung des Areopags besteht in einem Urteil über den nach Athen geflohenen Muttermörder Orestes. Für manchen modernen Forscher ist es naheliegend, in dieser Handlungsführung eine Stellungnahme des Aischylos zur Areopagreform zu erblicken. Die Gewichtung muß aber umgekehrt sein: Für Aischylos ist die Areopagreform ein Mittel, menschliches Handeln zu problematisieren. Darauf wird im Zusammenhang mit der Besprechung der *Orestie* näher einzugehen sein (vgl. S. 160 ff.).

Aischylos' Tragödien entstanden also in einer außenpolitisch und innenpolitisch bewegten Zeit. An den politischen Diskursen nehmen sie Anteil. Dies zeigen nicht nur die *Perser* mit der Dramatisierung zeitgenössischen Geschehens und die *Orestie* mit dem Rekurs auf die Rolle des Areopags, sondern auch die *Hiketiden* («Bittflehenden»), in denen das für die Zeit des Mythos typische Königtum mit Elementen einer demokratischen Verfassung verbunden wird, und die *Sieben gegen Theben*, die die Spannung zwischen individueller Ehrvorstellung und kollektiver Verantwortung thematisieren. Der *Prometheus*, der radikal die Legitimation unumschränkter Macht hinterfragt, gehört ebenfalls in diesen Kontext, auch wenn ein Großteil der modernen Forschung ihn nicht als ein Werk des Aischylos betrachtet (vgl. S. 168).

Das Ziel, das Aischylos mit den politischen Bezügen verfolgte, sollte nicht nur darin gesehen werden, daß er Stellungnahmen zur athenischen Politik abgeben wollte. Die Tragödie ist nicht das Medium der

Politik. Vielmehr ist es umgekehrt. Politische Kontextualisierung dient Aischylos der Nachahmung der menschlichen Handlungen, die der Kern der Tragödie sind, indem sie die Parameter, innerhalb derer die Protagonisten handeln, konturiert und aktuell macht.

Religiöser Hintergrund und Religion bei Aischylos

Da die Aischyleischen Tragödien voll von religiösen Bezügen sind, ist es für moderne Theaterbesucher und Leser hilfreich, sich mit den religiösen Vorstellungen seiner Zeit vertraut zu machen. Die griechische Religion war eine polytheistische Religion. Entscheidend war nicht der Glaube an bestimmte theologische Lehrsätze, sondern der Vollzug der kultischen Praktiken. Es gab viele Gottheiten und dementsprechend Kulte, da weder ein allgemein verbindliches Grundbuch wie die Bibel noch eine glaubensnormierende Zentralinstanz, wie etwa die Katholische Kirche, noch eine verbindliche Glaubenslehre im Sinne einer Dogmatik existierten. Die religiösen Vorstellungen waren ortsgebunden, so daß es sehr viele Lokalgottheiten gab, und konnten sich durch die Übernahme anderer Gottheiten und Kulte verändern. Erst im Laufe der Zeit entwickelte sich die ortsübergreifende Vorstellung eines Kanons von zwölf Göttern, zu dem Zeus, Hera, Poseidon, Demeter, Apollon, Artemis, Athene, Hephaistos, Aphrodite, Ares, Dionysos und Hermes gehörten. Diese Entwicklung war aber nicht durch eine Glaubensinstanz gesteuert, sondern wurde – für heutiges Religionsverständnis erstaunlich – von literarischen Konzeptionen, insbesondere Homers und Hesiods, angeregt, die man allgemein aufgriff. Man dachte sich die Götter zwar geworden (ihre Entstehung schilderte Hesiod im 7. Jahrhundert v. Chr. in der *Theogonie*), aber unsterblich.

Ansonsten vertraten die Griechen anthropomorphe Vorstellungen von den Göttern, insofern diese wie die Menschen liebten und zürnten und aus Motiven wie Eifersucht und Neid handelten. Eine eindrückliche Vorstellung vom ‹menschlichen Verhalten› der Götter gab die Homerische *Ilias*, in der die Götter aus ganz unterschiedlichen Motiven Partei entweder für die Trojaner oder die Griechen ergreifen. Solche Anschauungen über die Götter riefen ab der Mitte des 6. Jahrhunderts v. Chr. die Kritik philosophischer Köpfe auf den Plan. Doch auch wenn der philosophische Diskurs eine starke Auseinandersetzung mit dem anthropomorphen Götterbild entwickelte und hin zu einer geläuterten Gottesvorstellung strebte, war die ganze Antike hindurch der religiöse Kult vital und wichtig. «Fromm» (*eusebés*) zu sein, bedeutete nicht, «an Gott» zu glauben, sondern, unabhängig von der inneren Anteilnahme, den Kult auszuüben.

Die Bedeutung des Kults war darin verankert, daß die Religion nicht ‹Privatsache›, sondern an die Familie, vor allem aber an den Staat – und das bedeutete in Griechenland: an den Stadtstaat, die *Polis*, – gebunden war. Deshalb war der Kultdienst vor allem Aufgabe und Pflicht der Gemeinschaft. Dabei waren viele Bereiche des öffentlichen Lebens wie Feste, Dichtung, Theater, Wettkampf, Sport, zumindest formal, einbezogen. Das beste Beispiel ist die Tragödie als Teil des religiös-politischen Festes der Dionysien.

Da es keine religiöse Glaubensinstanz gab, existierte keine ‹Priesterkaste›. Auch kannte man keine Verfolgung aus Glaubensgründen oder Religionskriege. Allerdings war die Toleranzgrenze dann überschritten, wenn jemand den Eindruck erweckte, er achte die Glaubensvorstellungen, die den Bürgern einer Polis gemeinsam waren, nicht oder führe neue Götter, die die Polis nicht anerkenne, ein. Dann konnte es zu einer Verurteilung wegen «Asebie» kommen. Ein berühmter Fall ist das Todesurteil gegen Sokrates.

Neben den Handlungen, Riten, die man im Kult ausführte, waren die Erzählungen über Götter und Heroen, die Mythen, ein wichtiger Bestandteil der griechischen Religion. Diese Mythen gaben Ätiologien, Erzählungen über den Ursprung, die begründeten, warum es an einem Ort zu bestimmten Kulten kam. Entsprechend den zahlreichen Kulten gab es sehr viele Mythen, die nicht kanonisiert wurden. Neben den literarischen Mythen, die uns in den Epen, in der frühgriechischen Lyrik, in den Tragödien und in anderen literarischen Gattungen überliefert sind, gab es unzählige lokale Mythen.

Auf die ausgedehnte Rolle, die die Religion im politisch-gesellschaftlichen Bereich der Athener und anderer Griechen innehatte, rekurrierte Aischylos mit seinen Tragödien. Wie er das Handeln seiner Personen – stärker als die beiden anderen Tragiker – in Bezug zum politischen Kontext und zum Kollektiv sich entfalten läßt, so bettet er es auch ein in die religiösen Parameter. Die Menschen rufen die Götter an, wie der Chor der Ältesten im *Agamemnon* den höchsten Gott Zeus oder die Danaiden im Drama *Hiketiden* Zeus in seiner Funktion der für Fremde und Flüchtige zuständigen Gottheit. Die Protagonisten interpretieren Geschehnisse als Folgen von Orakeln oder göttlichen Eingriffen. Darüber hinaus treten Gottheiten sogar auf der Bühne auf, wie die Erinyen, Apollon und Athena im dritten Stück der *Orestie* und Prometheus sowie die anderen Protagonisten im *Prometheus*. Apollon treibt unter Androhung schärfster Strafen Orestes zum Muttermord an, wird aber nicht der daraus sich ergebenden Schwierigkeiten Herr, da er damit die Erinyen, alte Rachegottheiten, gegen sich aufgebracht hat. Athena dagegen erscheint als vermittelnde Gottheit. Im *Prometheus* gar wird der Titan als Opfer von Zeus' grausamem Zorn gezeigt, der ihn für seine Menschenliebe bestraft. Diese Zeichnung des höchsten Gottes – der im Drama selbst nicht auftritt – stellt die Forschung vor Probleme. Denn seine im *Prometheus* durchgängige Charakterisierung als junger Tyrann ist in den anderen sechs Tragödien nicht anzutreffen, so daß man annahm und annimmt, der *Prometheus* könne nicht von Aischylos stammen. Ohne diese Problematik hier – auf die bei der Besprechung des Dramas (vgl. S. 168) näher einzugehen sein wird – ausführlich behandeln zu können, sei darauf verwiesen, daß es schwierig ist, aus den anderen Dramen tatsächlich ein Zeusbild zu ermitteln, von dem man behaupten könnte, es entspreche der Überzeugung des Dichters. Denn die Charakterisierungen des Zeus werden stets aus der bestimmten Perspektive einzelner Protagonisten ausgesprochen, die man nicht ohne weiteres mit der Überzeugung des Dichters gleichsetzen kann. Über die Handlungsverläufe der Trilogien weiß man zu wenig, um wirklich glaubwürdige Argumente dafür zu gewinnen, daß sich die Geschehnisse letztendlich als von einer übergeordneten Gerechtigkeit, die Zeus verkörpere, gesteuert erwiesen. Meine Skepsis gegenüber einer theologischen Aischylosinterpretation gilt selbst für die uns einzig erhaltene Trilogie, die *Orestie*. In deren letztem Stück berufen sich alle Parteien auf den höchsten Gott, während dieser im Hintergrund bleibt. Aus diesem Grund vermag ich die Ansicht, Aischylos vertrete eine ‹Zeusreligion›, nicht zu teilen (vgl. S. 48). Vielmehr knüpft er mit seinen Konzeptionen an die Homerischen Epen an, in denen bereits göttliche und menschliche Protagonisten in regem Austausch sind. Dabei ist schon lange bemerkt, daß die Homerische *Odyssee*, die etwas später als die *Ilias* entstand (ca. 650 v. Chr.), sich im Götter- und Menschenbild von der *Ilias* unterscheidet, insofern sie stärker als die *Ilias* eine Vorstellung von göttlicher Gerechtigkeit vertritt.

Das Verhältnis menschlicher Schuld und göttlicher Gerechtigkeit, also letztlich die Theodizeefrage, ist ein Thema, das uns auch anderweitig in der frühgriechischen Literatur, so bei Hesiod und Solon, begegnet. Von ihnen aber unterscheidet sich die Aischyleische Dichtung gerade dadurch, daß das persönliche Versagen und die persönliche Schuld des einzelnen herausgearbeitet werden, die sich in den Parametern eines religiösen Kontextes entfalten. Aischylos ist also die Religion durchaus wichtig, aber als Bezugsrahmen menschlichen Handelns. Religion ist ein für seine Zeitgenossen und darum auch für seine Protagonisten wichtiges Bezugssystem, in dem sich das menschliche Handeln entfaltet. Für das moderne Empfinden mag es merkwürdig sein, daß von außen kommende Kräfte im griechischen Verständnis als Götter erscheinen. Diese Kräfte bedeuten aber keine Determination, der der einzelne Mensch nicht entkommen könnte. Vielmehr stellt der Dichter durch die Enwicklung und Benennung der Bedingungen, unter denen seine Protagonisten handeln, den jeweiligen Raum ihres Handelns dar. Diese Parameter sind bei Aischylos aber nicht nur religiöser, sondern auch genealogischer und politischer Art.

Gewalt auf der Bühne

Selbst wenn man Aischylostragödien nur liest, springt einem ins Auge, wie gewalttätig sie sind. Gewalt ist das Thema der Erzählungen der Protagonisten: Im *Agamemnon* schildert der Chor die grausame Opferung Iphigenies durch ihren Vater Agamemnon. In den *Persern* berichtet der Bote von der Metzelei der Griechen an den Persern. Gewalt prägt die Stimmungsbilder einer drohenden Situation, wenn der Chor der Mädchen in den *Sieben gegen Theben* den um die Mauern tosenden Kampflärm und ihre Angst vor den drohenden Vergewaltigungen durch die Sieger zum Ausdruck bringt, die Danaiden in den *Hiketiden* auf die Brutalität ihrer Vettern hinweisen und Prometheus sich die Höllenstrafen, die Zeus ihm angedroht hat, ausmalt.

Gewalt wird aber auch inszeniert. Daß die Spitze der Gewalt, ein Mord, hinterszenisch ausgeführt, der Anblick der Tat selbst also dem Zuschauer vorenthalten wurde, mildert nicht den Ausdruck der Gewalttätigkeit: Agamemnons Todesschreie ertönen aus dem Palast, während der Chor untätig-ratlos davorsteht. Eine bluttriefende Klytämestra führt nach der Tat triumphierend die Leichen ihres Ehemannes und seiner Geliebten vor. Orestes bedroht seine eigene Mutter und steht nach vollzogener Tat zufrieden neben den Leichen der Ermordeten. Den Gott Prometheus schmieden andere Götter, Schergen des höchsten Gottes Zeus, auf brutale Weise an einen Felsen.

Selbstverständlich spielte Gewalt auch in den Epen eine Rolle, aber mit der Visualisierung im Drama gewann die Darstellung von Gewalt eine neue Dimension. Anregend für die Dramatiker konnten hier Bilder sein, nicht nur die monumentalen Wandgemälde in öffentlichen Gebäuden Athens, sondern auch und wohl noch mehr die künstlerische Umsetzung von Gewalt auf Vasenbildern. Die Aischyleischen Tragödien scheinen von der Darstellung von Gewalt in den visuellen Medien beeinflußt gewesen zu sein bzw. mit ihnen in einer produktiven Wechselwirkung gestanden zu haben. Das heißt nicht, daß die Gewalt in beiden Medien, Bild und Drama, auf dieselbe Weise gehandhabt wurde.

Was in der Aischyleischen Tragödie zu den literarisch traditionellen Motiven der Gewalt im Epos, den kämpfenden Heroen und Hopliten (den schwerbewaffneten Kämpfern), hinzukommt bzw. ausgeweitet wird, ist die Gewalt, die an Frauen, vor allem aber von Frauen verübt wird. Man denke nur an Klytämestra, aber auch an die Danaiden, die in der Hochzeitsnacht ihre Ehemänner töten. Spätere Tragiker, vor allem Euripides, bauten diese Thematik aus. Die bildende Kunst hat die Frau als Täterin im ausgehenden 6. und frühen 5. Jahrhundert v. Chr. entdeckt: Es gibt Darstellungen, auf denen Prokne ihren eigenen kleinen Sohn Itys aus Rache für die Vergewaltigung ihrer Schwester durch ihren – Proknes – Ehemann ermordet. Trojanerinnen werden nicht nur als Opfer der brutalen siegreichen Griechen gezeigt, sondern auch als tapfere, sich selbst verteidigende Frauen (Abbildung 1).

Wir finden Darstellungen, auf denen der mythische Sänger Orpheus sich gegen eine Gruppe von Frauen, die ihn angreifen, verteidigen muß: «Wie differenziert die Frauen aber auch immer begriffen wurden, ganz offensichtlich ist die damals aufkommende Faszination überhaupt an der Darstellung der gewaltvoll agierenden Frau» (Muth, 595–597). Die Tragödie also zeugt ebenfalls von der Faszination durch die gewalttätige Frau.

Erst Aischylos hat den Atridenmythos so bearbeitet, daß Klytämestra als Mörderin im Mittelpunkt steht und daß ihre Motive, ihren Ehe-

Abb. 1 Eine Trojanerin greift einen Griechen an. Attische Kalpis des Kleophrades-Malers, Neapel, Museo Archeologico Nazionale, um 490–480 v. Chr.

mann umzubringen, in komplexer Analyse entfaltet werden. Aus den Danaiden wiederum hat er nach allem, was wir wissen und worüber in dem Kapitel über die *Hiketiden* («Bittflehenden») mehr zu sagen sein wird (vgl. S. 104), aus amazonenhaften Frauen ganz von ihrem Vater abhängige Mädchen gemacht, die aber bereit sind, im Interesse ihres Vaters einen Mord zu begehen.

Ein weiteres Spezifikum der Tragödie gegenüber bildlichen Darstellungen besteht darin, daß sie die Taten und ihre Motivationen vorwiegend im privaten Bereich und familiären Umfeld angesiedelt sein läßt. Selbst wo Gewalt sich auf Götterebene abspielt, wie im *Prometheus*, wird die Verwandtschaft der Täter und Opfer thematisiert. Anders als in den bildlichen Darstellungen steht in den Tragödien also die Darstellung von Gewalt im privaten Raum im Mittelpunkt. Dies liegt in den Eigentümlichkeiten der Gattung Tragödie begründet. Ihr geht es um Sympathielenkung und Emotionalisierung, und diese werden besser erzeugt, wenn Personen, die sich nahestehen, einander Gewalt antun, als wenn zwei Hopliten, die verfeindeten Heeren angehören, gegeneinander kämpfen. Zwar gibt es solche Szenen auch – so in den *Sieben gegen Theben* –, doch bezeichnenderweise sind es nicht namenlose Kämpfer, sondern die Brüder Eteokles und Polyneikes, die sich, beide von Machtstreben und Ehrsucht getrieben, gegenseitig töten. Zu behaupten, daß diese Handlungsabläufe ja selbstverständlich, da vom Mythos vorgegeben seien, wäre naiv. Denn die Frage ist, warum ein Dichter gerade solche Mythen auswählt und in welcher Weise er sie abwandelt. Die Aischyleische Tragödie ist also von Gewalt geprägt: der in Dialog und Gesang verbalisierten Gewalt, der in der Rückblende berichteten Gewalt, der inszenierten Gewalt.

Psychologie bei Aischylos

Mit dem Akzent auf dem Handeln des Individuums kommt ein Faktor zum Tragen, der die Gattung Tragödie fortan bestimmen wird: die Psychologie der Personen im Sinne einer Bestimmung ihrer Motive und Strategien in Wort und Tat. Damit greift die Tragödie ein Moment auf, das bereits im Homerischen Epos gekonnt angewandt wurde, und transformiert es gattungsgemäß. Den Zorn des Achilleus nennt der Anfang der *Ilias* als Grund für die in diesem Epos geschilderten Ereignisse. Explizit, das heißt durch Bemerkungen des Erzählers, und implizit, durch die Worte und Taten der Protagonisten selbst, werden im Epos die Charaktere entfaltet. Genau in diesem Punkt liegt der Unterschied zur Tragödie. Sie hat keinen Erzähler, verfügt also nicht über das Mittel expliziter Charakterisierung, sondern sie vermag nur in der Rede der Protagonisten selbst deren Charakter darzustellen, sei es in Form der Charakterisierung einer Person durch andere oder der Selbstdarstellung. Es bleibt dem Zuschauer und Leser überlassen, ein Gesamtbild einer Person zusammenzusetzen und ihr Verhalten zu bewerten.

Man hat immer wieder darauf hingewiesen, daß Euripides ‹der Psychologe› unter den Tragikern sei. Tatsächlich steht die psychische Ausgestaltung der Charaktere, bis hin zur Darstellung pathologischer Persönlichkeiten, bei ihm im Mittelpunkt. Aber auch Aischylos bietet Szenen feinsinniger Psychologisierung: Klytämestra wahrt die Fassade, bis nach der Ermordung ihres Mannes und seiner Geliebten die über Jahre angestaute Wut aus ihr herausbricht – in einem Monolog, der mit bittersten Worten und in zynischen Bildern ihr Gefühl der Befreiung beschreibt. Ihr Sohn Orestes plant die Rache an ihr und ihrem Liebhaber als Vergeltung für die Ermordung des Vaters, doch als er vor ihr steht und ihr das Schwert in den Leib stoßen soll, zuckt er zurück. Erst als im Schlagabtausch mit Klytämestra sein eigentliches Motiv auflodert, hat er die Kraft, zuzustoßen: Nicht die Ermordung des Vaters, die bisher seinen Racheplan bestimmte, sondern die als persönlich empfundene Kränkung, daß die Mutter den Vater betrogen und, um freie Bahn zu haben, ihn, Orestes, aus dem Haus gegeben habe, entpuppt sich nun als der eigentliche Beweggrund. Im Dialog des Eteokles mit dem Chor schält sich das wahre Motiv des Eteokles heraus, gegen seinen Bruder anzutreten. Es ist nicht Patriotismus, sondern ein ganz auf die eigene Person zentriertes Ehrstreben. Prometheus wird von verschiedenen Protagonisten des Dramas – auch durchaus solchen, die mit ihm Sympathie haben – als «selbstvermessen» und «verbohrt» bezeichnet, und seine eigene Ausdrucksweise bestätigt dies. Dareios charakterisiert seinen Sohn Xerxes als «kindisch», und sein Urteil wird dadurch als treffend erwiesen, daß Xerxes, von seiner Niederlage zurückgekehrt, nicht fähig ist, die volle Verantwortung für das, was er verschuldet hat, zu übernehmen, sondern in Klagen verharrt.

Die Bedeutung der Frauenrollen

Daß in der Aischyleischen Tragödie Frauenrollen von zentraler Bedeutung sind, ist bereits deutlich geworden. Dies gilt es zu betonen, da man gemeinhin diese Schwerpunktsetzung den beiden anderen Tragikern, vor allem Euripides, zuschreibt. Und auch wenn, soweit wir wissen, Aischylos' Vorgänger und Konkurrent Phrynichos Frauenchöre einsetzte, läßt sich mit größter Wahrscheinlichkeit annehmen, daß er noch nicht prominente weibliche Charaktere wie Klytämestra und Elektra geschaffen hat. Frauenfiguren wie die Sophokleische Elektra und Antigone oder die Euripideische Medea und Phädra wären ohne die Aischyleische Klytämestra und Elektra nicht denkbar. Dabei ist die starke Präsenz von Frauen auf der attischen Bühne, deren Handeln großenteils das Geschehen der Dramen bestimmt, keineswegs selbstverständlich. Vielmehr stellt die Tatsache, daß Frauen im Vordergrund agieren, einen Gegensatz zu ihrer Rolle im öffentlichen Leben des Stadtstaats Athen im 5. Jahrhundert v. Chr. dar, in dem sie keine politischen Rechte hatten und nur eingeschränkt am gesellschaftlichen Leben teilnahmen.

Warum waren Frauenrollen in der Tragödie so wichtig? Aristoteles gibt hierfür eine implizite Begründung. Er sieht den positiven Effekt der Tragödie in einer im Zusammenhang mit den Affekten *Phóbos* und *Éleos* (Furcht und Mitleiden) bewirkten Katharsis. In Kapitel 14 der *Poetik* begründet er das Phänomen, daß die meisten Tragödien Familienkonflikte zum Gegenstand haben, damit, die stärksten Emotionen würden erregt, wenn die Geschehnisse sich zwischen einander Nahestehenden abspielten (14. 1453b14–22, Übersetzung Fuhrmann, anstelle von «Jammer» übersetze ich «Mitleiden»):

Wir wollen nun betrachten, welche Ereignisse als furchtbar und welche als bejammernswert erscheinen. Notwendigerweise gehen derartige Handlungen entweder unter einander Nahestehenden oder unter Feinden oder unter Personen vor sich, die keines von beidem sind. Wenn nun ein Feind einem Feinde etwas derartiges antut, dann ruft er keinerlei *Mitleiden* (*Fuhrmann*: Jammer) hervor, weder wenn er die Tat ausführt noch wenn er sie auszuführen beabsichtigt – abgesehen von dem schweren Leid als solchem. Dasselbe gilt für Personen, die einander nicht nahestehen, ohne miteinander verfeindet zu sein. Sooft sich aber das schwere Leid innerhalb von Naheverhältnissen ereignet (z. B.: ein Bruder steht gegen den Bruder oder ein Sohn gegen den Vater oder eine Mutter gegen den Sohn oder ein Sohn gegen die Mutter; der eine tötet den anderen oder er beabsichtigt, ihn zu töten, oder er tut ihm etwas anderes derartiges an) – nach diesen Fällen muß man Ausschau halten.

Eine Tragödie zwischen sich Nahestehenden aber – so kann man hinzufügen, auch wenn Aristoteles dies nicht expliziert –, also der Typ der Familientragödie, ist mit einer Aufwertung weiblicher Rollen verbunden. Und tatsächlich sind Frauenrollen in den uns erhaltenen Tragödien in der Regel dadurch gekennzeichnet, daß ihre Problematik und Tragik aus den familiären Konstellationen erwächst. Dies unterscheidet sie von Männerrollen, auch wenn bei diesen primär andersartige Thematiken – etwa das Problem der Selbsterkenntnis bei Ödipus oder das Problem der Macht beim Sophokleischen Kreon – mit familiären Konflikten verbunden sein können. Die Spitze eines familiären Konfliktes aber ist der Mord. Ganz besonders drastisch wirkt er, wenn ihn eine Frau, die ja gerade nicht über das Macht- und Gewaltmonopol verfügt, durchführt. Darum war die exponierte und stark ausgeführte Figur der Klytämestra etwas Neues. Das Besondere dabei ist die Spannung zwischen den Umständen, die dem athenischen Publikum geläufig waren, nämlich der sozial subordinierten Position der Frauen einerseits und andererseits ihrem eigenständigen, ja exzessiven Handeln auf der Bühne. Daß Klytämestra sich eine solche Machtposition anmaßt, wird nämlich – etwa im Unterschied zur Penelope der *Odyssee*, die während der Abwesenheit ihres Mannes die Leitung des Hauses, also eigentlich eine Männerrolle, übernimmt, – von den anderen Protagonisten des Dramas kritisiert.

Für die Bewertung der Präsenz weiblicher Charaktere ist zu beachten, daß es sich bei den Frauen auf der Bühne tatsächlich um «Frauenrollen» handelte, da alle weiblichen Protagonisten, auch die eines Chores, von Männern gespielt, gesungen und getanzt wurden. So soll Sophokles, der am Beginn seiner Karriere noch selbst als Schauspieler auftrat, in der Rolle der Nausikaa durch sein anmutiges Ballspiel brilliert haben (Test. 30). Das reale Geschlecht entsprach also nicht dem inszenierten Geschlecht.

Damit kommt ein Punkt für die Bedeutung von Frauenrollen hinzu, der hier nur kurz angedeutet werden kann: Für die geschilderte Katharsis, die nach der aristotelischen Auffassung eine Wirkung der Tragödie darstellt, ist, wie dargelegt, ein gewisses Spannungsverhältnis in der

Psyche des Zuschauers nötig: Er identifiziert sich mit dem Protagonisten und leidet mit ihm, gleichzeitig weiß er und wird sich am Ende des Stückes vollends bewußt, daß zwischen ihm und der Person auf der Bühne eine Distanz besteht. Ein spannungsvolles Miteinander von einem Gefühl der Nähe – der Zuschauer ‹leidet mit› – und einem Gefühl der Distanz – der Zuschauer weiß, daß das Geschehen nicht wirklich ihn betrifft, – macht also die Wirkung der Tragödie aus. Diese dürfte dadurch verstärkt worden sein, daß es eine Differenz zwischen realem Geschlecht und inszeniertem Geschlecht gab, wenn ein männlicher Schauspieler eine weibliche Rolle spielte – insbesondere angesichts der Tatsache, daß das Publikum vorwiegend männlich gewesen sein dürfte.

Diesen Vorteil von Frauenrollen erkannte und nutzte Aischylos. Sophokles und Euripides folgten ihm darin. Gleichzeitig ist die dramatische Verwendung von Frauenfiguren Teil eines allgemeinen Diskurses über die Geschlechterrollen, der das 5. Jahrhundert v. Chr. prägte, wie nicht nur bildliche Darstellungen, sondern auch Passagen des Herodoteischen Geschichtswerks, die Aristophanischen Komödien und Reflexe in der Philosophie des 4. Jahrhunderts v. Chr. zeigen.

Die Rolle des Chores

Der Chor spielt in den uns erhaltenen Aischyleischen Tragödien eine zentrale Rolle. Allein quantitativ weisen sie gegenüber den Dramen des Sophokles und Euripides einen größeren Anteil auf. So umfassen die Chorpartien in Aischylos' *Persern* 49%, in Sophokles' *Aias* 24% des jeweiligen Stückes. Ein Grund liegt in der Entwicklung der Gattung Tragödie (vgl. S. 13), die ihren Ursprung im Dialog zwischen dem Chor und einem Schauspieler hat, dann aber mehr und mehr von Schauspielerinteraktionen geprägt wird. Doch daß man nicht nur diesen technischen Grund ausmachen sollte, zeigt der Fall der *Hiketiden*. Während man sie lange aufgrund des hohen Choranteils (61%) für ein frühes Werk des Aischylos hielt, brachte ein Papyrusfund die Erkenntnis, daß sie aus den späten 60er Jahren des 5. Jahrhunderts v. Chr. stammen, also ein späteres Werk des Aischylos sind. Mit der Prominenz des Chores hängt vielmehr auch eine spezifische Gewichtung, die Aischylos seinen Tragödien gibt, zusammen (vgl. S. 51). Ihn interessiert in einem Maße, wie wir es bei Sophokles und Euripides nicht finden, das Verhältnis des einzelnen zu der Gemeinschaft, in die er eingebettet ist oder der er gegenübersteht. Dies ist das Perserreich in den *Persern*, die Polis Theben in den *Sieben gegen Theben*, die Polis Argos in den *Hiketiden* und im *Agamemnon*, die Polis Athen in den *Eumeniden*, die griechische Heeresgemeinschaft in der – uns nur in Fragmenten erhaltenen – *Achilleis*. Ganz gleich wie die Konflikte, die die jeweiligen individuellen Protagonisten ausstehen müssen, konzipiert sind, stets wird der Einfluß ihres Handelns auf das Kollektiv und die gegenseitige Abhängigkeit thematisiert.

Aus der Betonung des Kollektivbezugs aber folgt auch die prominente Rolle des Chores. Dabei finden wir nicht nur Männerchöre, sondern auch Frauenchöre, die allerdings selbstverständlich von männlichen Choreuten dargestellt wurden. Auch Phrynichos brachte bereits Frauenchöre auf die Bühne wie in den *Phönissen*. Aber Aischylos weist seinen Frauenchören eine überraschende Autorität zu. So repräsentieren in den *Sieben gegen Theben* junge Frauen (und nicht etwa ein Chor alter Männer, die aus Altersgründen nicht am Krieg teilnehmen können) die Polis Theben und weisen in deren Interesse das politische Oberhaupt Eteokles auf die Gefahren hin, die der Stadt mit seinem Handeln drohen. Die Danaiden erweisen sich in den *Hiketiden* gegenüber den Göttern und dem König von Argos als sehr insistent und schrecken selbst vor dem Mittel der Erpressung nicht zurück. In den *Choephoren* stellt der Chor der Sklavinnen die treibende Kraft dar, die Elektra und Orestes zur Tat anspornt. Im *Prometheus* sind es Göttinnen, die Okeaniden, die mit dem geplagt-aufrührerischen Gott bis zum Schluß durchhalten und selbst bei seinem Sturz in den Tartaros nicht von seiner Seite weichen.

Der Chor kann aber auch als kommentierende und bewertende Instanz dienen. Das ist besonders dann der Fall, wenn er dieselbe Meinung wie andere Protagonisten vertritt oder seine Meinung durch den Geschehensverlauf bestätigt wird. So entspricht in den *Persern* die – am Anfang noch dezente, doch dann immer deutlicher werdende – Kritik der persischen Ältesten an der jugendlichen Selbstüberschätzung des Königs dem Urteil seines eigenen Vaters Dareios.

Die Aischyleischen Chorlieder sind nicht nur auffallend lang, sondern weisen eine komplizierte Metrik auf. Besonders komplex und eindrucksvoll ist das Einzugslied des Chores im *Agamemnon*, dem ersten

Drama der *Orestie*. Es verbindet auf kunstvolle Weise einen erzählenden und wertenden Blick auf die Vergangenheit mit einer Anrufung des Zeus und setzt Signale für die Deutung der gesamten *Orestie*. Deutlich unterschieden von den anderen Aischyleischen Stücken sind die Chorlieder des *Prometheus*. Sie nehmen nur 18% des Stückes ein und sind schlichter gebaut. Dies gilt den Verfechtern der Unechtheit des *Prometheus* als Indiz dafür, daß das Stück nicht von Aischylos sein könne.

Fragen der Inszenierung

Zu Aischylos' Zeit war der Dichter gleichzeitig der Regisseur. Ebenso konnte er als Übungsleiter des Chores auftreten und einen Schauspielerpart übernehmen. Die Aufführungen fanden unter freiem Himmel im Dionysostheater in Athen statt. Von dem Bau des 5. Jahrhunderts v. Chr., in dem Aischylos seine Tragödien aufführte, sind nur spärliche Reste erhalten; das Theater in seiner uns heute bekannten Gestalt stammt aus späterer Zeit. Entsprechend der engen Verbindung des Theaters mit dem Kult entstand das Theater direkt bei dem Tempel des Dionysos Eleuthereus am Südhang der Akropolis (Abbildung 2).

Die Grundform des Dionysostheaters, wie dann jedes anderen griechischen Theaters, bestand aus drei Bereichen: In der *Orchéstra*, die die Keimzelle des Theaters gewesen sein dürfte, sang und tanzte der Chor. Die Bühne (*Logeíon*) für die Schauspieler bildete der Raum zwischen der Orchestra und dem ‹Bühnenhaus› *(Skené)*. Die Bühne war zunächst ebenerdig und wurde erst im Laufe des 5. Jahrhunderts v. Chr. – allerdings nur leicht – erhöht. Wenn man also davon spricht, daß etwas «auf der Bühne» stattfindet, muß man sich die besonderen Gegebenheiten des griechischen Theaters des 5. Jahrhunderts v. Chr. vor Augen halten. Die *Skené* war ursprünglich wohl nicht mehr als eine Art Bretterhütte. Doch bereits Aischylos integrierte sie in sein Spiel. Sie diente als Bühnenhintergrund, der verschiedenartig gestaltet sein konnte, und ermöglichte Schauspielerauftritten eine größere Flexibilität. Die Zuschauer saßen in einem Halbrund (*Théatron*) der *Skené* gegenüber. Dadurch, daß die Bühne nicht oder nur leicht erhöht war, genossen sie freien Blick auf die Landschaft. Diese Lage und die mit ihr verbundene Imaginationsmöglichkeit der Zuschauer konnten die Dramatiker bei der Konzeption ihrer Stücke berücksichtigen. Überhaupt war viel, was

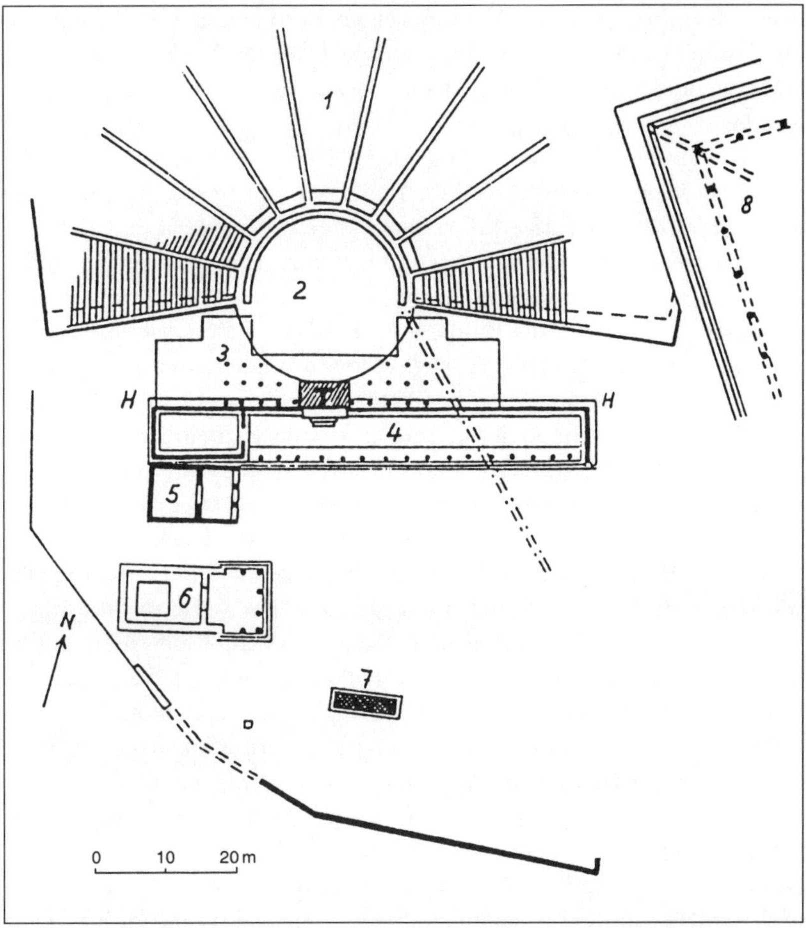

Abb. 2 Dionysostheater in Athen (aus: Joachim Latacz, Einführung in die griechische Tragödie, Göttingen ²2003, S. 28).

1 Theatron, 2 Orchestra, 3 Skené, 4 Halle, 5 Alter Tempel, 6 Neuer Tempel, 7 Altar, 8 Odeion des Perikles

H–H Breccia-Mauer mit Pfostenlöchern S 1–10.

Punkte davor: weitere Pfosten (ergänzt)

T Breccia-Blattform.

Die Treppe von Halle (4) zu Plattform T ist sehr zweifelhaft.

heute Aufführungen naturalistisch zeigen, der Phantasie der Zuschauer überlassen, etwa wenn das Drama, wie Euripides' *Iphigenie in Aulis*, Nachtszenen enthielt, dieses jedoch notwendigerweise am Tag gespielt wurde.

Zwei Theatermaschinen dienten dazu, Szenen darzustellen, die unter den geschilderten Aufführungsbedingungen nicht möglich gewesen wären, und für besondere Effekte zu sorgen. Dies waren der Bühnenkran (*Mechané* oder *Géranos*), der Dinge und Personen in die Höhe schweben lassen konnte, und das *Ekkýklema*, eine Art Rollwagen, mit dem man Tableaus auf die Bühne brachte und auf diese Weise etwa Innenszenen zeigte. Daß auch Aischylos, der für seine Inszenierungen berühmt war, sich dieser Mittel bediente, ist zwar nicht explizit überliefert, läßt sich aber implizit aus seinen Texten entnehmen. Denn die Szenen, in denen Klytämestra und Orestes neben ihren Opfern gezeigt werden, sind ohne *Ekkýklema* nicht denkbar. Ein effektreiches Stück war *Der gefesselte Prometheus*. Die Hauptperson, der Titan Prometheus, bleibt die ganze Zeit über, an einen Fels geschmiedet, unbeweglich, während verschiedene Besucher auf spektakuläre Weise zu ihm gelangen: die Okeaniden auf geflügelten Wagen, Okeanos auf einem geflügelten Vierbeiner. Der dafür nötige technische Einsatz war einer der Gründe, warum man Aischylos dieses Stück absprechen wollte.

Obwohl wir keine hinreichend expliziten Informationen über Aischylos' Inszenierungen haben, kann man aus den Stücken allein folgern, daß der Dichter sich durchaus der Wirkung visueller – und akustischer – Effekte bewußt war. Dies zeigen bereits die *Perser*, also ein frühes Drama, in dem Dareios' Totengeist beschworen wird, und die *Orestie*, in dem nicht nur das Nebeneinander der Täter und ihrer Mordopfer auf der Bühne wirkungsvoll inszeniert wurde, sondern auch ein Chor schrecklich anzusehender Gottheiten, der Erinyen, Teil des Geschehens war. Die visuelle Dimension war keine Effekthascherei, sondern steht in enger Relation zur Aussagekraft des Stückes. Das Beispiel von Dareios' Totengeist zeigt dies gut. Indem nämlich der tote Dareios die Bühne betritt, wird die Verbindung zwischen Toten und Lebenden und damit die autoritative Kraft der väterlichen Norm, die der Aischyleischen Konzeption des Stückes unterliegt, personalisiert und damit sinnfällig (S. 69).

Requisiten, die in Aischylos' Tragödien eine wichtige Funktion hatten, waren der Altar und das Grabmal. Sowohl die *Hiketiden* als auch die

Sieben gegen Theben zeigen eine Anlage von Altären verschiedener Gottheiten, die sich in den *Hiketiden* sogar exponiert auf einem Hügel befindet. Die Beschwörung des toten Dareios in den *Persern* findet an seinem Grab statt. Im zweiten Stück der *Orestie*, den *Choephoren*, ist das Grabmal des Vaters Agamemnon der Ort, an dem sich seine Kinder Orestes und Elektra mit dem Chor auf die Rache einschwören und sich des väterlichen Beistands versichern.

Während im 6. Jahrhundert v. Chr. der Dichter noch selbst als Schauspieler auftrat, mußte spätestens mit Einführung des zweiten Protagonisten ein anderer Darsteller hinzukommen. Aischylos übernahm zwar selbst noch eine Rolle, bediente sich aber auch schon professioneller Schauspieler.

Die Masken, die die Schauspieler trugen, dürften ihren Grund im kultischen Ursprung der Tragödie haben. Denn Dionysos war nicht nur ein Gott der Ekstase, sondern auch des Identitätswechsels. Den Schauspielern wurde viel abverlangt, nicht nur was die – durch die Masken besonders geforderte – Sprechtechnik, sondern auch den Ausdruck von Stimmungsschwankungen und Emotionen betraf. Da sie dafür keine Mimik einsetzen konnten, mußten ihre Sprechweise und Gestik die Affekte der Figuren verdeutlichen. Aus diesem Grunde weisen die Dramentexte selbst auf Emotionen hin, indem sie bestimmte äußere Kennzeichen der emotionalen Erregung einer Person schildern. Auch spielt in diesem Punkt die Metrik eine Rolle, denn spezielle Versmaße wurden zum Ausdruck bestimmer Gefühle eingesetzt.

2 Die Überlieferung der Aischyleischen Tragödien

Auch in dieser allgemeinen Einführung in Aischylos' Werk hat die Frage, wie seine Texte überliefert wurden, ihren Platz. Sie weckt ein Verständnis dafür, was das Fundament der Interpretation seiner Dramen bildet und welche Schwierigkeiten für Philologen und Literaturwissenschaftler, die sich mit dem griechischen Text des Aischylos befassen, bestehen.

Texte aus der Antike sind durch Handschriften, die in Spätantike und Mittelalter geschrieben und abgeschrieben wurden, und in Papyri aus der Antike überliefert. Nützliche Informationen geben uns auch antike Autoren, die aus den Werken zitieren. Daß es bereits im 5. Jahrhundert v. Chr. ein Lesepublikum gab, bezeugt Aristophanes in seinem Stück *Die Frösche* (V. 52), wo es heißt, Dionysos habe Euripides' Tragödie *Andromeda* «gelesen». Da es, wie einleitend dargelegt, keine sanktionierten Textfassungen gab und Schauspieler gerne, um der eigenen Rolle mehr Umfang und Bedeutung zu verleihen, Passagen interpolierten, wurden die Texte mit der Zeit verändert. Der athenische Staatsmann Lykurg führte 330 v. Chr. eine Theaterreform durch, in deren Zuge auch ein ‹Staatsexemplar› der bereits aufgeführten Stücke angefertigt wurde, das von da an als Norm gelten sollte.

Der nächste wichtige Schritt für die Geschichte der Textüberlieferung war die philologische Arbeit von Vertretern der von Aristoteles gegründeten peripatetischen Schule, Dikaiarch und Herakleides von Pontos. Sie nahmen zwar selbst keine Änderungen am Text vor, stellten aber literarische und didaskalische (d. h. mit der Datierung befaßte) Studien an. Ihre Forschungen wurden dann von den alexandrinischen Philologen integriert. In Alexandria wurden erstmals unter dem Herrscher Ptolemaios Philadelphos die Tragiker herausgegeben, von dieser Edition ist aber nichts erhalten. Ptolemaios Euergetes soll aus Athen das Staatsexemplar, das Lykurg hatte anfertigen lassen, entliehen und – gegen die Kaution von 15 Talenten – behalten, es aber immerhin durch eine Kopie ersetzt haben. So berichtet jedenfalls der kaiserzeitliche Arzt

Galen in seinem Kommentar zu Hippokrates (Lossau, Aischylos 29 f.). Wahrscheinlich hat auf dieser Grundlage der bedeutendste alexandrinische Philologe Aristophanes von Byzanz eine Ausgabe angefertigt.

Worauf geht nun die handschriftliche Überlieferung zurück, auf deren Grundlage heutige Editoren ihre Textausgaben erstellen? Wir haben, wie gesagt, sieben Tragödien unter Aischylos' Namen überliefert, die auch als *Heptás* bezeichnet werden. Bereits in hellenistischer Zeit wurden diese Stücke bevorzugt. Aufgrund von antiken Zitaten kann man jedoch vermuten, daß auch noch nach dem 2. Jahrhundert n. Chr. Interesse an anderen als diesen sieben Dramen vorhanden gewesen sein muß. Welchen Weg die Textüberlieferung der Aischylostragödien von den alexandrinischen Ausgaben bis zum Beginn der handschriftlichen Überlieferung genommen hat, läßt sich, leider, nicht sagen.

Die einzige Handschrift, die alle sieben Tragödien überliefert, ist der *Codex Mediceus (Laurentianus) 32,9 (M)*. Der *Codex Mediceus* wurde im Jahr 1000 in Byzanz, das für die Überlieferung griechischer Handschriften wichtig war, geschrieben. Da er aber beschädigt ist, fehlen große Textpassagen, nämlich die Verse 311–1066 des *Agamemnon* und das Stück, das von Vers 1160 des *Agamemnon* bis in den Beginn der *Choephoren* («Spenderinnen der Weihegüsse») hinein reicht. Während wir die Möglichkeit haben, die fehlenden Verse des *Agamemnon* aus einer anderen handschriftlichen Überlieferung zu ergänzen, ist das bei den *Choephoren* und den *Hiketiden* nicht der Fall. Daher ist der Anfang der *Choephoren* für uns verloren; bei den *Hiketiden* finden sich Lücken und unleserliche Stellen, die in der Forschung zu unterschiedlichen Lesarten und damit Deutungen führen.

Zu der handschriftlichen Überlieferung treten die erwähnten Papyri hinzu. Die aus ihnen gewonnenen Erkenntnisse waren und sind hilfreich. Die Informationen, die neu gefundene Papyri bieten, können unter Umständen dazu führen, daß frühere Vorstellungen erweitert oder sogar revidiert werden. Dies gilt etwa für einen Papyrus, der neuen Aufschluß über die Datierung der *Hiketiden* ermöglichte, und für Papyri, die unsere Vorstellungen über die Aischyleischen Satyrspiele erweiterten.

3 Aischylos: Theologe, Lehrer, Dramatiker?

Ein kurzer Blick auf die wichtigsten Forschungsfragen, die man an Aischylos' Dramen stellte, soll den Einzelinterpretationen vorausgehen.

Der Komödiendichter Aristophanes hat, wie wir sahen (S. 23), seinen Schiedsrichter Dionysos die Kontrahenten Aischylos und Euripides danach beurteilen lassen, welcher von beiden mit seinen Dichtungen der athenischen Bevölkerung mehr Nutzen gebracht habe, welcher also der bessere Lehrer der Bürgerschaft gewesen sei. Das Kriterium didaktischer Qualität übernahm die Moderne vielfach – ohne die komische Brechung bei Aristophanes ausreichend zu berücksichtigen (S. 23) – und betrachtete die Aischyleischen Tragödien vorwiegend als Medium religiöser oder politischer Belehrung. Im Unterschied zu Nietzsche, der – freilich am Muster des heute umstrittenen *Prometheus* – gerade in der «Götterdämmerung» (Geburt der Tragödie, Kapitel 9) die typisch aischyleische Weltanschauung erkannte, vertraten viele Forscher des 20. Jahrhunderts ein harmonisierendes Bild, demzufolge bei Aischlyos ‹die Welt noch in Ordnung› gewesen sei, während sie bei Sophokles in Frage gestellt worden und bei Euripides aus den Fugen geraten sei. Man sah, wie Wilhelm Nestle und Karl Reinhardt, in Aischylos einen theologischen Dichter, dessen Vorstellung von einer göttlichen Weltordnung seine Zeusgestalt geprägt habe, die in seinem Gesamtwerk eine den Menschen transzendierende Gerechtigkeit verkörpere. Wilhelm Nestle sprach gar in bezug auf den durch Athenas Stellungnahme bewirkten Freispruch des Orestes von der «Gnade der Gottheit», die dem leidenden Menschen helfe (Die Religiosität des Aischylos, 261). 1956 unterzog Hugh Lloyd-Jones eine solche Auffassung einer scharfen Kritik mit dem Argument, daß Aischylos keine neuen theologischen Aussagen vertrete, sondern seine Dramen ein Bild von Zeus zeigten, wie es bereits Hesiods Werk (7. Jahrhundert v. Chr.) kennzeichne. Die Problematik der theologischen Deutungen – worauf Lloyd-Jones selbst bereits hinwies – liegt darin, daß einzelne Textpassagen nicht als Aussage der jeweiligen Dramenperson, sondern als Stellungnahme des Autors gelesen wurden. Dies galt insbesondere für den sogenannten Zeushymnus des *Agamemnon*, den der Chor innerhalb seiner Parodos anstimmt. Auch wenn sich in den letzten Jahren Interpretationen, die den Zeushymnus innertextlich verstehen – wie, von unterschiedlichen Deutungsansätzen ausgehend, die Arbeiten von Rainer Thiel und Lutz Käppel –, mehren, ist die Diskussion um die Theologie des Aischylos noch nicht verstummt. So schließt sich Robert Bees in seinem jüngst erschienenen Buch «Aischylos. Interpretationen zum Verständnis seiner Theologie» den alten Ansätzen einer theologischen Deutung des Aischylos an.

Bruno Snell (1928)sah in der Aischyleischen Tragödie den Konflikt zwischen Notwendigkeit und Freiheit, der nach Schiller, A. W. Schlegel und Schelling den Kern jeder Tragödie ausmacht, dargestellt. Snell vertrat die These, die Aischyleische Tragödie thematisiere zum ersten Mal in der griechischen Literatur die Problematik des freien Handelns und unterscheide sich dadurch von der früheren Dichtung, vor allem Homer, daß sie die Frage nach der eigenen Entscheidung stelle, wohingegen die Homerische Dichtung nur die göttliche Motivierung kenne. Dieser Ansatz kann allerdings durch die neueren Forschungen von Arbogast Schmitt zur Handlungsmotivation in den Homerischen Epen als überholt gelten. Auch hat Schmitt in verschiedenen Publikationen auf den von modernen Vorstellungen unterschiedenen Freiheitsbegriff in der griechischen Tragödie hingewiesen.

Ein Vorläufer der politisch-didaktischen Interpretation war Walter Nestle mit seinem 1934 erschienenen Werk «Menschliche Existenz und politische Erziehung in der Tragödie des Aischylos», demzufolge Aischylos im Verhältnis eines «erziehenden Dichters» zu seinem Publikum gestanden habe (92). Die didaktische Funktion der Aischyleischen Tragödie vertraten Wolfgang Rösler 1980 und in prononcierter Weise der Althistoriker Christian Meier in dem 1988 erschienenen und die Diskussion um Aischylos nachhaltig beeinflussenden Werk «Die politische Kunst der griechischen Tragödie», dem 1980 die Untersuchung «Die Entstehung des Politischen bei den Griechen» vorausgegangen war. Hier wies er der Tragödie eine allgemeinere politische Funktion zu, da sie ein für die attische Demokratie unverzichtbares Medium des öffentlichen Diskurses dargestellt habe. Sie habe durch die Konstituierung von Ordnungen eine sinnstiftende Funktion gehabt, und Aischylos habe mit der *Orestie* den Prozeß «der Polis-Bildung selbst» im Mythos darstellen wollen (Die politische Kunst der griechischen Tragödie, 138). Meiers Deutung ist von einer positiven Sicht der *Orestie* geprägt, deren Ziel die Darstellung des Siegs der neuen Ordnung und des neuen Rechts über die Ordnungslosigkeit einer rechtlosen Vorzeit sei. Zusammen mit der berühmten Inszenierung der *Orestie*, die Peter Stein in den 80er Jahren des 20. Jahrhunderts auf die Bühne brachte, hat Meiers Auffassung die allgemeine Sicht der *Orestie* und des Aischylos nachhaltig beeinflußt.

Was die theologische und die politische Deutung der Aischylostragödien eint, ist die Vorstellung, sie seien Teil einer Entwicklung der griechischen Geistesgeschichte, die ‹vom Mythos zum Logos› verlaufe. Auf die Problematik einer solchen Auffassung habe ich bereits hingewiesen (S. 26). Daß sie der komplexen Lage nicht gerecht wird, zeigt sich im Falle des Aischylos überdies daran, daß die Anschauungen über seine Stellung innerhalb dieser Entwicklung differieren. So kann er den einen als noch ganz dem mythischen Götterglauben verhaftet erscheinen – etwa im Unterschied zum ‹aufgeklärten› Euripides – (Nestle, Die Religiosität des Aischylos, 264). Für andere steht er an der Schwelle zwischen einer irrationalen, dem mythischen Götterglauben verhafteten Zeit und der Zeit der «neuen Rationalität» (Meier, Die politische Kunst der griechischen Tragödie, 151). Wieder andere sehen in ihm gar einen Wegbereiter zu einem philosophischen Gottesbild, wie es Platon vertreten habe.

Allerdings scheint mir eine prinzipielle Problematik darin zu bestehen, daß man durch die Reduktion der ungeheuren Komplexität der Tragödien auf einige schlaglichtartige Momente – wie sie freilich für eine ‹griffige Interpretation› unausweichlich ist – das Werk des Aischylos verharmlost. So ist die *Orestie*, wie ich in der Interpretation zu zeigen versuche (S. 115 ff.), nicht eine Tragödientrilogie, deren Ziel die Darstellung der Begründung des Areopags und seiner Rechtsprechung darstellt, sondern die Installation dieses rechtsprechenden Organs Athens ist ein Element im Problemkomplex von menschlichem Handeln und seinen Folgen, das die Trilogie – gattungsgemäß am Extremfall – vor Augen führt. Dieses wird bei Aischylos, wie schon erwähnt, nicht losgelöst von seinen kollektiven Bezügen gezeigt. Die *Perser* etwa problematisieren am Beispiel des Feindes, daß in einer Monarchie die Machtfülle, wenn sie nicht mit genügend Verantwortung einhergeht, zu katastrophalen Folgen führt. Dies gelingt ihnen, indem sie einen Vater-Sohn-Konflikt konstruieren.

Die Verortung der Geschehnisse in einem generationenübergreifenden Zusammenhang sowohl auf individueller als auch auf politischer Ebene kann als zentrales Element der Aischyleischen Tragödien angesehen werden. Die Abhängigkeit der Protagonisten von der eigenen familiären Vergangenheit, die die Parameter für ihr Handeln bildet, die Generationenkonflikte, die Menschen und Götter umfassen, die Spannung, die beim Übergang von Altem und Tradiertem zu Neuem entsteht, kennzeichnet alle sieben Tragödien. Doch die Vergangenheit ist keine Determinierung für das Handeln des einzelnen, sondern bildet die Voraussetzungen dafür, wie sich das Handeln der einzelnen entfaltet.

Daß eine Tragödie die Unheilstaten im familiären Umfeld geschehen läßt, bewirkt, wie wir sahen (S. 38 f.), eine stärkere Emotionalisierung des Publikums. Den Vorteil eines solchen Verfahrens erklärt Aristoteles in den literaturtheoretischen Ausführungen seiner *Poetik* im 4. Jahrhundert v. Chr. treffend damit, daß Taten im familiären Umfeld auf das Publikum emotionalisierender als solche im politischen Kontext wirken. Doch der Bezug zum politischen Umfeld spielt für Aischylos eine viel stärkere Rolle als bei Sophokles und Euripides: Der Mord Klytämestras an Agamemnon bedeutet nicht nur, daß eine Frau ihren Ehemann umgebracht hat. Vielmehr usurpiert Klytämestra dadurch, daß sie den Herrscher über Argos tötet und zusammen mit ihrem Liebhaber Ägisthos die Macht in Argos behauptet, unrechtmäßig politische Funktionen. Das Handeln des Xerxes, das einem Vater-Sohn-Konflikt entspringt, führt ein Weltreich ins Verderben.

Mit der detaillierten Motivation aus der Vergangenheit, die die Voraussetzung für das Handeln des einzelnen bildet, hat Aischylos gegenüber der mythischen Tradition etwas Neues geschaffen. Denn im Unterschied zu Vorstellungen, wie wir sie in der archaischen Zeit bei Hesiod (*Werke und Tage*, V. 282–5) und Solon (13,31–32 West) finden, liegt die Innovation der Aischyleischen Konzeption darin, daß generationenübergreifende Kausalitäten und das individuelle Handeln des einzelnen Protagonisten zusammenkommen.

Mittelpunkt der Tragödie ist also – und soll es auch bei meinen Deutungen sein – das Handeln der als Protagonisten des Dramas gewählten Personen, deren Vorgehen, Erfolg oder Mißerfolg durch gewisse innere und äußere Faktoren bestimmt werden. Dabei bilden Rechtsvorstellungen und vor allem – entsprechend dem Kontext von Aischylos' Zeit

(S. 30 ff.) – die religiöse Praxis den Rahmen dieses Handelns. Aber die Tragödie ist nicht ein Instrument, mit dem sich Aischylos als Politiker oder Theologe erweisen will. Genealogische, religiöse und politische Bezüge sind die Parameter, innerhalb derer der Aischyleische Mensch handelt. Diese Bedingungen herauszuarbeiten und die Motive und Abgründe individuellen Handelns in ihnen, war das Anliegen des Aischylos.

4 Konflikt der Völker und der Generationen: Die *Perser*

Inhalt

Das Drama *Perser* stellt die Niederlage des persischen Königs Xerxes und seines Heeres bei Salamis im Jahr 480 v. Chr. dar, die zur Zeit der Tragödienaufführung im Jahr 472 v. Chr. acht Jahre zurücklag. Der Ort der Handlung ist der Platz vor dem Königspalast in Susa, das Grabmal des Dareios spielt bei der Beschwörung seines Totengeistes eine Rolle. Drei Höhepunkte bestimmen das Stück: der Auftritt eines Boten, die Erscheinung von Dareios' Totengeist und die Heimkehr des Xerxes.

1–154: Parodos: Der Chor der persischen Ältesten, die aufgrund ihres Alters nicht mehr mit in den Krieg ziehen konnten und die Xerxes als Wächter in Susa zurückgelassen hat, besingt die militärische Kompetenz des Xerxes und die Stärke des persischen Heeres, das gegen Griechenland gezogen ist. Doch in die Zuversicht der Chores mischen sich die Angst vor Verblendung, die jedem Sterblichen schade, und die Betrübnis über die Einsamkeit der Perserfrauen, deren Männer in den Krieg gezogen sind.

155–531: 1. Epeisodion: Xerxes' Mutter tritt auf (ihr in anderen Quellen überlieferter Name Atossa wird im ganzen Stück nicht erwähnt; der Einfachheit halber soll sie aber im Folgenden so genannt werden). Sie erzählt den Ältesten von einem bestürzenden Traum. Der Chor gibt ihr Opferanweisungen und versucht, sie zu beruhigen. Gerade als er sie über das Wesen der griechischen Feinde informiert hat, kommt der Bote mit der Schreckensmeldung von der Niederlage bei Salamis: Die besten Männer sind gefallen, Xerxes hat überlebt. Der Grund für die Niederlage, die die Perser trotz ihrer Überzahl und der ihrer Schiffe erleiden mußten, war die List der Griechen, auf die Xerxes hereinfiel, so daß er die persischen Schiffe an einer für sie ungünstigen Stelle kämpfen ließ – eine Katastrophe, die der Bote als Tat eines Rachegeistes, eines *Daimon*, interpretiert. Diejenigen, die überlebt hatten, fie-

len dann in der Schlacht bei Psyttaleia, nach der Xerxes in völliger Verzweiflung seine Kleider zerriß. Auch auf dem Rückzug kamen noch viele um, insbesondere dadurch, daß der Fluß Strymon zu früh zugefroren war. Als sie das Eis überquerten, taute er wieder auf und riß auf diese Weise viele in den Tod.
Atossa und der Chor beklagen den *Daimon*, und Atossa entfernt sich, um die Opfer vorzubereiten.

532–597: 1. Stasimon: Der Chor beklagt den Schaden, den Xerxes durch sein Tun über das ganze Perserreich brachte.

598–622: 2. Epeisodion: Atossa kehrt in schlichter Trauerkleidung zurück und bittet den Chor, den Geist (*Daimon*) von Xerxes' totem Vater Dareios herbeizubeschwören.

623–680: 2. Stasimon: Der Chor kommt Atossas Bitte nach und beschwört Dareios' Totengeist.

681–851: 3. Epeisodion: Dareios' Totengeist erscheint und fragt nach dem Grund der Trauer. Da der Chor sich aus Respekt vor dem Monarchen scheut, ihm zu antworten, berichtet seine Frau von dem Geschehenen. Dareios ist entsetzt über das Tun seines Sohnes, insbesondere über die Gottlosigkeit, die er mit der Überbrükkung des Hellespont gezeigt habe, und sieht in der Katastrophe die Erfüllung von Orakeln. Auch er klagt den *Daimon* an, sieht aber ebenso klar die Schuld des Xerxes. Auf die Frage des Chores, was nun zu tun sei, rät er ihm, nie wieder gegen Griechenland ins Feld zu ziehen, und prophezeit ihm die Niederlage in der Schlacht von Plataiai. Er bittet die Alten, seinen Sohn nach der Rückkehr zur Vernunft zu bringen, und seine Frau, Xerxes zu trösten.

852–907: 3. Stasimon: Der Chor preist die vergangene Regierungszeit und Machtentfaltung des Dareios.

908–1077: Exodos: Xerxes kehrt zurück und beklagt sein Schicksal. Mit einem *Kommós*, in dem Xerxes und der Chor gemeinsam das Geschehene beklagen, endet das Stück.

Einführung

Die *Perser* sind das frühestes Drama der vollständig erhaltenen Tragödien. Es handelt sich um ein Drama mit historischem Sujet und stellt somit eines der wenigen Beispiele dieser Untergattung der Tragödie dar, das in der Antike geschrieben wurde. Aischylos hatte nicht als erster die Idee, dieses einschneidende Geschehen der eigenen jüngsten

Geschichte auf die Bühne zu bringen. Vielmehr ist sein Drama auch das Ergebnis einer fruchtbaren und kreativen Konkurrenz zu dem Dramendichter Phrynichos, der zur Zeit der Aufführung der *Perser* vielleicht bereits tot war, dessen Stücke dem Publikum aber noch in lebhafter Erinnerung gewesen sein dürften. Dieser hatte vier Jahre vorher ebenfalls den Sieg der Griechen bei Salamis aus persischer Perspektive in einem Drama *Phönissen* aufgeführt.

Über die *Phönissen* ist uns nur wenig bekannt, aber bereits dies wenige zeigt, daß sich Aischylos zwar auf seinen Rivalen bezog, aber entscheidende Änderungen vornahm. Daß Aischylos' Stück wie seine Produktion überhaupt gegenüber Phrynichos innovativ war, gesteht ihm nicht nur Aristoteles in der *Poetik* zu, indem er ihm die Einführung des zweiten Schauspielers zuschreibt, sondern auch Aristophanes rückt ihn in seiner Tragödienparodie betreibenden Komödie *Thesmophoriazusen* («Frauen am Thesmophorenfest») von Phrynichos ab, indem er diesen in eine Reihe mit den archaischen Dichtern Ibykos, Anakreon und Alkaios stellt (V. 159–167).

Ein Beispiel für Aischylos' veränderten Zugriff auf den historischen Stoff sei genannt: Während Phrynichos' Stück mit dem Monolog eines Eunuchen begann, setzen die *Perser* mit einem Lied des Chores ein, der aus Persern besteht, die aufgrund ihres Alters nicht mehr mit in den Krieg ziehen konnten und zu Hause auf die Nachrichten über den Ausgang des Kriegs warten. Damit ist gleich in die von Aischylos in diesem Drama konstruierte Konfliktsituation eingeführt, einen Konflikt zwischen dem jungen Sohn Xerxes, der in seinem jugendlichen Übermut die Niederlage verschuldet hat, und seinem toten Vater Dareios, dessen Sicht der Chor vertritt. Und anders als Phrynichos, in dessen Stück der Ausgang der persisch-griechischen Auseinandersetzung von Anfang an bekannt war, prägt das Aischyleische Drama die Spannung. Denn die bösen Ahnungen der Beteiligten verdichten sich immer mehr und werden in drei Stufen (Botenbericht, Monolog des Dareios, Heimkehr des Xerxes) zur völligen Gewißheit. Für die Vermittlung des Schwebezustands der Angst vor der Katastrophe am Beginn des Stückes, den der Chor als Fürsprecher für die Masse und Repräsentant der älteren Generation empfindet, sind die chorlyrischen Metren, nicht aber der mehr auf Information angelegte iambische Trimeter, das passende Versmaß.

Ein ‹Geschichtsdrama› war also nichts Neues. Für den modernen Leser gilt es jedoch zweierlei zu beachten: Erstens sprechen wir von einem historischen Drama oder Geschichtsdrama, obwohl Aischylos noch nicht mit der Gattung der Geschichtsschreibung vertraut ist. Denn Herodot, den man als ersten Geschichtsschreiber betrachtet, beginnt sein Werk erst kurz nach Aischylos. Vorher behandelten Dichter historische Themen in Form von Elegien oder Epen. Zweitens ist es kein Gegensatz, wie es einem modernen Leser erscheinen könnte, daß Aischylos neben mythischen Sujets auch ein historisches Thema wählte. Denn für die Griechen waren Geschehnisse der mythischen Vergangenheit genauso real wie solche der historischen Vergangenheit. Sicher hing es von der Epoche und von der individuellen Auffassung ab, welche Geschehnisse und Personen, die wir als «mythisch» bezeichnen, man für real hielt, aber den Trojanischen Krieg etwa sahen sowohl Herodot als auch Thukydides, der sich selbst gegenüber Herodot als ‹Rationalist› betrachtete, als ein historisches Faktum an. Die athenischen Bildprogramme des 5. Jahrhunderts v. Chr. bestätigen, daß die Griechen Ereignisse, die wir heutzutage als mythisch bezeichnen, als Teil ihrer Vergangenheit betrachteten: In dem wohl 460 v. Chr. entstandenen öffentlichen Athener Gebäude *Stoa Poikile* waren historische Kämpfe – eine Schlacht zwischen athenischer Infanterie und Spartanern bei dem argivischen Oinoe sowie die Schlacht von Marathon – und mythische Kämpfe – Theseus' Schlacht gegen die Amazonen und eine Szene aus dem Trojanischen Krieg – nebeneinandergestellt. Mythenkritik zielte eher darauf, den Mythos zu verbessern, als darauf, ihn abzuschaffen.

Aischylos hat in seinem Geschichtsdrama den historischen Fakten spezielle Gewichtung gegeben und sie umgedeutet. Er ging also nicht anders vor als der Autor eines modernen historischen Romans oder der Regisseur eines Historienfilms. Auch diese betrachten historische Geschehnisse unter einem speziellen Fokus, etwa der Entwicklung einer bestimmten wichtigen Persönlichkeit, und binden sie in eine von ihnen, also dem Autor oder Regisseur, individuell entworfene Handlungsstruktur ein. Im Falle der *Perser* haben wir in dem Geschichtsschreiber Herodot, der um die Mitte des 5. Jahrhunderts v. Chr. die Entstehung und den Verlauf der Perserkriege schilderte, eine Quelle, die einen Vergleich mit der Aischyleischen Konzeption ermöglicht. So macht Aischylos die Niederlage der Perser bei Salamis zum zentralen Ereignis, wohingegen die Schlacht bei Plataiai nur in einer Zukunftsprophezeiung des Dareios kurz Erwähnung findet (V. 816–817). Die Schlacht bei Psyttaleia bekommt durch die Ausführlichkeit, mit der der Bote auf sie eingeht (V. 447–471), eine Bedeutung, die weder Herodot noch die moderne Geschichtsforschung ihr zuweisen. Im Gegensatz dazu wird auf den Sieg der Griechen bei Marathon nur kurz angespielt (V. 244, 475), und andere Schlachten, wie die von Mykale, finden überhaupt keine Erwähnung. Dafür ist eine vom Boten geschilderte Episode des persischen Rückzugs, das Zufrieren des Strymon (V. 495–514), wohl eine Erfindung des Aischylos. Die Fokussierung auf den grandiosen Sieg der Griechen bei Salamis läßt sich im Rahmen der Gesamtinterpretation des Dramas damit erklären, daß Aischylos auf diese Weise Xerxes zur tragischen Figur machen konnte. Denn seinem Drama unterliegt die Konzeption, daß Xerxes' Entschluß, die Perser zur Seefahrt anzustiften, eine unbesonnene Tat ist, zu der er sich aufgrund seines Bedürfnisses, den Vater zu übertrumpfen, verleiten läßt. Diese Entscheidung aber stellt eine Grenzüberschreitung im eigentlichen und im übertragenen Sinne dar, da es den Persern als vorzügliche Landstreitmacht von alters her nicht gegeben war, zur See zu bestehen. Die Schlacht bei Marathon aber konnte Aischylos nicht ausführlicher darstellen, weil dies seiner Konzeption des klugen und besonnenen Dareios, der seinem Land und Volk niemals Schaden zufügte, widersprochen hätte; andererseits konnte er diesen für das griechische Selbstverständnis so wichtigen Sieg nicht weglassen.

Die genannten individuellen Gewichtsetzungen sind auf der Basis der Gesamtkonzeption, die der Dichter mit seiner Tragödie verfolgt, zu interpretieren. Sie verbindet den Konflikt zwischen Persern und Griechen mit einem Generationenkonflikt, der in der Auseinandersetzung des persischen Königs mit seinem Vater Dareios besteht. Xerxes' Streben, seinem Vater gleichzukommen, an dessen Erfolg er sein Wirken ständig messen lassen muß, ist das Motiv zum Feldzug, der in der persischen Katastrophe von Salamis endet. Anders gesagt hat Aischylos, um aus einem historischen Ereignis eine gattungskonforme Tragödie zu machen, einen Familienkonflikt konstruiert und dabei die beiden Hauptfiguren Dareios und Xerxes eindrucksvoll konzipiert. Da 480 v. Chr. der historische Dareios bereits tot war, konnte Aischylos nicht, ohne daß sein Plot unglaubwürdig gewesen wäre, Vater und Sohn in eine direkte Auseinandersetzung treten lassen. Daher wird der Konflikt aus der Perspektive anderer, der alten Männer des Chores und seiner Mutter, geschildert. Als Höhepunkt aber tritt der Totengeist des Dareios auf, um mit väterlicher Autorität das Urteil über seinen Sohn zu sprechen.

Dabei hat der Dichter persische Eigenheiten so in einen griechischen Kontext gebettet, daß sein griechisches Publikum die Gestalten auf der Bühne zwar eindeutig als Perser erkannte, diese aber andererseits so vertraut waren, daß der dramatisierte Konflikt für das Publikum einen Wiedererkennungswert hatte. So tragen die Perser typische Gewandung, immer wieder wird auf die riesige Größe des persischen Reiches und die quantitative Überlegenheit der Perser verwiesen. Der persische Chor wirft sich vor seinen Herrschern zu Boden und übt damit eine Form der Verehrung, die Proskynese, aus, die nach griechischer Auffassung nur den Göttern gebührte und gegenüber Menschen ein Sakrileg war. Die Perser bezeichnen sich im Stück selbst als «Barbaren», verwenden also den von den Griechen für sie gebrauchten Begriff. Daß Persien eine Monarchie ist, wird immer wieder betont und in Gegensatz zur griechischen bzw. athenischen Freiheit gesetzt.

Alle diese Charakteristika führten dem griechischen Publikum vor Augen, daß es sich bei den handelnden Personen um ‹andere›, um den ‹Feind› handelte. Doch gleichzeitig waren diese ‹anderen› auch vertraut. Denn die Perser der Tragödie sprechen Griechisch (anders wären sie vom griechischen Publikum auch nicht verstanden worden), sie verehren dieselben Götter, und sie haben Konflikte zu bewältigen, die auch den Griechen geläufig waren: einen Generationenkonflikt zwischen Vater und Sohn und, damit verbunden, die Frage nach der Verantwortung des einzelnen der Führungsschicht gegenüber dem Kollektiv. Geschickt also verbindet Aischylos Elemente der Fremdheit und der Vertrautheit und stellt somit die nötige Dialektik von Nähe und Distanz her, die die Wirkung einer Tragödie ausmacht (S. 17).

Da ein Teil seines Publikums zumindest rudimentäre Kenntnisse über die Perser gehabt haben dürfte, zumal viele in den Perserkriegen in persönlichen Kontakt mit ihnen gekommen waren, mußte Aischylos bei aller Eigenwilligkeit eine gewisse Realitätstreue wahren. Dabei stellt sich die Frage, auf welche Weise er Kenntnis über die Perser erhalten haben kann. Diese Problematik der Berührung und Informationsvermittlung zwischen griechischer und altpersischer Kultur ist ein relativ junges Forschungsfeld. Aischylos hatte wahrscheinlich verschiedene Informationsquellen: Zum einen war er selbst Kriegsveteran und war auf jeden Fall bei Marathon, vielleicht auch bei Salamis mit den Persern in Berührung gekommen. Zum anderen kannte man etwa die persische Hauptstadt Susa aus der Schilderung griechischer Gesandtschaften. Auch bereicherten Kriegsgefangene beider Seiten und Übersetzer die Kenntnisse der Griechen über die Perser.

Trotz der wiederholten Kontrastierung von griechischen und persischen Gewohnheiten läßt sich nicht sagen, daß die Perser explizit negativ bewertet werden – was angesichts der Tatsache, daß das Drama die persische Perspektive vermittelt, ja auch merkwürdig wäre. Aber auch eine implizite Minderbewertung läßt sich kaum fassen. Denn in der Schilderung persischer Gewänder oder Sitten ist die in späterer Literatur, wie etwa in Euripides' *Orestes* oder in den politischen Reden des 4. Jahrhunderts v. Chr., häufige Herabsetzung des Orientalischen nicht zu finden. So wird zwar immer wieder auf den Reichtum der Perser verwiesen, aber ohne damit Verweichlichung anzudeuten. Anders als dies Edith Hall in ihrem 1989 erschienenen, einflußreichen Buch über die ‹Erfindung› des Begriffs «Barbar» meinte, ist das Orientalische im Aischyleischen Drama noch nicht negativ konnotiert. Auch die monarchische Staatsform wird nicht explizit kritisiert, wenngleich implizit ihre Risiken aufgezeigt werden (S. 75). Die Vorstellung einer asymmetrischen Beziehung von Griechen und Persern, in der den Persern der Part des verweichlichten Barbaren zufällt, läßt sich also bei Aischylos noch nicht erkennen. Dem entspricht der Befund von Vasenbildern, die, wie Susanne Muth herausgearbeitet hat, die unterlegenen Perser nicht anders darstellen als unterlegene griechische Hopliten (Abbildung 3).

Leider sind aufgrund der schlechten Quellenlage unsere Kenntnisse der Tetralogie, deren Teil *Die Perser* waren, zu gering, als daß wir weiterreichende Aussagen treffen könnten. Jedenfalls standen die *Perser* in der Mitte zwischen zwei mythischen Dramen, *Phineus* und *Glaukos*, das Satyrspiel war ein *Prometheus*. Möglicherweise – doch dies bleibt Spekulation – bildet ein diese verschiedenen Stücke verbindendes Motiv das der Hybris und Grenzüberschreitung. Daß in Xerxes' Vermessenheit sich alte Orakel erfüllen, ist eine Deutung, die der Totengeist des Dareios vornimmt. Solche Orakel wiederum könnten im *Phineus* vorgekommen sein, denn Phineus war eine Seherfigur, zu dem die Argonauten auf ihrer Schiffahrt nach Kolchis kamen. Sollte also Phineus im gleichnamigen Stück diese Orakel verkündet haben, so wäre das Motiv der Prophezeiung mit dem Thema der Schiffahrt – die Argonauten galten im Mythos als die ersten Seefahrer – passend verbunden gewesen.

Abb. 3 Kampf zwischen Griechen und Persern. Attische Schale des Malers der Pariser Gigantomachie, New York, Metropolitan Mus. of Art (ehm. Rom, Basseggio), um 480–470 v. Chr.

Hybris könnte auch das Thema des *Glaukos* gewesen sein, der vielleicht die göttliche Bestrafung einer Transgression zum Inhalt hatte. Und möglicherweise kehrte der Haupgedanke der *Perser*, daß ein Mangel an Reflexionsfähigkeit katastrophale Folgen haben kann, im Satyrspiel wieder. Denn dieses setzte vielleicht die berühmte Erzählung auf burleske Weise dramatisch um, daß Epimetheus entgegen der Weisung des Prometheus das von Zeus gesandte Faß der Übel annahm und auf diese Weise seinem Namen, ein ‹Zu spät-Denker› zu sein, Ehre machte.

Interpretation

Das zentrale Thema der Tragödie sieht man in der Regel darin, daß sie den ‹nationalen› Sieg der Griechen über die Perser feiere und dabei den Gegensatz zwischen Griechen und Barbaren in den Mittelpunkt stelle. Auch wenn das griechische Publikum in der Niederlage und dem Leid der Perser *ex negativo* den eigenen Sieg noch einmal erleben konnte, liegt doch der Hauptakzent nicht auf einer athenischen Selbstverherrlichung. Das Gelingen der Tragödie hing vielmehr davon ab, daß das auf der Bühne dargestellte Leid für das Publikum nachvollziehbar war. Und dies gelang dadurch, daß die Niederlage des Xerxes als ein Generationenkonflikt dargestellt wurde, also eine Situation, die für jeden griechischen Zuschauer nachvollziehbar war: Die Trennlinie verläuft nicht zwischen Griechen und Barbaren, sondern zwischen Vater und Sohn.

Der Normbruch, den Xerxes aus Ehrgeiz vollzieht, besteht, wie bereits erwähnt, darin, daß er sein Glück auf die Seefahrt und den Kampf zu Wasser setzte, ein Metier, das den Persern von alters her nicht gegeben ist. Seine Grenzüberschreitung bedeutet auch einen religiösen Frevel, denn sowohl die räumlichen Grenzen als auch die traditionelle Begrenzung auf das Land sind von den Göttern vorgeschrieben. Daß der persische König mit aller Gewalt versucht hat, das Unerreichbare zu erreichen, ist Hybris, die ihr Sinnbild darin findet, daß Xerxes, um die Grenzen zwischen Persien und den griechischen Gebieten zu überschreiten, die Meerenge des Hellespont mit einer künstlichen Brücke überwinden wollte.

Um den Generationenkonflikt zu konturieren, hat Aischylos sowohl Dareios als auch Xerxes auf markante Weise charakterisiert: Während der Vater als der Besonnene dargestellt wird, der stets zum Besten seiner

Untertanen gehandelt hat, ist sein Sohn der junge Heißsporn, der mit seiner neuartigen Unternehmung Verderben über das Reich brachte. Wie konstruiert diese Konzeption ist, erhellt alleine daraus, daß der historische Xerxes zur Zeit des Debakels bei Salamis etwa 40 Jahre alt, also auch nach antiken Maßstäben nicht mehr jung war. Wie wichtig für den Effekt der Tragödie die unterschiedliche Charakterisierung der beiden Hauptpersonen ist, zeigt die enge Verbundenheit von Plot und Charakter.

Wenn wir uns nun dem Verlauf der Tragödie zuwenden, so bemerken wir: Das Raffinierte am Perserdrama besteht darin, daß Xerxes, die Hauptperson, deren Charakter entscheidend ist, die meiste Zeit über aus der Perspektive anderer geschildert wird, sowohl aus der des Chores, dessen anfängliche Begeisterung sich in Skepsis, ja, schließlich in Kritik verwandelt, als auch der der Königsmutter Atossa, die von Sorgen erfüllt ist und ganz – bis in die Niederlage hinein – zu ihrem Sohn steht und ihn verteidigt, sowie der des Vaters Dareios, der das verdammende Urteil über Xerxes spricht. Die Spannung wird also dadurch erregt, daß der Zuschauer Informationen über den Protagonisten erhält, bevor dieser selbst auftritt, und ihn so von vornherein in einem bestimmten Licht sieht. Diese Informationen sind eindeutig, denn der Chor, Atossa und Dareios stimmen in der Bewertung des Xerxes überein. Was den Spannungsbogen betrifft, so kommt die Diskrepanz zwischen dem Wissen der Zuschauer und dem der Figuren hinzu. Jeder Zuschauer im Theater kannte den Ausgang der persisch-griechischen Auseinandersetzungen. Aber die Figuren der Tragödie erfahren im Verlauf der Handlung den Ausgang und die Details der Kämpfe erst nach und nach.

Das Stück weist keinen Prolog auf, sondern beginnt gleich mit der Parodos: Die alten Männer des Chores stellen sich als Vertraute des persischen Königs vor, die aufgrund ihres Alters eine herausgehobene Position haben. Denn Xerxes hat sie auserwählt, während seiner Abwesenheit das Perserreich zu verwalten. Die Perspektive des Chores, die die der älteren, Dareios angehörigen Generation ist, bestimmt die Bewertung des Geschehens. Mit ihm durchlebt der Zuschauer in 125 Versen das Hochgefühl eines nahe bevorstehenden Sieges und dann die langsam sich einschleichende Furcht, das Vorhaben, Griechenland zu bezwingen, könne Vermessenheit sein. Denn auf die Schilderung der zahlreichen kampfesmutigen Männer aus den verschiedenen Teilen des gewaltigen persischen Reiches, die mit Xerxes in den Krieg zogen, und des militärischen Draufgängertums des Xerxes folgen Zweifel – Zweifel, ob es richtig war, daß sich die Perser die Seefahrt zugetraut haben (V. 109 ff.):

Aber sie lernten, die salzige Flut des breitstraßigen Meeres,
wenn es vom Sturm aufbraust, zu beobachten
und zu vertrauen auf den leichten Bau
der Stricke und auf die Menschentragenden Erfindungen.

Doch dem listensinnenden Betrug eines Gottes –
Wer, welcher Mensch, der doch sterblich ist, kann ihm entkommen?
Wen gibt es, der mit behendem Fuß den sicheren Sprung beherrscht?

Denn freundlich schmeichelnd lockt
den Sterblichen in ihr Fangnetz die Verblendung,
aus der es keinem Sterblichen
möglich ist zu entschlüpfen.

Der Chor spricht hier von der List der Gottheit. Dies ist ein in der griechischen Literatur häufig anzutreffendes Motiv, mit dem begründet werden soll, warum ein Mensch überraschend und scheinbar grundlos ins Unglück gerät. Dem entspricht die Verblendung, *Áte*, die hier personalisiert, als etwas von außen den Menschen Anfallendes erscheint. Ist also das, was den Persern widerfahren wird, ein göttliches Walten, das die Menschen blind macht und sie ins Verderben stürzt? Sind sie ein Spielball der Götter? Die Darstellung des Chores läßt den Zuschauer schon ahnen, daß es so einfach nicht ist. Denn das «Vertrauen» auf die Schiffe wirkt wie ein Signalwort dafür, daß es hier auch um menschliches Fehlverhalten geht.

Die Charakterzüge des Xerxes werden bereits in der Parodos genannt, wenngleich noch nicht in der eindeutig negativen Wertung. Xerxes wird vom Chor als «stürmisch-impulsiver» und als «draufgängerischer Anführer» (V. 73–74) beschrieben. Diese Kennzeichnung impliziert, weil Xerxes Anführer einer großen Anzahl von Männern ist, bereits die möglichen katastrophalen Folgen, falls er versagen sollte. Der Zuschauer, der den Ausgang des Geschehens bereits kennt, kann die Beschreibung von Xerxes' Heer, die neben den Landstreitkräften auch die Seestreitkräfte nennt, als düstere Vorahnung empfinden. Daß Xerxes auf diese Streitkräfte «vertraut», legt einen Zug seiner Unüberlegtheit dar, die jetzt noch nicht ausgesprochen ist, aber nach und nach zutage treten wird. In einem anderen Kontext tadelt sein Vater sein Vertrauen auf «eitle Hoffnungen» (V. 744–749). Ein Mangel an Besonnenheit und vorausschauender Überlegung ist es, der Xerxes in die Falle der Griechen laufen läßt. Doch dies weiß der Chor noch nicht; noch ist Xerxes für ihn der «gottgleiche Held von goldgeborener Abstammung» (V. 79–80). Aber dies macht die Kontrastierung zu Dareios, der selbst später vom Chor als gottgleich, bezeichnet wird, erst recht deutlich: Der Vater trägt im Gegensatz zum Sohn diesen Titel zu Recht.

Die Bezeichnung als «stürmisch-impulsiv» und «draufgängerisch» begleitet Xerxes' Charakterisierung leitmotivisch durch das ganze Drama hindurch. So bezeichnet ihn Atossa, die mit Kritik gegenüber ihrem Sohn eher zurückhaltend ist, auf Dareios' Frage, welcher seiner Söhne das Heer, das bei Athen die Niederlage erlitt, geführt habe (V. 718): «Das war der Heißsporn Xerxes. Das ganze Festland entvölkerte er.»

Nach der Parodos wendet der Chor sich an die Königsmutter, die die Bühne betreten hat. Sie kommt, von bösen Vorahnungen heimgesucht, um den Chor wegen eines Traumes, der sie ängstigt, um Rat zu fragen: Sie sah zwei Schwestern, von denen eine Griechenland, die andere Barbarenland als Heimat erlost hatte. Als diese in Streit gerieten, habe Xerxes vergeblich versucht, sie zu bändigen, indem er sie unter ein Joch zusammenspannte. Die eine ließ sich mit stolzem Gestus willig lenken, die andere hingegen bäumte sich auf, zerriß mit den Händen das Geschirr, zerbrach das Joch und brachte Xerxes zu Fall.

Während der Chor keine Auslegung des Traums vornimmt, sondern Atossa mit allgemeinen Worten und der Aufforderung, Opfer darzubringen, zu beruhigen versucht, vermag der Zuschauer aufgrund seines Informationsvorsprungs den Traum zu deuten: Die folgsame Schwester ist Persien, die widerstrebende das freiheitsliebende Griechenland. Doch das Bemerkenswerte an Atossas Traum ist, daß er von einer Verwandtschaft von Griechen und Persern spricht; hier steht also nicht das Barbarische als das «ganz andere» dem Griechischen gegenüber. Vielmehr wird die Verwandtschaft betont: Die Schwestern entstammen demselben Geschlecht, sind also blutsverwandt. Dies evoziert den griechischen Mythos, daß Griechen und Perser aufgrund ihrer gemeinsamen Abstammung von Perseus verwandt seien (Herodot 7,61–62. 150). Auch sind die Schwestern als ganz ebenbürtig geschildert (V. 181–187). Beide Frauen sind gut gekleidet, überragen an Wohlgestalt alle lebenden Frauen und sind von makelloser Schönheit. Daß sie unterschiedliche Gebiete der Erde bewohnen, ist ein Ergebnis des Loses, das ihnen zugefallen ist. In dieser Beschreibung zeigt sich keinerlei Minderbewertung Persiens. Auch wie Aischylos Atossa den Streit beschreiben läßt, stellt Persien nicht als tyrannisch dar. Es heißt nur lapidar, daß die Schwestern in Streit gerieten, wobei bezeichnenderweise der griechische Terminus für Bürgerkrieg, *Stásis*, gebraucht ist (V. 188–189). Erst Xerxes' Versuch, sie zu bändigen, indem er sie unter ein Joch spannt, bringt die unterschiedlichen Verhaltensweisen an den Tag und führt zu seinem Sturz. Es erscheint also als Xerxes' Fehler, sich einzumischen und zwei Parteien unter ein Joch bringen zu wollen, wo sie nicht harmonieren können, da ihre Charaktere zu unterschiedlich sind. Offen bleibt aber die Möglichkeit, daß die Schwestern sich auf andere Weise geeinigt hätten. Gerade das Hervorheben der grundsätzlichen Ebenbürtigkeit der Schwestern und der Umstand, daß Aischylos keine eindeutige Wertung vornimmt, wie es aufgrund der persischen Unterjochung der ionischen Städte und des Ionischen Aufstandes nahegelegen hätte, machen eine mögliche Lösung des griechisch-persischen Konfliktes deutlich: Denkbar wäre eine Koexistenz, bei der jeder seinen eigenen Lebensbereich hat und seine eigenen Gepflogenheiten bewahrt. Doch als unmöglich mußte es sich erweisen, Griechenland das Joch der Monarchie aufzubürden.

In Atossas Traum wird auch der Generationenkonflikt symbolisiert: Als Dareios zu Xerxes, der von der sich aufbäumenden Personifikation Griechenlands zu Fall gebracht worden ist, hinzutritt, zerreißt Xerxes seine Kleider. Die Demütigung ist offenkundig: Xerxes liegt, da er gestürzt ist, am Boden; sein Vater tritt heran und klagt um ihn, und als Xerxes ihn sieht, führt er jene rituelle Trauergeste aus, die auch der ‹reale› Xerxes, als die Katastrophe nach der Schlacht von Psyttaleia ganz offenkundig wird, vornimmt (V. 468–471). Im Traum also findet eine direkte Konfrontation des gescheiterten Sohnes und seines Vaters statt.

Ein ungünstiges Vogelzeichen – ein stärkerer Vogel wird von dem schwächeren bezwungen – bestärkte Atossas düstere Vorahnungen, die sie jedoch nicht direkt ausspricht. Vielmehr will sie vom Chor Genaueres über den Feind, gegen den Persien angetreten ist, wissen. Das gibt dem Tragödiendichter Gelegenheit, aus dem Munde des persischen Chores die griechischen, das heißt hier: die athenischen, Stärken hervorzuheben: Sie sind erfolgreich im Nahkampf, haben zwar keinen Reichtum wie die Perser, aber aufgrund von Silbervorkommen doch genug, und – was das Wichtigste ist – sie sind Freie, keine Sklaven wie die persischen Untertanen, aber dennoch vortreffliche Kämpfer. Noch ehe die Königsmutter Zeit hat, ihre Sorgen um Sohn und Heer zu vertiefen, eilt ein Bote herbei. Er überbringt die Schreckensmeldung, daß das persische Heer mit einem Schlag vernichtet wurde. Daß er betont, er sei selbst dabeigewesen, berichte also als Augenzeuge, rechtfertigt die Detailtreue, mit der er Atossa den genauen Hergang schildert und die dem Bericht den Charakter einer historischen Darstellung verleiht. Und auch wenn er von der Mißgunst der Götter gegenüber den Menschen spricht, bewegt sich seine Deutung und Begründung des Geschehens doch ganz auf der menschlichen Ebene. Denn im Mittelpunkt steht die griechische List, auf die Xerxes hereinfiel und die dazu führte, daß die Perser trotz einer Übermacht von 1207 Schiffen gegen 310 griechische Schiffe unterlagen. Die Genauigkeit der Schilderung, die mit zahlreichen Namen – es werden 18 führende Männer aus verschiedenen Heereskontingenten der Perser genannt – und exakten Zahlenangaben versehen ist, stellt ein Stilelement dar, dessen sich auch die griechische Geschichtsschreibung bedienen wird, die sich bald nach Aischylos als literarische Form zur Hochblüte entwickelt. In der Tragödie hat dieses Element die Funktion, den Eindruck der Authentizität zu vermitteln, der durch den Verweis auf die Autopsie begründet ist. Denn man darf, wie gesagt, nicht vergessen, daß viele Zuschauer des athenischen Publikums selbst bei Salamis dabeigewesen waren. Gleichzeitig aber wird der unsagbare Verlust der Perser evident und damit die Leistung der griechischen Kämpfer hervorgehoben. Dies geschieht freilich so – und das gilt für das ganze Drama –, daß die kämpferischen Fähigkeiten der Perser nicht desavouiert werden. Auch gibt es keine plakative Antithese zwischen den starken mutigen Griechen und den verweichlichten Barbaren. Der Gegensatz, den Aischylos im Botenbericht heraufbeschwören läßt, liegt vielmehr in der Ordnung und dem gezielt-systematischen und überlegten Vorgehen (V. 417) der Griechen auf der einen Seite und der – von Xerxes verschuldeten – Unüberlegtheit der Perser auf der anderen Seite. Die Art, wie der Bote das entscheidende Aufeinandertreffen berichtet, macht aber auch deutlich, worin dieser Kontrast liegt: Die Griechen kämpfen alle aus eigener starker Motivation, um ihre Werte zu verteidigen, die Perser hingegen, weil sie der Monarch zwingt. Denn Xerxes, kaum daß der vermeintliche Überläufer von den Athenern ihn informiert hat, die Griechen hätten vor zu fliehen, fällt auf diese List herein und droht seinen Leuten, er werde jeden umbringen, der nicht mit aller Macht nach dem Sieg über die Griechen strebe (V. 361–373):

> Kaum hat Xerxes es gehört und weil er weder die List des Griechen
> durchschaut noch den Neid der Götter,
> teilt er allen Flottenführern diese Weisung mit:
> Sobald die flammenstrahlende Sonne die Erde
> verlassen und Dunkel den Raum des Äthers erfaßt habe,
> sollten sie die Schar der Schiffe in drei Reihen anordnen,
> um mögliche Fluchtwege über das Meer abzuschneiden,
> andere sollten die Insel des Aias rings einschließen, dicht an dicht.
> Denn wenn ihrem Schicksal entflöhen die Griechen, ihrem bösen,
> indem sie mit ihren Schiffen irgendeinen heimlichen Fluchtweg fänden,
> so müßten alle persischen Anführer mit ihrem Leben dafür bezahlen.
> Solches sprach er, im Überschwang seines Hochgefühls.
> Denn er wußte nicht, welche Zukunft ihm von den Göttern her drohte.

Die persischen Anführer und ihre Mannschaften gehorchen. Im Gegensatz dazu eint die dann unvermutet angreifenden Griechen, die keineswegs geflohen sind, sondern die Perser abpassen, die gemeinsame Wertvorstellung. Besonderen Kampfesmut verleiht ihnen die Tatsache, daß sie ja ihr eigenes Land verteidigen, in das die Perser eingefallen sind. Während ihres wohlgeordneten Angriffs ermutigen sie sich mit dem Schlachtruf (V. 402–405):

> Ihr Söhne der Griechen, auf!
> Befreit unser Vaterland, befreit
> die Kinder, die Frauen, die Sitze unserer traditionellen Götter
> und die Gräber der Ahnen. Jetzt gilt es, für alles zu kämpfen!

Was die Perser einander zur Ermutigung zurufen, wird nicht wiedergegeben, sondern es ist nur vom «Laut der persischen Sprache» die Rede. Allgemeiner griechischer Freiheitsdrang steht also der Unmotiviertheit des persischen Heeres gegenüber, dessen einziger Antrieb der erzwungene Gehorsam gegenüber dem Monarchen ist. Damit wird die Abhängigkeit der Vielen von dem Einen sinnfällig, auf die bereits die Kontrastierung griechischer und persischer Lebensweise durch den Chor gewiesen hat. Der Gedanke, welche Gefahren die Alleinherrschaft für eine Gemeinschaft bedeutet, wird im weiteren Verlauf der Tragödie noch weiter vertieft. Denn die Ursache der Niederlage ist nicht in einer prinzipiellen militärischen Unterlegenheit der Perser zu suchen, sondern in der Hybris ihres Herrschers.

Daß Xerxes' Mißerfolg ein Versagen gegenüber seinem Vater bedeutet, verdeutlicht Atossas Reaktion auf den Botenbericht (V. 472–479): Sie beklagt, daß die Rache, die Xerxes an den Athenern wollte, für ihn selbst zur bitteren und leidvollen Niederlage wurde. An dieser Stelle sieht man gut, wie Aischylos historische Fakten so präsentiert, daß sie in seine eigene Deutung passen. Denn in der Realität betraf die 490 v. Chr., also zehn Jahre vor der Schlacht bei Salamis, erfolgte Niederlage bei Marathon Dareios. Dieses Faktum aber wird in den *Persern* zurückgedrängt, da es dem von Aischylos gezeichneten Bild des Dareios widersprechen würde. Außerdem ist zwar der Wunsch nach Vergeltung einer der Gründe, mit dem sich bei Herodot Xerxes von Mardonios zum Feldzug gegen Griechenland bewegen läßt. Aber daß das Rachebestreben auch in den *Persern* anklingt, ist eigentlich ein Widerspruch zu Aischylos' sonstiger Darstellungsweise, der zufolge Xerxes' Vorgehen gegen Griechenland ein Traditionsbruch ist. Doch dadurch, daß Aischylos in Atossas Reflexion (V. 472–479) Xerxes' Vorgehen als eine gescheiterte Racheaktion erscheinen läßt, ohne daß der Name des Dareios fällt, wird nur Xerxes' Versagen betont. Aischylos hat also zwei Deutungen miteinander verbunden: Xerxes als Neuerer und Xerxes als Rächer, die aber ein einziges Resultat haben: Xerxes hat schuldhaft gehandelt und versagt.

Der Bericht des Boten endet nicht mit der Schilderung des Schlachtverlaufs bei Salamis. Vielmehr stellt er anschaulich dar, wie auch auf der Rückkehr noch zahlreiche Perser unter widrigsten Umständen ums Leben kamen, so daß nur die wenigsten die Heimat erreichten.

In dem folgenden Chorlied spricht der Chor daher klar aus, daß Xerxes die Perser in den Tod führte und sich damit als Gegenbild seines Vaters Dareios erwies, und sieht die Gefahr, daß der Machtverlust des Großkönigs mit einer allgemeinen Auflösung des Reiches verbunden sein werde, da sich das Volk ihm nicht mehr unterordnen werde. Eindrucksvoll wird das Leid der Besiegten dabei aus der Sicht der persischen Frauen dargestellt, die ihre Ehemänner verloren haben.

Es folgt die Beschwörung von Dareios' Totengeist, die der Chor auf Bitten der Atossa vollzieht. Wie eine Mahnung an Xerxes hört sich der Lobpreis an, den Dareios' Altersgenossen auf den toten König anstimmen (V. 652–657):

Niemals nämlich vernichtete er seine Männer
in einer mit Krieg vernichtenden Verblendung.
Gottfreund nannten ihn die Perser, ein Gottfreund
war er, denn er führte hervorragend sein Heer.

Der Chor ruft zwar Dareios' Totengeist herbei, wagt aber nach dessen Erscheinen trotz Dareios' mehrfacher Aufforderung nicht, ihm von dem Geschehenen zu erzählen, so sehr halten ihn Respekt und Furcht vor dem toten Herrn zurück. Dies verweist implizit auf ein zentrales Element der politischen Ordnung, das nach griechischem Selbstverständnis die Perser von den Griechen unterschied: die Redefreiheit. Schließlich läßt sich Dareios von Atossa berichten und verurteilt anschließend in einer paternal-autoritären Rede das Tun seines Sohnes als Ausgeburt jugendlichen Draufgängertums (V. 743–746):

Jetzt scheint klar die Quelle der Übel für alle Freunde aufgedeckt:
Mein Sohn hat, da er nicht verstand, dies in jugendlichem Leichtsinn bewerkstelligt,
der hoffte, er werde den Hellespont, den heiligen, als Sklaven wie mit Fesseln
in seiner Strömung festhalten.

Dareios benennt klar den Generationenkonflikt in seinen Abschlußworten, in denen er den Chor explizit als seine eigene Generation anspricht (V. 780–786) und das Abweichen des Sohnes von der väterlichen Norm beklagt:

Auch ich unternahm viele Feldzüge mit gewaltigem Heer,
aber ich brachte nicht solches Unglück der Stadt.
Xerxes aber, mein Sohn, plant, da er jung ist, Neues
und erinnert sich nicht an meine Weisungen.

Ganz klar nämlich wißt ihr, Männer meiner Generation, dies:
Wir alle, die wir diese Macht erhalten hatten,
haben nicht solch ein Ausmaß an Leiden verursacht;
das dürfte wohl offensichtlich sein!

Über den zwischen zwei Generationen verlaufenden Konflikt hinaus wird Xerxes' Versagen noch dadurch unterstrichen, daß er als ‹genealogischer Ausfall› dargestellt wird. Zwar bezeichnet der Chor in der Parodos Xerxes (V. 79–80), als «gottgleichen Helden aus goldgeborenem Geschlecht», womit die Abstammung des Persergeschlechtes von Danae und damit von Zeus gemeint ist. Doch gerade dieser erhabenen Abkunft wird Xerxes nicht gerecht. Denn als Höhepunkt seiner Kritik untermauert Dareios den Anspruch, mit der eigenen Herrschaft nur positiv gewirkt zu haben und so einen Gegensatz zu seinem Sohn zu bilden, damit, daß er das Geschehen in die Sukzession des persischen Herrscherhauses einordnet. Er vergleicht Xerxes' Handeln mit dem seiner Vorfahren, indem er in einer Art Rückschau bis an den Beginn des persischen Reiches zurückgeht (V. 759–781). Besonders ungeheuerlich erscheint in seinen Augen Xerxes' Tun, weil noch niemand, seitdem Zeus die Monarchie in Persien eingeführt habe, in einem solchen Ausmaß das persische Land entvölkert habe (V. 762).

Die genealogischen Ausführungen, die Aischylos den Dareios machen läßt, sind, wenn man sie mit anderen Quellen zur Sukzession der persischen Herrscher – etwa mit dem Historiker Herodot, aber auch mit altpersischen Quellen, vergleicht – ein Gemisch aus Historischem und Fiktivem: Zum Fiktiven gehört etwa, daß die Etablierung der persischen Herrschaft als etwas Unproblematisches erscheint, indem sie auf Zeus zurückgeführt wird. Ebenso signifikant ist, auf welche Weise Dareios die Vorgänger auf dem persischen Thron charakterisiert. Eine Eigenschaft, die alle persischen Herrscher vor Xerxes aufwiesen, aber er selbst nicht besitzt, ist Umsicht. Als ersten in der genealogischen Reihe nennt Dareios einen Medos. Dessen namenloser Sohn zeichnete sich durch seine Selbstbeherrschung aus (V. 767); damit ist er ein Gegenbild zu Xerxes. Kyros, der Herodot als Gründer des persischen Reiches gilt, sind fünf Zeilen gewidmet. Er stellt bei Aischylos den Inbegriff eines guten Herrschers dar; denn dank seiner militärischen Begabung habe er das Perserreich, indem er die Völker der Lyder, Phryger und Ionier unterwarf, geschaffen – aber ohne die den Persern gesetzten Grenzen zu

Stammbaum 1: Die von Dareios vorgetragene Genealogie des persischen Königshauses (nach dem von Page gegebenen Text)

Medos (wohl erfundener Name)
↓
Medos' Sohn (namenlos)
↓
Kyros
↓
Kyros' Sohn (namenlos, nach Herodot: Kambyses)
↓
Mardos (wohl der Herodoteische Ps.-Smerdis, Usurpator, kein legitimer Thronfolger)
↓
Dareios
↓
Xerxes

überschreiten. Historisch gesehen, stimmt diese Darstellung nicht, denn Kyros' Zug gegen das Volk der Massageten, der ihm nach Herodot zum Verhängnis wurde (Herodot 1,201–214), war durchaus eine Überschreitung gebotener Grenzen. Aber bei Aischylos gibt auch und gerade Kyros ein positives Gegenbild zu Xerxes ab, insofern er als ein Monarch gezeichnet wird, der sich sowohl gegenüber seinen Untertanen als auch gegenüber den Göttern richtig verhielt. Von Kyros' Sohn erwähnt Dareios nur die militärische Tüchtigkeit. Diese Reduktion ist bezeichnend für die Auswahl, die Aischylos vornimmt, um einen Gegensatz zwischen den guten Herrschern der Ahnenreihe und Xerxes zu konstruieren, denn in Wirklichkeit galt Kyros' Sohn Kambyses, wenn man Herodot sowie der altpersischen Behistun-Inschrift folgt, als Ausbund an Grausamkeit und Hybris.

Das nächste Beispiel, das Dareios anführt, ist das einzige, das negativ ist. Mardos sei, so Dareios, «eine Schande für das Vaterland und den alten Thron» (V. 774–775) gewesen. Doch dieses Exempel ist nun *ex negativo* ein Beleg für Xerxes' Versagen. Denn Mardos hatte sich die Herrschaft widerrechtlich angeeignet. Er stammte nicht aus der Königsfamilie, und sein negatives Verhalten scheint gewissermaßen logisch mit seiner genealogischen ‹Defizienz› verknüpft. Daß Mardos mit seinem Putsch dem traditionellen Königsthron schadete, kann zwar als Parallele zu Xerxes' Handeln gesehen werden. Doch Xerxes' Schande ist dadurch um so größer, daß er ein Sohn des Dareios und damit ein legitimer Thronfolger ist. Außerdem war es gerade Dareios, der die Schande, die jener Mardos über Persien brachte, wiedergutgemacht hatte. Das wirft die Frage auf, wer das Reich aus der Katastrophe, die Xerxes verursacht hat, wird retten können. Sie bleibt unbeantwortet. Denn Xerxes ist als unumschränkter Monarch unangreifbar. Auf seine unanfechtbare Stellung hatte seine Mutter Atossa den Chor schon früh, sozusagen vorausschauend, hingewiesen. Sie mahnte, als noch vor Xerxes' Rückkehr die persische Niederlage bekannt wurde, die alten Männer, daß es für die persische Verfassung keine Instanz gebe, vor der sich ihr Sohn zu verantworten habe (V. 211–214):

> Denn wißt gut: Mein Sohn ist,
> wenn er Erfolg hat, wohl ein bewundernswerter Held;
> hat er aber keinen Erfolg, so muß er sich nicht vor der Stadt
> verantworten:
> Falls er überlebt, herrscht er genauso über dieses Land.

Dareios sieht in Xerxes' Handeln und dessen Folgen die Erfüllung von Orakeln, von denen er gehofft hatte, sie würden sich erst später erfüllen, die aber durch Xerxes' eigenes Mittun bereits jetzt Realität wurden (V. 739–752). Warum führte Aischylos die Orakel – sozusagen en passant – ein? Sie erfüllen meines Erachtens zwei Funktionen: Erstens vertiefen sie den Generationenkonflikt, weil Xerxes sich nicht nur als Versager gegenüber dem eigenen Vater, sondern als ‹Versager auf der ganzen Linie› erweist. Zweitens wird durch die Orakel ein Spielraum eröffnet, in dem sich Xerxes' schuldhaftes Handeln entfalten kann. Denn daß sich die Orakel gerade in der Person des Xerxes erfüllen, ist keine Determination, sondern Folge seiner Fehlentscheidungen. Den Anteil menschlichen Handelns formuliert Dareios in seinem Resümee (V. 742): «Wenn einer selbst eilt, so packt auch der Gott mit an.» Xerxes' eigene Schuld wird, wie dargelegt, durch die gesamte Handlungsführung deutlich und wird überdies in Dareios' Worten unmißverständlich benannt. Um Xerxes' Anteil am Verlauf der Ereignisse herauszustellen, mußte Aischylos Dareios' Wissen lückenhaft gestalten, so daß dieser zwar von den Orakeln wußte, nicht aber, wann, durch wen und wie sie sich erfüllen würden. Daß die Orakel erst relativ spät eingeführt werden, dient somit auch der Verdichtung des Geschehensverlaufes, der seinen dramatischen Höhepunkt mit Xerxes' jämmerlichem Auftreten am Schluß erhält. Diese Verdichtung unterstützt die innere Dynamik des Stückes, die darauf beruht, daß Katastrophe und Leid erst sukzessive in ihrem ganzen Ausmaß enthüllt werden. Eine vergleichbare spannungssteigernde Verdichtung ist auch in den *Sieben gegen Theben* zu beobachten, weil die Protagonisten die volle Bedeutung des väterlichen Fluches erst nach und nach erkennen. In beiden Dramen ist die Kausalverbindung zwischen dem vergangenen Geschehen und der aktuellen Situation ein Ergebnis menschlicher Deutung: In den *Sieben gegen Theben* interpretiert Eteokles die Situation als Resultat des väterlichen Fluches (vgl. S. 93), in den *Persern* sieht Dareios die gegenwärtige Katastrophe als Erfüllung alter Orakel.

Die von Dareios angesprochenen Motive nimmt der Chor auf. Denn nach dem Abtritt von Dareios' Geist folgt im 3. Stasimon eine Darstellung der Vergangenheit in lyrischer Form. Sie bildet einen poetischen Übergang zwischen der Erscheinung der positiven Herrscherfigur Dareios und dem kläglichen Auftritt des zurückkehrenden Xerxes, was den Kontrast zwischen Vater und Sohn um so härter macht: Die Altersgenossen des Dareios sehnen sich nach seiner Herrschaft zurück. Ihm legen sie alle guten Eigenschaften bei, die den Vater als Ideal zeigen und damit das Versagen des Sohnes implizieren (V. 854–856). Dareios ist nach ihren Worten «alt, ganz stark, nicht schlecht, unbesiegbar, gottgleich» – all das, was Xerxes vermissen läßt.

Der Generationenkonflikt muß auch durch die Inszenierung ins Auge gesprungen sein. Denn wenn Xerxes am Schluß des Stückes besiegt, leidend und zerlumpt heimkehrt, ist der Kontrast zu seinem Vater Dareios, der gerade vorher in prachtvoller Gewandung seinen Auftritt hatte (V. 658–663), auch optisch denkbar groß. Der Zustand der Kleidung symbolisiert bei dem einen das Gelingen, beim anderen das Scheitern der Herrschaft. Sinnfällig ist ebenfalls der Kontrast in der Bewaffnung. Den Vater preist der Chor als »Beherrscher des Bogens« (V. 556), der Sohn kehrt mit dem leeren Köcher, den er dem Chor als «Überrest seiner Ausrüstung» (V. 1019) zeigt (V. 1016–1025), zurück.

Wie eng dank der Monarchie die Abhängigkeit der Gemeinschaft von einer einzigen Person ist, die alleine das Kollektiv ins Verderben reißen kann, ist Thema des gesamten Stückes und Element der Kontrastierung von Vater und Sohn, tritt aber im Abschlußkommos sogar im formalen Bereich, im Aufbau des Gesangs und in der Metrik, zutage. Das Versmaß, der sogenannte Ionier, ist dasselbe wie in der Parodos und signalisiert Trauer und Schmerz. Auf eine anapästische Strophe des Xerxes (V. 908–917) folgt eine anapästische Strophe des Chores (V. 918–930). Dann treten König und Chor in einen Wechselgesang ein (V. 931–1001), bei dem Strophe und Antistrophe jeweils so zweigeteilt sind, daß auf den ersten, von Xerxes gesungenen Teil der Chor im zweiten Teil antwortet. Schließlich (V. 1002–Schluß) wird der ‹Dialog› unvermittelter, der Rhythmus beschleunigt, so daß sich eine lebhafte lyrische Stichomythie zwischen Xerxes und Chor ergibt, die nur leicht am Schluß verlangsamt wird. Obwohl Xerxes selbst es vermeidet, die Schuld eindeutig auf sich zu nehmen, ist für jeden klar, daß die persische Niederlage sein Versagen ist, weil er, im Bruch mit der Vergangenheit, auf die Flotte vertraute.

Das Perserdrama ist also vom Konflikt der Generationen geprägt. Im persönlichen Überschreiten der von alters her für die Perser geltenden Grenzen, im unbedachten Vertrauen auf die Seefahrt, in der Überheblichkeit des Xerxes, die sich in der Überbrückung des Hellespont zeigte, liegt der Bruch. Diese Akzentuierung wird deutlich, wenn man die Darstellung vergleicht, die der kurz nach Aischylos schreibende Historiker Herodot von der Niederlage des Xerxes gibt. Denn bei ihm ist Xerxes' Handeln kein Bruch mit der Politik seiner Vorgänger, sondern eine logische Folge der persischen Expansionspolitik..

Das Drama verbindet also auf geschickte Weise den Konflikt der Völker mit dem Generationenkonflikt. Weil es diese ‹private› Deutung der persischen Niederlage anbietet, ist es eine Tragödie und nicht ein Stück Geschichtsschreibung. Indem Aischylos trotz der auf Athen zentrierten Darstellung des persisch-griechischen Konfliktes auch immer wieder Hinweise auf die Verdienste anderer Stadtstaaten – vor allem der Spartaner – gibt, setzt er Signale für die Bildung einer griechischen Identität. Diese war nicht selbstverständlich, sondern mußte allmählich aus der Heterogenität der griechischen Gemeinschaften herausgebildet werden. Andererseits sind die Perser bei Aischylos nicht schlechthin die negativen und verweichlichten Barbaren. Sie sind auch keine grausamen Wilden – ja, die größte Grausamkeit begehen die Griechen, die bei Salamis ihre Gegner in einem blutigen Gemetzel – «wie bei einem Thunfischfang», heißt es (V. 422–426) – hinschlachten. Vielmehr wird im Traum der Atossa sogar eine mögliche Nähe von Griechen und Persern angedeutet. Das Defizit der Perser liegt in ihrer Staatsform. Denn das Fehlverhalten einer einzigen Person, ihres Herrschers Xerxes, führte zu dem imperialistischen Bestreben, an dem das Reich zugrunde ging. Die Abhängigkeit eines ganzen Staates von einer einzigen Person also bildet die Wurzel des Übels.

Wie wurde wohl dieser Aspekt des Stückes, der die monarchische Staatsform voraussetzt, von dem zeitgenössischen, vor allem athenischen, Publikum aufgefaßt? Meines Erachtens konnte das Stück auf zwei Ebenen verstanden werden: Zum einen hat das negative Gegenbild einer absoluten Alleinherrschaft das eigene System, die athenische Demokratie, bestätigt, weil es ermöglicht, was in der persischen Monarchie unmöglich ist: die Verantwortung der führenden Politiker vor einem Gremium, das sie entmachten kann, also die Beurteilung nach Leistung. Darauf, daß eine solche Assoziation beim Publikum von Aischylos gewollt gewesen sein dürfte, weist die Verwendung des Begriffes *hypeúthynos* (V. 213) hin. Er drückte in der politischen Sprache Athens aus, daß ein Beamter rechenschaftspflichtig war. Xerxes' Mutter hingegen verwendet ihn in negativer Form, um zu betonen, daß für ihren Sohn als Monarchen das Gegenteil gelte. Darüber hinaus ist meines Erachtens, wenn auch sublimer, eine Lesart denkbar, die im Schicksal des an seiner Hybris scheiternden Xerxes die potentielle Gefährdung aller politisch Mächtigen sehen kann. Wie schnell ein Umschwung in der Volksgunst erfolgen konnte, machen historische Beispiele aus diesen Jahrzehnten der athenischen Demokratie klar, nicht zuletzt das Schicksal des athenischen Siegers von Salamis, Themistokles, der sehr schnell nach diesem Sieg – wohl auch aufgrund eigener persönlicher Überheblichkeit – politisch in den Hintergrund treten mußte. So also würde aus einem Stück, das auf einer Ebene die epochale Niederlage der Barbaren gegen die Griechen und auf einer zweiten Ebene die politischen Folgen eines Generationenkonfliktes im Herrscherhaus zeigte, ein Fallbeispiel für die Legitimation der politisch Verantwortlichen.

Die politische Ebene hat Aischylos auf geniale Art mit der individuellen Dimension verbunden. Denn indem er in den *Persern* nicht eine prinzipielle Defizienz aller Perser vorführte, sondern ihre Niederlage an einer Person festmachte, schuf er die Voraussetzung dafür, daß das Stück ‹tragisch› auf die Zuschauer wirken konnte. Aischylos' Meisterschaft besteht darin, daß er Xerxes als Menschen zeigt, dessen Fehlhandeln aus einem nachvollziehbaren Motiv, dem Wettstreit mit dem Vater, entspringt. Xerxes' Tragik ist es, aus eigener Schuld genau das Gegenteil von dem, was er anstrebte, erreicht zu haben. Und dann spricht auch noch der Vater, sein unerreichtes Vorbild, das Urteil über ihn! Auf diese Weise macht der Dichter den persischen Feind zu einem geschlagenen Mann, mit dem selbst der griechische Zuschauer mitleiden konnte.

5 Kollektiv und Individuum: Die *Sieben gegen Theben*

Inhalt

Die 467 v. Chr. aufgeführten *Sieben gegen Theben*, mit denen Aischylos im Dichteragon gewann, bringen das Drama der Ödipussöhne Eteokles und Polyneikes auf die Bühne. Sie handeln von der Belagerung Thebens und dem Bruderkampf zwischen dem Herrscher der Stadt, Eteokles, und seinem Bruder Polyneikes, der zusammen mit seinen argivischen Verbündeten gegen seine Vaterstadt zu Felde gezogen ist. Vorausgegangen ist ein Konflikt zwischen den Brüdern, in dessen Verlauf Polyneikes die Stadt verlassen mußte. Was der Grund des Streits war, wird im Drama selbst nicht ganz deutlich: Ging es um Herrschaft oder Besitz? Auch die Frage, welcher der beiden Brüder im Recht ist, läßt sich nicht eindeutig beantworten (vgl. S. 89 f.). Das Stück endet mit der Nachricht, daß die beiden Brüder im Kampf gegeneinander gefallen sind, und bewegenden Klagen über den Brudermord. Das auf diese Szene folgende ‹Finale›, das uns die Handschriften überliefern, hält die Mehrheit der Forschung für unecht.

Das Stück spielt in Theben, dessen Mauern von den argivischen Feinden umringt sind.

1–77:	Prolog: Eteokles schildert die Situation eines Herrschers, der stets für politische Mißerfolge haftbar gemacht werde, und ruft alle Bürger auf, die Stadt zu verteidigen. Als ein Späher die Nachricht bringt, daß sich sieben Führer der Argiver zum Angriff auf die Tore Thebens rüsten, bittet Eteokles Zeus und die *Erinys* («Fluchgottheit») des Vaters, die Stadt zu schützen.
78–181:	Parodos: Der Chor der thebanischen Mädchen vermittelt auf eindrucksvolle Weise den mit der Belagerung der Stadt verbundenen bedrohlichen Lärm und ihre eigene Angst, aus der heraus sie sich mit Hilferufen an die Götter wenden.

182–286: 1. Epeisodion: Eteokles beschimpft die jungen Frauen, da sie mit ihrem Angstgeschrei die Kampfmoral der Stadt untergrüben. Er verweist sie an ihren Platz im Haus und fordert sie auf, ruhig zu sein. Sie versprechen Gehorsam.

287–368: 1. Stasimon: Die Mädchen sind weiterhin außer sich vor Angst, weil sie das Schicksal, das ihnen im Falle einer Eroberung der Stadt droht, fürchten.

369–719: 2. Epeisodion: Ein Bote schildert in sieben Redepaaren jeweils einen der sieben argivischen Anführer, die sich zum Sturm auf die sieben Tore Thebens bereit machen, und Eteokles wählt passende thebanische Verteidiger dagegen aus. Als er erfährt, daß am siebten Tor sein eigener Bruder Polyneikes steht, interpretiert er dies als Wirken des väterlichen Fluches und stellt sich selbst ihm entgegen. Der Chor versucht, ihn von diesem Vorhaben abzubringen, weil er den mit einem Brudermord verbundenen religiösen Makel für die Stadt fürchtet. Doch Eteokles läßt sich von den Frauen nicht überzeugen.

720–791: 2. Stasimon: In seinem Lied erinnert der Chor an die Verfluchung der Brüder durch ihren Vater und an das Schicksal der Vorfahren.

792–821: 3. Epeisodion: Das 3. Epeisodion bringt den Bericht des Boten, daß die Stadt befreit ist und die Brüder sich gegenseitig im Kampf getötet haben. Diese Nachricht erfüllt den Chor mit Entsetzen und Trauer.

822–860: 3. Stasimon: Der Chor bringt in seinem Gesang die Trauer zum Ausdruck. Die Worte des Chores in V. 841–860 weisen darauf hin, daß die Leichen der Brüder auf die Bühne gebracht werden.

{861–874: Der Chor kündigt den Auftritt von Antigone und Ismene an. Dieser Teil wird von der *communis opinio* der Forschung für unecht gehalten.}

875–1004: Exodos: Klage des Chores. Aufgrund der unklaren Textüberlieferung ist nicht eindeutig auszumachen, auf welche Weise die in den Handschriften vollzogene Aufteilung der Verse ab V. 875 vorzunehmen ist, da die jeweiligen Zuweisungen der Strophen schwanken (an Halbchöre, den Chor, die Schwestern Antigone und Ismene, deren Auftreten der Chor in V. 861–862 ankündigt). Wenn man der Lesart der meisten Handschriften folgt und die Verse 961–1004 Antigone und Ismene im Wechsel zuteilt, müßte man diese, wenn man das Finale für unecht hält, ebenfalls für unecht halten. Wenn man hingegen dem Editor West folgt und diese Verse Halbchören zuteilt, sind sie zu halten.

{1005–1077: Finale: Ein Herold verkündet ein Bestattungsverbot, das die Probulen, politische Vertreter des thebanischen Volkes, über Polyneikes, den Landesverräter, verhängt haben. Antigone kündigt an, sich diesem Verbot zu widersetzen, um ihrer Pflicht gegenüber ihren Blutsverwandten Genüge zu tun. Das Stück endet damit, daß ein Halbchor die Leiche des Polyneikes, ein anderer Halbchor die Leiche des Eteokles begleitet. Dieses Finale gilt nach der *communis opinio* der Forschung als unechter Zusatz, den ein späterer Bearbeiter auf der Grundlage von Sophokles' *Antigone* angehängt habe.}

Einführung

Die Handlung des Dramas *Sieben gegen Theben* stammt aus dem sogenannten Thebanischen Mythenkreis, der Sagen um das thebanische Königshaus behandelte. Heutzutage ist die Geschichte von *König Ödipus,* wie sie Sophokles in seiner Tragödie konzipierte, die bekannteste: Ödipus ist König von Theben. Als die Stadt von einer Pest heimgesucht wird, weiß er, der sonst allen an Klugheit überlegen ist, keinen Rat. Da schickt er den Bruder seiner Frau Iokaste, seinen Schwager Kreon, zu dem Orakel in Delphi, um Rat einholen zu lassen, was zu tun sei. Kreon kommt mit der Nachricht zurück, der noch ungesühnte Mord an dem früheren König Laios müsse gesühnt werden. Ödipus begibt sich sofort auf die Suche nach dem Täter. Doch trotz seiner Wißbegier überhört er alle Hinweise darauf, daß er selbst der Täter war. Vielmehr wittert er ein Palastkomplott, das seinen Sturz plane. Gerade das Bewußtsein seiner großen Klugheit wird ihm zum Verhängnis, weil er stets zu schnell glaubt, bereits verstanden zu haben, um was es geht. Seine Frau Iokaste vermag früher die tatsächlichen Zusammenhänge zu durchschauen und bringt sich, als sie die Wahrheit erkennt, um. Zuletzt aber erfährt auch Ödipus seine Vorgeschichte und vermag alle Verwicklungen zu erkennen: Nach seiner Geburt wurde er von seinen Eltern Laios und Iokaste ausgesetzt, weil Laios ein Orakel erhalten hatte, daß er durch seinen eigenen Sohn den Tod finden werde. Doch der Hirte, dem die Aussetzung des Kindes befohlen wurde, brachte es nicht über sich, den Befehl auszuführen, und gab den Säugling einem anderen Hirten, der ihn dem kinderlosen Königspaar in Korinth brachte. Dieses nahm Ödipus an Kindes statt auf. Als Ödipus ein junger Mann war, schnappte er ein Gerücht auf, daß er nicht das leibliche Kind seiner Eltern sei, und begab sich zum Orakel nach Delphi, um seine wahre Abkunft zu erfahren. Doch die gewünschte Auskunft bekam er nicht, vielmehr wurde er davor gewarnt, daß er seinen Vater töten und seine Mutter heiraten werde. Um diesem Schicksal zu entgehen, beschloß Ödipus, nicht mehr nach Korinth heimzukehren. Auf dem Rückweg vom Orakel erschlug er im Zorn einen alten Mann – seinen Vater Laios, den er nicht erkannte. Als ihn sein Weg nach Theben führte, löste er das Rätsel des Ungeheuers Sphinx, das die Thebaner quälte, und bekam zum Dank Iokaste, die Witwe des toten Königs Laios, zur Frau. So also hatte sich das Orakel erfüllt, daß er seinen Vater töten und seine Mutter heiraten werde. Als Ödipus am Schluß des Dramas erkennt, was er getan hat, sticht er sich die Augen aus.

Sophokles' Drama muß durch Aischylos' Thebentetralogie, deren Aufführung er als junger Mann beiwohnte, mit angeregt worden sein. Doch Aischylos hat, indem er, wie bei der *Orestie*, die Möglichkeit einer Tragödientrilogie ausnutzte, das Schicksal der drei Generationen des thebanischen Königshauses auf die Bühne gebracht und dargestellt, wie die Taten der früheren Generationen das Handeln der folgenden Generationen beeinflussen.

Von dem Interesse der Griechen an dem thebanischen Sagenkreis zeugt schon die Literatur der archaischen Zeit: Einzelne Passagen in den Homerischen Epen und bei Hesiod verweisen auf ihn. Doch wichtige Vorlagen für Aischylos waren sicherlich die Epen *Thebais* und *Ödi-*

Stammbaum 2: Die Genealogie des thebanischen Königshauses

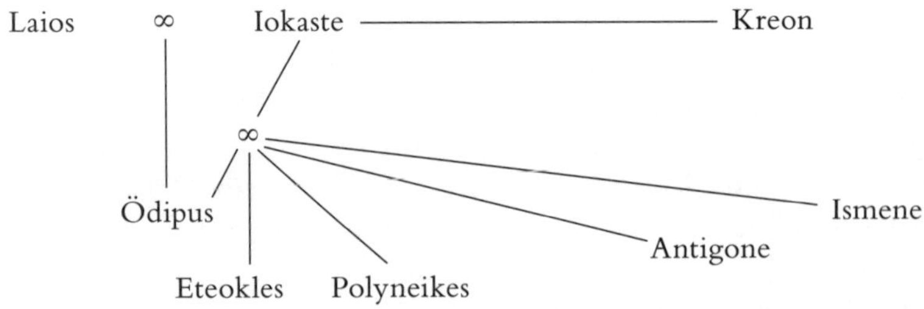

podeia, die im 7. Jahrhundert v. Chr. entstanden, aus denen uns aber nur sehr wenige Fragmente erhalten sind. Von um so größerem Interesse für die heutige Forschung ist ein dem lyrischen Dichter Stesichoros (6. Jahrhundert v. Chr.) zugeschriebener Text, der vor nicht allzulanger Zeit auf einem Papyrus entdeckt wurde und dessen Inhalt sich folgendermaßen rekonstruieren läßt: Die Königin – deren Namen nicht genannt wird, es dürfte sich um Iokaste handeln – reagiert auf eine Rede des Sehers Teiresias, der offensichtlich den Streit ihrer Söhne vorausgesagt hat. Sie schlägt in der Hoffnung, diese Katastrophe könne verhindert werden, ein Losverfahren vor, um zu entscheiden, welcher der beiden Söhne die Stadt verlassen müsse. Die Brüder werfen Lose, und Polyneikes bereitet sich auf die Abreise aus Theben vor. Teiresias mahnt augenscheinlich die Brüder, bei der Abmachung zu bleiben, und sagt Polyneikes' Aufnahme bei Adrastos in Argos voraus. Hier bricht der Text ab. Man vermutet, daß auch bei Stesichoros Polyneikes Theben mit einem argivischen Heer angriff und die Brüder einander töteten. So jedenfalls erzählen es Aischylos' *Sieben* und Euripides' Drama *Phönissen*.

Im Unterschied zu Sophokles und Euripides bringt Aischylos also, wie in der *Orestie*, in jedem seiner drei thebanischen Dramen das Schicksal einer Generation auf die Bühne und verbindet die drei in wechselseitiger Abhängigkeit.

Doch bereits die oben gegebene Inhaltsangabe macht klar, daß Aischylos' Drama mit etlichen Unsicherheiten behaftet ist: Was genau ist der Gegenstand des Streits? Welcher der beiden Brüder ist im Recht? Wie sah der Schluß des Dramas aus? Ebenso ist der Inhalt der gesamten Trilogie bzw. Tetralogie, deren drittes Stück die *Sieben* darstellten, unsicher. Den Handlungsverlauf der beiden anderen Tragödien kann man aufgrund von Fragmenten und von Anspielungen in den *Sieben* nur in groben Umrissen vermuten, wobei es erforderlich ist, für die Rekonstruktion auch die Handlung des Sophokleischen *Ödipus* heranzuziehen: Im ersten Stück, *Laios*, ging es um den Tod des Laios, der entgegen einer Weisung des Apollinischen Orakels einen Sohn gezeugt hatte. Das zweite Drama, *Ödipus*, muß gezeigt haben, wie Ödipus – möglicherweise erst als alter Mann – die Wahrheit über sich und sein Schicksal erkannte, sich selbst blendete und seine Söhne verfluchte, wobei wir den Grund für die Verfluchung, auf die in den *Sieben* Bezug genommen wird, nicht kennen. Daran knüpfte das Drama *Sieben gegen Theben*, das das Schicksal von Ödipus' Söhnen zeigt, an.

Das Satyrspiel *Sphinx*, das die Tetralogie abschloß, dürfte einen in den Tragödien zwar erwähnten, aber nicht eigens auf die Bühne gebrachten Aspekt dargestellt haben: die Sphinx und ihr Rätsel. Aus dem Satyrspiel ist uns fast nichts erhalten, doch die Archäologin Erika Simon ist zu einer plausiblen Rekonstruktion des Stückes gelangt, indem sie einige zwischen 465 und 450 v. Chr. zu datierende Vasenbilder, die sie für Reflexe des Aischyleischen Stückes hält, deutete. Ihr zufolge brachte Aischylos in dem Satyrspiel die Satyrn als Mitakteure bei dem Versuch, das Rätsel der Sphinx zu lösen, auf die Bühne.

Interpretation

Eine Interpretation dieses Dramas hat, wie man sieht, mit textlichen Unsicherheiten zu kämpfen. Daß es der modernen Rezeption mehr Probleme als die *Perser* oder die *Orestie* bereitet, macht nicht nur die relativ geringe Zahl von Inszenierungsversuchen, sondern auch die Forschungslage deutlich. Denn die Forschung konzentrierte sich vornehmlich auf folgende Aspekte:

1) Inwieweit entspringt Eteokles' Entschluß zum Bruderkampf freiem Willen oder Schicksalslenkung? So betrachtete Bruno Snell in seiner bis heute einflußreichen Studie «Aischylos und das Handeln im Drama» (1928) Eteokles' Situation als einen Konflikt zwischen Notwendigkeit und Freiheit, wie sie nach Schiller, Schlegel und Schelling Kennzeichen eines jeden Dramas sei. Albin Lesky (1961) sprach von einer doppelten Motivierung des Eteokles.
2) Jüngere Publikationen wie die von Joachim Latacz (1993) und D. J. Conacher (1996) betonten den militärischen Charakter.
3) Eine politische Dimension hingegen konnte man dem Stück kaum entnehmen. So schloß Christian Meier dieses Drama sogar aus seiner Interpretation der Aischyleischen Tragödien aus (1988), weil es sich einer politischen Deutung entziehe.

Für die Deutung der *Sieben* als Drama, das Athens militärische Überlegenheit zeige, wird gerne Aristophanes' Komödie *Die Frösche* von 405 v. Chr. angeführt, in der die *Sieben gegen Theben* als eine Tragödie, die «voll von Kampfesgeist» sei, gepriesen werden. Doch es lohnt sich, genauer hinzuschauen, wer die *Sieben* so bezeichnet und mit welcher Begründung (vgl. S. 23). In jener Komödie ist es Aischylos selbst, der in der Unterwelt mit Euripides in einen Wettstreit, wer der beste Tragödiendichter sei, eingetreten ist und als Punkt für sich verbuchen zu können glaubt, daß er in seinen Tragödien noch ‹richtige› Männer dargestellt, auf diese Weise positive Beispiele von Kriegern vor Augen geführt und die Zuschauer so kampfbereiter gemacht habe (V. 1021 f.). Aber der Theatergott Dionysos, der als Schiedsrichter fungiert, bemerkt daraufhin süffisant, damit habe Aischylos den Thebanern genützt und den Athenern geschadet. In dieser Bemerkung liegt sicher eine Anspielung darauf vor, daß der von Theben geführte Böotische Bund ein Verbündeter Spartas im Peloponnesischen Krieg war und der Sieg über die Athener bei Delion im Jahr 424 v. Chr. den Athenern als schlimmes Ereignis im Gedächtnis haftete (Xenophon, *Memorabilien* 3,5,4). Aristophanes verulkt also die Figur des Aischylos, so daß man nicht davon ausgehen sollte, daß das athenische Publikum am Ende des 5. Jahrhunderts Aischylos' Drama wirklich als Aufruf zur militärischen Tapferkeit interpretierte.

Tatsächlich weist Dionysos' Einwurf darauf hin, daß es sich bei der Stadt im Drama ja gar nicht um Athen, sondern um Theben handelt. Die böotische Stadt aber hatte im Perserkrieg, der 467 v. Chr. noch nicht allzuweit zurücklag, mit den Persern paktiert, ja böotische Truppen waren am persischen Sturm auf Athen beteiligt gewesen. Aufgrund dieser Erfahrungen war das Verhältnis Athens zu Theben gespannt. Aischylos bedient sich also desselben Mittels wie im Drama *Die Perser*: Er läßt das tragische Geschehen in einer Stadt spielen, die als Gegnerin Athens bekannt ist. Auf diese Weise ist sein Vorgehen, daß er das Kriegsgeschehen aus der Sicht der Frauen in der Stadt darstellt, eine geschickte Spiegelung der historischen Situation, daß die Stadt Athen von den Persern zusammen mit den Thebanern belagert wurde. Indem der Dichter sich den Mythos vom thebanischen Königshaus zunutze macht, kann er die Situation aber raffiniert umdrehen: Nun sind es die Thebaner, die die Bedrohung und Not einer Belagerung durchstehen müssen.

Die Identifikation der Zuschauer mit den Thebanern auf der Bühne konnte also nur partiell dort stattfinden, wo eine Übertragung auf athenische Verhältnisse möglich war. War dies bei den Persern der Vater-Sohn-Konflikt, so ist es bei den Thebanern das Leid einer belagerten Stadt. Außerdem war es die Thematik des Bruderkrieges, die für die Athener virulent war. Dies betraf zum einen die außenpolitische Perspektive. Seit dem Versuch, im Kampf gegen die Perser unterschiedliche griechische Stadtstaaten zu einem gemeinsamen Vorgehen ‹der Griechen› gegen den Feind zu vereinen und die Einigkeit nach dem Krieg durch ein Bündnis, den sogenannten Ersten Attischen Seebund, fortzuführen, hing von der prekären Machtbalance zwischen den einzelnen Stadtstaaten viel ab. Zum anderen betraf der Bruderkonflikt die innenpolitische Perspektive. Die Zeit der Etablierung der athenischen Demokratie war von Spannungen zwischen Parteiungen und führenden Persönlichkeiten geprägt, wie sie sich in den zahlreichen Verbannungen, den Ostrakismen, aber dann auch in den Konflikten um die Areopagreform zeigten.

Doch eine angemessene Deutung der *Sieben* kann sich nicht in diesen Aspekten erschöpfen, was allein der kausale Zusammenhang mit den beiden anderen Dramen der Trilogie zeigt, die die Abhängigkeit der Individuen von dem Handeln der Vorgängergenerationen auf die Bühne bringen. Im übrigen fällt der Name «Theben» im Stück kein einziges Mal, sondern es ist nur von *polis* («Stadt») oder «Stadt des Kadmos» (V. 74,120,136–137 u. ö.) die Rede. Vielmehr bieten die politischen Bezugspunkte den Rahmen, in dem Aischylos die Motivationen und Handlungen seiner Protagonisten entfaltet. Dabei kommt der Interaktion des Eteokles mit dem Chor der jungen Frauen eine so zentrale Bedeutung zu, daß das Stück nicht als ‹Schlachtdrama› gedeutet werden kann. Es stellt nicht die Manifestation eines kämpferischen Geistes und den Triumph militärischer Überlegenheit dar. Dafür ist der Schluß der deutlichste Beweis, der nicht den Jubel über den Erfolg der von Eteokles geführten militärischen Operation, sondern die Verzweiflung der Frauen über den Brudermord in den Vordergrund stellt. Dies ist die Fortführung des eigentlichen Konfliktes, der im Widerstreit zwischen den individuellen Interessen des Eteokles und der Sorge um das Kollektiv der Stadt, repräsentiert durch den Chor der jungen Frauen, besteht.

In der Konfrontation der auf die Familie konzentrierten aristokratischen Einzelkämpferethik des Eteokles und der polisorientierten Haltung der Frauen ist der Kern des Dramas zu sehen. Es ist bemerkenswert und auch im Vergleich mit den anderen Dramen des 5. Jahrhunderts v. Chr. außergewöhnlich, daß ein Chor von jungen Frauen die Polis repräsentiert, die den Herrscher immer wieder auf die Interessen der Stadt und die Gefahren, die sein Handeln für sie bietet, hinweisen. Für die Polis zu sprechen ist eine Aufgabe, die im realen Leben Athens nur Männern zukam. Drei Gründe lassen sich ausmachen, warum Aischylos hier Frauen ausgewählt hat. Erstens konnte er die Notsituation der belagerten Stadt eindrucksvoller und glaubhafter in der Angt von Frauen, die sich dem um sie tosenden Kampfeslärm wehrlos ausgesetzt fühlen und – als potentielle Opfer sexueller Gewalt – in besonderer Weise das Kriegsgefangenenlos fürchten müssen, vorführen. Zweitens nutzte Aischylos die soziale Rolle der Frauen, die trotz ihres forschen Auftretens gewahrt bleibt, dazu, sie als kritischen Gegenpart zu Eteokles darzustellen. Dadurch, daß dieser sie als Frauen nicht ganz ernst nimmt, genießen sie eine Art von ‹Narrenfreiheit›, und Aischylos konnte ihnen Worte in den Mund legen, die er in dieser Offenheit weder den Chor der Alten in den *Persern* noch im *Agamemnon* hätte äußern lassen können. Gleichzeitig macht die Tatsache, daß sie als Bürgerinnen der Stadt Theben handeln, es möglich, daß sie in besonderer Weise das Interesse der Stadt vertreten. Dies wird durch einen Vergleich mit Euripides' *Phönissen* deutlich, in denen zwar der Chor mit Theben sympathisiert, aber nicht aus dem Blickwinkel betroffener Bürgerinnen spricht. Drittens verstärkt Aischylos den Kollektivbezug und damit den Aspekt des Konflikts zwischen Individuum und Kollektiv, indem er die Frauen als Repräsentantinnen der Stadt versuchen läßt, Eteokles vom Bruderkampf und -mord abzubringen. So hebt er den politischen Aspekt hervor, was vor allem deutlich wird, wenn man seine Tragödie mit den Versionen des Stesichoros und des Euripides, bei denen die Mutter Iokaste zwischen den Brüdern vermitteln will, vergleicht.

Die Gefahr für die Polis erwächst aus der Familiengeschichte von Eteokles' Geschlecht. Doch wie eng sein Schicksal und damit das der Stadt mit dem seines Vaters und Großvaters verbunden ist, wird erst im Verlauf der Handlung allmählich erkennbar. Denn erst nach und nach gelangt Eteokles zu der Deutung, daß sein Handeln durch die Tat seines Vaters und dessen Verfluchung vorgezeichnet ist. Indem er aber die Geschehnisse in diesem Sinne interpretiert, zieht er die Folgerung, gegen den Bruder kämpfen zu müssen – eine Auffassung, die der Chor nicht teilt. Doch, wie in der *Orestie*, reicht die Unheilsgeschichte noch weiter zurück. Bereits Ödipus' Vater Laios hatte sich schuldig gemacht, indem er ein Orakel des Apollon mißachtete.

Gleich im Prolog formuliert Eteokles die Opposition von einzelner Führungspersönlichkeit und Polisgemeinschaft (V. 1–9):

Ihr Bürger der Stadt des Kadmos! Was jetzt die Stunde gebietet, muß derjenige sagen,
der, als Steuermann am Ruder der Stadt sitzend, die Angelegenheiten leitet, ohne daß er Schlaf findet.
Sollte es für uns nämlich gut ausgehen, so wird man einem Gott danken.
Sollte es aber – was nicht geschehen möge – schlecht ausgehen,
dann ist wohl Eteokles der einzige, den vielfach in der Stadt die Bürger
im Munde führen werden, mit allgemeinem Geschimpfe
und Klagen. Davor möge Zeus die Stadt der Kadmeier bewahren,
wie es sein Beiname «Beschützer» verlangt.

Eteokles bezieht sich nicht als Teil der Stadt mit ein, die er dreimal nennt (*pólis*). Diese Wiederholung verweist auf das Leitmotiv, das das Drama durchzieht, denn in keiner anderen der uns erhaltenen Tragödien des Aischylos kommt das Wort *pólis* so oft vor wie in den *Sieben*. Die folgenden Anordnungen des Eteokles sprechen erst einmal nur von der Sorge für die Stadt. Er bestellt das letzte Aufgebot: Auch die Jungen und die Alten, die eigentlich noch nicht oder nicht mehr kriegstauglich sind, sollen sich zur Verteidigung rüsten und sich auf den Zinnen und an den Toren der Stadt aufstellen. Damit hat Aischylos es dramatisch geschickt eingerichtet, daß nur noch die Frauen für einen Dialog mit Eteokles zur Verfügung stehen. Diese reagieren äußerst erschreckt auf die Ankündigung des Spähers, daß sich im angreifenden argivischen Heer sieben herausragende Kämpfer bereit machen, um gegen die sieben Tore Thebens vorzugehen. In der Parodos schildern sie aufgeregt und in eindrücklichen Bildern den Lärm um die Stadt und rufen verschiedene Götter und Göttinnen um Hilfe an. Harsch fährt Eteokles, der mit Waffen zurückgekommen ist, sie an und verbindet seinen Tadel mit einem allgemeinen Ausfall gegen das weibliche Geschlecht (V. 182–201):

Euch frage ich, euch Kreaturen, unerträgliche,
hilft das irgendwie der Stadt und rettet sie,
und ermutigt es das Heer, das hier in der Stadt belagert wird,
wenn ihr vor den Bildern der Stadtgötter zu Boden fallt
und schreit und heult und Vernünftigen allen Grund zum Haß bietet?
Weder im Unglück noch im höchsten Glück
will ich mit einem Weib zusammenwohnen!
Denn wenn es herrscht, legt es eine Frechheit, mit der nicht auszukommen ist, an den Tag,

bekommt es aber Angst, ist es für Haus und Stadt noch mehr von Übel.
Auch jetzt flößt ihr durch euer kopfloses Herumgerenne
den Bürgern Angst und Feigheit ein!
Die Lage der Angreifer vor den Toren – die stärkt ihr, wie es besser nicht mehr geht,
wir selbst aber werden von uns selbst hier drinnen vernichtet.
Mit so etwas muß man wohl rechnen, wenn man mit Weibern zusammenwohnt.
Wenn jemand meiner Weisung nicht gehorchen sollte,
ob Mann oder Frau oder was sonst noch,
gegen solche wird das Todesurteil ergehen,
er wird der Steinigung durch das Volk auf keinen Fall entkommen.
Die Dinge draußen sind Sache der Männer, die Frau soll nicht beschließen,
du sollst drinnen bleiben und keinen Schaden anrichten!

Damit hat Eteokles die jungen Frauen in ihre Schranken verwiesen. Doch auch wenn es ihm im folgenden Dialog einigermaßen gelingt, die Mädchen zur Ruhe anzuhalten, zeigt das anschließende Chorlied sie in voller Aufregung. So ist der erste Teil des Stückes der dramatischen Gestaltung einer kriegsgeschüttelten Stadt gewidmet, einer Situation, die die meisten zeitgenössischen Theaterzuschauer aus eigener Erfahrung kannten.

Gewissermaßen unter der Aufregung verborgen, kann sich dann die eigentliche Dramatik entfalten, die Eteokles' Handeln gilt und das Verhältnis von Individuum und Polis fokussiert. Die erste Anrede der Mädchen an ihre Herrscher: «Lieber Sohn des Ödipus» (V. 203) verweist freilich bereits auf die Familiengeschichte. Wie verwoben sie mit dem Schicksal der Stadt ist, erhellt erst nach und nach. Und genauso geht Eteokles Schritt für Schritt der Katastrophe entgegen. Während er am Beginn des Dramas als Herrscher aufgetreten war, offensichtlich ohne die Absicht, selbst zu kämpfen, ist er am Ende seines Dialogs mit den Mädchen fest entschlossen, selbst einer der sieben Kämpfer zu sein, die sich an den Toren den argivischen Angreifern entgegenstellen. Denn die Aufregung unter der weiblichen Bevölkerung hat ihm klargemacht: Schnelles Handeln tut not, bevor sich Gerüchte verbreiten und noch mehr Panik erzeugen (V. 282–286).

So zeigt das lange 2. Epeisodion Eteokles im Dialog mit dem Späher, der ihm vermeldet, welcher gegnerische Angreifer jeweils für die sieben Tore Thebens gewählt wurde, wie dieser sich gebärdet und insbesondere, welches Bild seinen Schild ziert. Für jeden Argiver hat Eteokles einen angemessenen Gegner parat. Dabei stellt er die Tapferkeit und Tatkraft der ausgewählten Thebaner der Prahlerei und Hybris des jeweiligen argivischen Angreifers, die sich auch in den angeberischen Schildzeichen niederschlagen, gegenüber. Diese Schildzeichen legt Eteokles auf geistreiche und ironische Weise in einer für den jeweiligen Schildträger ungünstigen Weise aus. Eine Ausnahme auf der gegnerischen Seite stellt der argivische Seher Amphiaraos dar, der das sechste Tor erlost hat. Von ihm weiß der Bote zu berichten, daß er «besonnen» (V. 568) sei und den Krieg gegen Theben kritisiere, vor allem aber Polyneikes als «Streitsüchtigen» – das ist eine Anspielung auf die Bedeutung des Namens Polyneikes: «einer, der viel Streit sucht» – tadele. Die Tatsache, daß einer der Gegner selbst die eigene Sache kritisiert, setzt Eteokles' Sache zuerst einmal in positives Licht. Auch ist er hier dadurch vorteilhaft gezeichnet, daß er gegen die Wildheit, Brutalität und Hybris der Angreifer die selbstbeherrschte Tapferkeit der eigenen Leute setzt und dabei im Gegensatz zu seinen Gegnern, die die Anführer gegen die einzelnen Tore durch Los bestimmen (V. 376), seine Männer mit Bedacht auswählt. Dieses Vorgehen wird sich als Grund für Thebens Sieg herausstellen (V. 797–798). Ein Vergleich mit Euripides' *Phönissen* verdeutlicht die speziell aischyleische Charakterisierung des Eteokles. Denn der Euripideische Eteokles zeigt sich unfähig, die richtigen Schlachtvorbereitungen zu treffen, und muß von Kreon korrigiert werden (*Phönissen* V. 697 ff.).

Doch als der Aischyleische Eteokles mit seiner Aufstellung zum siebten Tor gelangt, wendet sich das Blatt. Denn gegen dieses ist sein eigener Bruder, Polyneikes, aufgestellt. Von ihm weiß der Bote zu berichten, daß er Haßtiraden gegen seinen Bruder Eteokles schleudere. Damit kommt – erst nach zwei Dritteln des Dramas – die zweite Hauptfigur zu Wort. Dies hat Aischylos geschickt gemacht. In anderen Tragödien, wie dem *Agamemnon* oder den *Persern*, wird eine Hauptfigur erst einmal von anderen Protagonisten charakterisiert, bevor sie selbst die Bühne betritt. Auch in den *Sieben* erfährt der Zuschauer über Polyneikes' Charakter und Handeln zuerst aus Amphiaraos' Mund etwas, bevor Polyneikes selbst zu Wort kommt. Aber dieser betritt nie selbst die Bühne – erst als Leiche ist er in der Schlußszene zu sehen.

Was Polyneikes sagt, gibt der von seinem Mitkämpfer Amphiaraos gegebenen Charakterisierung recht. Er erscheint negativ, weil er gegen sein eigenes Land zu Felde zieht. Amphiaraos' Wortwahl läßt das Verhalten des Polyneikes als ein Verbrechen gegen «Vaterstadt» (V. 582) und «Mutter Erde» (V. 584) erscheinen und stellt es so geradezu mit einem Vergehen gegen die Eltern gleich. Die Sache als solche erscheint also frevelhaft, ohne daß ein möglicher Grund für Polyneikes' Vorgehen berücksichtigt würde. Es muß aber ein solcher vorgelegen haben, wie zwei Stellen wahrscheinlich machen. In V. 900–905 spielt der Chor in seiner Klage um die durch wechselseitigen Mord gefallenen Brüder darauf an, daß es bei dem Streit um Besitz ging. Der Hinweis kommt überraschend. Aber die Anspielung ist zu vage, um den eigentlichen Streitgrund im Sinne einer der anderen Mythosvariationen, auf die noch genauer einzugehen sein wird, genau rekonstruieren zu können. Sie weist aber darauf hin, daß dem Konflikt zwischen Eteokles und Polyneikes bestimmte Streitereien vorausgegangen sein müssen. Jedenfalls sieht der Angreifer Polyneikes das Recht auf seiner Seite. Denn er trägt, wie der Späher Eteokles berichtet, einen neugefertigten Schild. Dieser weist, in Gold gearbeitet, folgendes Bild auf: Dike, die Personifikation der Gerechtigkeit, führt einen bewaffneten Mann. Eine Beischrift auf dem Bild legt Dike folgende Worte in den Mund (V. 647–648): «Ich werde diesen Mann heimführen, und er wird in den Genuß seiner Vaterstadt kommen und in sein Haus zurückkehren.» Diese Worte weisen darauf hin, daß Polyneikes – den der bewaffnete Mann auf dem Bild, den die Gerechtigkeit nach Hause führt, symbolisiert – seinen Angriff als gerechte Sache ansieht. Dieser Umstand läßt die Frage aufkommen, welches Recht denn Polyneikes für sich in Anspruch nehmen kann und was Eteokles darauf erwidern wird. Eteokles reagiert anders als auf die Berichte über die anderen Argiver. Denn bei ihnen interpretierte er die Schildzeichen ironisch und entlarvte somit die Prahlerei der Gegner. Bei Polyneikes hingegen leugnet er in seiner Antwort nur apodiktisch ein mögliches Recht seines Bruders (V. 662–667). Er äußert sich überhaupt nicht zu einer möglichen Legitimation für Polyneikes' Klage über seine Verbannung, sondern in einer für den Mangel an Sachargumenten typischen Polemik bezeichnet er es als Zeichen von Polyneikes' Verrücktheit, sich das Bild der Gerechtigkeit auf den Schild zu setzen (V. 661, 671), da sie ihm sein ganzes Leben lang fremd gewesen sei (V. 664–667):

Denn weder als frischgeborenen Säugling
noch als Kind oder Heranwachsenden
noch, als ihm die ersten Barthaare wuchsen,
hat Dike ihn je eines Blicks gewürdigt.

Eteokles' Reaktion ist emotional und bedient sich deshalb einer übertriebenen Redeweise. Aber seine Meinung machte sich die moderne Forschung zueigen und interpretierte Polyneikes' Schildzeichen als Zynismus. Doch auch wenn Aischylos dieses Mittel benutzt haben sollte, um nochmals auf die Hybris des Gegners hinzuweisen, muß zumindest ein Grund des Polyneikes dafür gegeben sein, das Recht auf seiner Seite zu sehen. Aber er bleibt in der Schwebe, im Unterschied zu anderen Adaptationen des Mythos, die diese Motivation klar herausstellen. So wurde nach der Version des attischen Mythographen Pherekydes Polyneikes von seinem Bruder mit Gewalt vertrieben (FGrHist 3 F 96). In Euripides' *Phoenissen* und Sophokles *König Ödipus*, die jeweils eine etwas andere Begründung für den Bruderstreit nennen, ist Eteokles im Unrecht. Aischylos ist also der einzige, der die Sympathie auf Eteokles lenkt. Diese ist aber keinesfalls ungebrochen, wie der Hinweis auf Polyneikes' Dike deutlich macht. Vielmehr tragen bei Aischylos beide Brüder ihr Teil Schuld. Diese ‹Ausgewogenheit›, zu der die Komplexität der Eteoklesfigur gehört, ist, verglichen mit den anderen mythischen Versionen, ein originär aischyleischer Zug.

Speziell aischyleisch ist auch Polyneikes' Begründung für sein Verhalten, die Kränkung, die ihm Eteokles mit der Verbannung zugefügt habe. Diesen Grund formuliert er selbst in seinen lautstarken Ankündigungen vor den Mauern Thebens, von denen der Bote Eteokles berichtet (V. 636–638). Polyneikes droht seinem Bruder:

... mit dir im Kampfe sich zu messen und, falls er dich tötet, in deiner Nähe zu sterben,
oder, wenn du am Leben bleibst, sich an dir, der als sein Vertreiber ihn entehrt,
ganz genauso durch Verbannung sich zu rächen.

Polyneikes kündigt also Rache an. Er will nach seinem Sieg über die Stadt entweder seinen Bruder im Zweikampf töten oder Eteokles mit gleicher Münze seine, des Polyneikes', Entehrung heimzahlen, nämlich: ihn verbannen. Denn mit der Verbannung hat der Bruder ihm seine Ehre genommen. Eteokles ignoriert diesen Sachverhalt, indem er neben der allgemeinen Polemik den Vorwurf vorbringt, sein Bruder ziehe gegen das eigene Land zu Felde (V. 668–669). Dadurch, daß Amphiaraos in seinen Vorwürfen gegen Polyneikes verkündete, es gebe keinen Grund, der eine solche Tat rechtfertigen würde (V. 584), lenkt Aischylos zwar die Sympathie gegen Polyneikes. Doch für den Zuschauer drängt sich die Möglichkeit auf, daß Polyneikes selbst ein bestimmtes Faktum als legitimen Grund für seinen Zug gegen Theben betrachtet.

Das Streben nach Ehre hat Polyneikes mit seinem Bruder gemeinsam. Dies verdeutlicht Eteokles' Dialog mit dem Chor, als die Mädchen ihn von dem Entschluß, selbst gegen Polyneikes zu kämpfen, abbringen wollen. Denn zu dieser Entscheidung ist Eteokles nach seinem Ausfall gegen Polyneikes gelangt: Nur er habe das Recht, gegen seinen Bruder anzutreten (V. 674–676):

> Als Herrscher werde ich mich gegen den Herrscher und als Bruder gegen den Bruder,
> als Feind gegen den Feind stellen. Bring' mir schnell
> die Beinschienen, die Lanze und die Steine als Schutz und Waffen!

Noch während er diese Worte spricht, beginnt Eteokles sich zu bewaffnen. Daß er schon entschlossen zur Tat schreitet, bildet einen Gegensatz zu den verzweifelten Warnungen des Chores, nicht gegen den Bruder zu kämpfen, da dies ein religiöser Frevel sei, der auch der Stadt schade.

So ist es geradezu ironisch, daß der Chor, während Eteokles sich seinem Bruder moralisch überlegen dünkt, die Ähnlichkeit der beiden erkennt. Denn er warnt ihn davor, so emotional wie sein Bruder zu reagieren. Doch Eteokles hört nicht darauf und offenbart in der Auseinandersetzung eine Handlungsmotivation, die ganz auf die Bewahrung der eigenen Ehre gerichtet ist und damit der des verhaßten Bruders gleicht. Es geht ihm nicht darum – wie die frühere Forschung, so etwa Carl Robert, Max Pohlenz und Wilhelm Schmid, glaubte –, die Polis zu retten, sondern seine individuelle Handlungsmotivation durchzusetzen – ja, die Polis spielt überhaupt keine Rolle in seinen Überlegungen. Dies kommt klar im Dialog mit dem Chor heraus (V. 677 ff.), der in Eteokles' Entschlossenheit, gegen den Bruder anzutreten und ihn zu töten, schlichtweg eine dem Zorn entstammende Verblendung sieht (V. 678, 687) und vor der damit verbundenen Befleckung warnt, die irreparables Unheil bedeute (V. 677–682). Es sei schlimm genug, wenn die Kadmeier gegen die Argiver anträten; dieses Blutvergießen könne entsühnt werden, niemals aber das im Brudermord vergossene Blut (V. 682). Eteokles' spontane Reaktion deckt seinen eigentlichen Beweggrund auf: Er wolle sich nicht schämen müssen; und wenn es ihm nun einmal bestimmt sei, Schlimmes zu ertragen – und das heißt hier: in Erfüllung des väterlichen Fluches gegen seinen Bruder zu kämpfen –, wolle er dabei keine Schande auf sich laden. Sein dringlichstes Motiv ist es also, Ruhm und Ehre zu erlangen. Dafür riskiert er auch die Gefährdung der Polis.

In dem Dialog, der Eteokles' Enscheidung folgt, weisen die Mädchen des Chores immer wieder darauf hin, daß Eteokles in seine Entscheidung verbohrt ist und in seiner Verblendung zu keiner anderen Deutung als der, er könne nicht anders handeln, weil der väterliche Fluch auf ihm liege, gelange. Mit den verschiedensten Wendungen bezeichnen sie seine emotionale Verblendung. Sie sprechen von seinem Zorn, von dem er sich überwältigen lasse (V. 678, 686–687), davon, daß er sich zu etwas Schlechtem hinreißen lasse (V. 687–688). Sie wollen ihn davon abhalten, sich selbst in die Sache ‹hineinzusteigern› (V. 686, 692–693, 698). Als Eteokles für sein Handeln Apollon verantwortlich machen will, der das Haus des Laios hasse und deshalb die Dinge vorantreibe, entgegnen sie ihm (V. 692–694):

> Eine allzu verbissene Begierde treibt dich an,
> den Mord, der bittre Früchte trägt, zu begehen
> und damit eine Blutschuld, die gegen alles Recht ist, auf dich zu nehmen.

Aber die Mädchen erkennen schließlich, daß Eteokles vernünftiger Argumentation nicht zugänglich ist, und folgen nun seiner Deutung, alles Unheil sei eine Folge des väterlichen Fluchs. In diesem Sinne versuchen sie, ihm zuzureden, daß er nicht als Feigling dastehen werde, wenn er – um einem Bruderkonflikt zu entgehen – doch nicht zum Kampf antrete, und daß er die Erinys durch Opfer besänftigen könne. Doch umsonst: Eteokles verläßt sie in Waffen, um sich seinem Bruder zu stellen.

Bei beiden Brüdern ist die eigentliche Handlungsmotivation also das egoistische Streben nach Ruhm und Ehre und der unbedingte Wille, keine Schande auf sich zu laden. Dabei treiben – anders als in der Euripideischen Version, in der Eteokles zum Bruderkampf herausfordert – in den *Sieben* die Brüder gewissermaßen aufeinander zu. Zwar prahlt Polyneikes, er wolle sich mit Eteokles messen, aber da kann er noch nicht wissen, daß ihm sein Bruder tatsächlich am siebten Tor gegenübertreten wird. Eteokles hingegen kann, als er beschließt, selbst einer der sieben Verteidiger zu sein, nicht wissen, daß am letzten Tor, das für ihn übrigbleibt, Polyneikes stehen wird. Zwar ist es dann seine Entscheidung, gegen das Abraten des Chores den Bruderkampf auf sich zu nehmen, doch liegt dies an seinem ausgeprägten Ehrgefühl. Darüber hinaus trägt er durch seine Interpretation des Geschehens erheblich dazu bei, daß Ödipus' Fluch wirksam wird. Denn er beharrt im Gespräch mit dem Chor geradezu verbohrt darauf, daß sein Zweikampf gegen den Bruder dem väterlichen Fluch entspreche und er deshalb diese Konfrontation nicht ausschlagen dürfe. Erst dadurch aber wird er zu dem, in dem sich der Fluch erfüllt.

Dies ist ein Zug, der Aischylos' Stück von den Dramen der beiden anderen Tragiker unterscheidet: Der Aischyleische Eteokles nimmt den Bruderkampf auf sich in der Absicht, so dem väterlichen Fluch zu entsprechen. In Euripides' *Phönissen* und Sophokles' *Ödipus auf Colonos* hingegen versuchen die Brüder, dem Fluch zu entgehen. So verabreden in den *Phönissen* Eteokles und Polyneikes ein Rotationsprinzip, um sich bei der Herrschaft abzuwechseln und so dem Fluch des Vaters zu entkommen, und erst der Bruch dieses Abkommens führt zum Bruderkampf. Im *Ödipus auf Colonos* wollen die beiden zuerst Kreon die Herrschaft überlassen, um dem Fluch des Vaters zu entgehen, geraten dann aber doch in Streit um die Macht, woraufhin Polyneikes seinen Vater um Hilfe angeht und dieser die Verfluchung seiner Söhne wiederholt.

Im Chorlied, dem 3. Stasimon, nimmt der Chor Eteokles' Deutung, daß sein Handeln mit dem auf dem Haus liegenden Fluch zusammenhänge, auf. Er verknüpft die Taten und Geschehnisse der Vorfahrengenerationen mit den Handlungen der jetzigen Generation. Nun wird endlich näher auf den väterlichen Fluch und die weitere Vorgeschichte eingegangen, auch wenn einiges – nicht nur aufgrund der problematischen Textüberlieferung – unklar bleibt. Doch es wird deutlich gesagt, daß das Unheil des Hauses bis auf Laios zurückgeht (V. 742–749):

Denn ich spreche von der in alter Zeit geborenen
Überschreitung, die schneller Strafe unterlag,
und bis ins dritte Glied wirkt sie,
als Laios, Apollon zum Trotz,
der dreimal
an der Pythischen Orakelstätte
ihn aufforderte, die Stadt zu retten,
indem er ohne Nachkommen sterbe

– als Laios da, besiegt von erotischer Unbesonnenheit,
sich sein Schicksal zeugte:
den Vatermörder Ödipus,
der es wagte, das heilige Saatfeld der Mutter,
in dem er genährt worden war, zu besäen:
eine blutige Wurzel.
Sinnenschädigende Vernunftlosigkeit
trieb die Gatten zueinander.

Das Orakel, das Laios erhielt, überrascht, denn es stellt eine Verbindung zwischen seiner Kinderlosigkeit und dem Schicksal Thebens her. Das ist anders als in Sophokles' *König Ödipus* und den übrigen uns bekannten mythischen Versionen, in denen das Orakel nur von der Gefahr für Laios spricht, von einem Sohn getötet zu werden. Aischylos verbindet also vom Beginn der Geschehnisse an das individuelle Handeln des Herrschers mit dem Schicksal seiner Stadt. Laios jedoch versagt! Denn er kann seine sexuelle Begierde nicht zügeln und zeugt – obwohl er dreimal das Orakel von Apollon erhielt! – doch einen Sohn. Damit aber ist er nicht nur verantwortlich für den eigenen Untergang, denn er zeugt sich seinen eigenen Mörder: seinen Sohn Ödipus. Sondern er hat auch Schuld am Unheil für die Stadt, das drei Generationen betrifft (V. 758–763). Denn das Schicksal Thebens, so resümiert der Chor, hängt von dem der Brüder Eteokles und Polyneikes ab (V. 764–765). Und jetzt, in der dritten Generation, wird sie die Katastrophe ereilen: «Ich habe Angst, daß mit den Königen die Stadt vernichtet wird!»

Das Unheil verläuft über drei Generationen, weil es nicht nur eine Folge von Laios' Vergehen, sondern auch von Ödipus' Fluch ist. Warum aber verfluchte Ödipus seine Söhne? Aus der mythischen Tradition gab es zwei Motive, auf die Aischylos hätte zurückgreifen können. Beide finden sich in Fragmenten des Epos *Thebais*. In einem heißt es (fr. 3

Bernabé), die Söhne des Ödipus hätten ihm einmal von einem Opfertier statt, wie gewöhnlich, eines Schulterteils einen Schenkel gegeben, woraufhin der Vater, da er sich verhöhnt fühlte, sie verfluchte. Eine zweite Überlieferung (fr. 2 Bernabé) gibt als Auslöser für Ödipus' Fluch den Fehler des Polyneikes an, den Vater gegen dessen Willen an die Ermordung des Laios zu erinnern. Bei Euripides und Sophokles gibt es ganz handfeste Motive für die Verfluchung: In den Euripideischen *Phönissen* verflucht Ödipus seine Söhne, weil sie ihn, um seine Schande zu verheimlichen, in den Palast einsperrten (V. 63–68). Im Sophokleischen *Ödipus auf Colonos* liegt die Schuld der Ödipussöhne darin, daß sie ihrem Vater nicht halfen, als Kreon ihn vertrieb; und auch, als durch ein Orakel klar wurde, daß Theben von einer Rückkehr des Ödipus Nutzen haben werde, blieben die Brüder bei ihrem Streit um die Königsherrschaft, statt ihre Pflichten gegen den Vater zu erfüllen. Darum wünscht ihnen Ödipus ewigen Streit an den Hals (V. 421–424) und läßt sich nicht überreden, davon abzuweichen (V. 1370–1396). In Aischylos' *Sieben* dagegen wird der Grund für die väterliche Verfluchung im ganzen Stück nur einmal, im 2. Stasimon, angedeutet, zudem in einem Vers (V. 785), dessen Lesart und Deutung umstritten ist. Nach meiner Interpretation ist er so zu verstehen, daß Ödipus die Brüder verfluchte, als und weil er seine eigene Abstammung erkannt hatte – darauf, wann und wie er sie erkannte, geben die *Sieben* keinen Hinweis. Ödipus verfluchte also seine Söhne aufgrund seines eigenen Schicksals: daß er trotz Apolls Warnung an Laios gezeugt wurde, so zum Mörder seines Vaters wurde, seine Mutter heiratete und inzestuös Söhne zeugte. Möglicherweise hat Aischylos die inzestuöse Zeugung von Söhnen als Motiv eingeführt und damit die Problematik des Ödipus vertieft. Die gewissermaßen unlogische Verfluchung – die Söhne haben ja keine Schuld daran, wie sie gezeugt wurden – wirft ein Licht auf Ödipus' voreiligen, aufbrausenden Charakter. Wie sein Vater Laios ist er unbeherrscht. Und genauso zeigt sich Eteokles unbeherrscht, als er sich gegen das vernünftige Zuraten des Chores unbedingt seinem Bruder stellen will. Die generationenübergreifenden Zusammenhänge, die die Erinys repräsentiert, werden also auch in den ähnlichen Charakteren der einzelnen Personen deutlich.

Was aber war nun genau der Inhalt von Ödipus' Fluch? Aus dem Epos *Thebais* sind zwei Versionen überliefert: Die eine (fr. 2,9–10 Bernabé) besagt, daß Ödipus seinen Söhnen wünschte, sie sollten das väterliche Erbe nicht in Freundschaft teilen, sondern es solle immerzu

Kampf und Krieg zwischen ihnen geben. Der anderen Version zufolge (fr. 3,4–5 Bernabé) sollten sich die Brüder gegenseitig umbringen. Überall, wo im Aischyleischen Drama der Fluch erwähnt wird, ist der Inhalt des Fluches in Bildern ausgedrückt (V. 711, 729–730, 908, 945). Auf neuartige Weise wird der Vorgang des Teilens durch das Bild des Schiedsrichters wiedergegeben und die Gewalttätigkeit des im Krieg erfolgenden Teilens dadurch zum Ausdruck gebracht, daß der Krieg selbst als Schiedsrichter, als grausam und als «wildgesinntes Eisen» bezeichnet wird (V. 730). Stets ist der Fluch in verrätselter Sprache gefaßt (so etwa in V. 709–711, 727–733, 785–791, 815–817). Erst nach der Nachricht vom Brudermord kann der Chor explizit resümieren, daß sich darin der Fluch des Vaters erfüllt habe (V. 941–946).

In der sukzessiven Enthüllung der Bedeutung des Fluches erkannten einige Interpreten die eigentliche dramatische Bedeutung der *Sieben*. Doch man darf nicht übersehen, daß es hier nicht nur um eine dramatische Funktion geht. Die Auffassung, das Geschehen sei eine Folge des väterlichen Fluches, entspringt, wie wir sahen, Eteokles' Deutung. Insofern trifft auf ihn das zu, was Dareios in den *Persern* über Xerxes sagt (V. 742): «Wenn der Mensch sich eilt, packt ein Gott mit an.» Das Fatale aber ist, daß Eteokles' Handeln nicht nur für die eigene Familie und das eigene Haus von Bedeutung ist. Vielmehr hat es vernichtende Wirkung auf die Gemeinschaft. In diesem Punkt ist eine Parallele der Aischyleischen Konzeption der *Sieben* zu der der *Perser* zu sehen.

Die Gefahr für die Stadt bleibt, ja wird durch das Tun der Ödipussöhne verstärkt. Dieses Motiv entwickelt der Chor, nachdem er (im 3. Epeisodion) vom Boten den Ausgang des Krieges erfahren hat: Zwar war Theben siegreich, doch die Brüder sind im Kampf gegeneinander gefallen. Während der Bote glaubt, daß nun die Stadt gerettet sei (V. 815), weiß der Chor es besser (V. 840–846):

Es kam zur Wirkung und versagte nicht
der Fluch aus väterlichem Mund.
Und Laios' unloyale Entschlüsse wirken fort.
Die Sorge um die Stadt aber bleibt.
Göttersprüche werden nicht stumpf.
Oh, ihr leidbringenden Brüder, das habt
ihr bewirkt, was unfaßbar ist. Und es kamen Leiden, die zu beklagen
Worte nicht ausreichen.

Das Urteil des Chores, daß mit dem Tod der Brüder die Gefahr für die Stadt noch nicht gebannt sei, entspricht dem Umstand, daß nirgends im Stück Eteokles' Tod als Voraussetzung für Thebens Rettung benannt wird. Den Bruderkonflikt als Kern des Stückes präsentierte wohl das Bühnenbild während der Exodos: Die Leichen der beiden Brüder befanden sich auf der Bühne, während der Chor, in Halbchöre aufgeteilt, ihr Schicksal beklagte. Auch jetzt, da Theben befreit ist, können die Mädchen keine lobenden Worte für Eteokles finden. Sie nennen ihn «verblendet» (V. 957–960), ebenso wie seinen Bruder (V. 1001). Es ist bedeutsam, daß der Chor an beiden Brüdern gleichermaßen Kritik übt. Dies wird in dem Motiv der gleichen Bestattung aufgegriffen. Sie zeigt sich in der wiederholten Formulierung des väterlichen Fluches, daß ihr Erbe (nur) so viel Raum umfasse, wie für zwei Gräber notwendig sei (V. 818–819, 906–907). Dies unterstützt die oben angeführte Deutung, daß es Aischylos darauf ankam, auf die Beteiligung beider Brüder am Konflikt hinzuweisen, auch wenn der eine als sympathischer erscheint.

Wie im Drama *Perser* bildet unstillbare Klage den Schluß des Stückes. Doch der Unterschied besteht darin, daß das Perserdrama damit abgeschlossen ist. Xerxes' Niederlage ist klar, der Krieg verloren und die Klage ganz verständlich. Dagegen steht in den *Sieben* am Schluß vordergründig die Rettung Thebens. Daß diese aber nicht von Dauer sein wird, läßt die Klage der Mädchen erahnen. Im Stück wird zudem darauf verwiesen (V. 901–902), daß den «Epigonen» der Streit um den Besitz bleibe. Die Zuschauer wußten aus der mythischen Tradition von der Zerstörung Thebens durch die sogenannten Epigonen, die sich nach Sthenelos' Worten in der *Ilias* für tüchtiger als ihre Väter hielten (4,403–410). Besonders angesichts der Tatsache, daß die *Sieben* das dritte Stück einer Trilogie darstellen, mag die Offenheit des Endes verblüffen. Sie ist jedoch Beleg dafür, daß ein tragischer Dichter des 5. Jahrhunderts v. Chr. nicht auf eine feste Struktur, die zwangsweise immerzu wiederkehren muß, festgelegt sein muß.

An die *Perser* erinnert auch die verblüffend harsche Kritik des Chores am Schluß. Wie Xerxes durch sein hybrides Verhalten der Gemeinschaft des Perserreiches zum Verderben wurde, so schadeten die Brüder durch ihren im wechselseitigen Mord mündenden Konflikt der Stadt. Allerdings steht Xerxes' Fehlverhalten im Gegensatz zum Verhalten seines Vaters und seiner Ahnen, wohingegen dasjenige von Eteokles und Polyneikes eine Folge des falschen Handelns von Vater und Großvater ist. Eine mit der *Orestie* vergleichbare Thematik fassen wir in den *Sieben* insofern, als es um die Spannung zwischen dem Individuum und der durch die Polis repräsentierten Gemeinschaft geht und der Spielraum für das Verhalten des Individuums und somit auch gegenüber der Gemeinschaft durch das Verhalten der früheren Generationen mit bestimmt ist.

6 Die Bedrohung der Gemeinschaft: Die *Hiketiden*

Inhalt

Das – wohl um 463 v. Chr. aufgeführte – Drama *Die Hiketiden* dürfte von allen Werken des Aischylos das am wenigsten bekannte sein. Es wird auch wenig aufgeführt, was damit zusammenhängt, daß der Chor eine prominente Rolle spielt, ja er der eigentliche Protagonist ist. Eine adäquate Inszenierung eines antiken Chores aber stellt jeden modernen Regisseur vor große Schwierigkeiten.

Hiketiden («Die schutzsuchenden Mädchen») ist die weibliche Form von *Hikétai*. Mit dem Begriff *Hikétes* (das ist die Einzahl von *Hikétai*) bezeichnete man in der griechischen Antike einen Flüchtling, der aus welchen Gründen auch immer seine Heimat verlassen und an einem anderen Ort eine Bleibe suchen mußte. Die *Hikesie* war die Bitte um Aufnahme in die fremde Gemeinschaft und stellte eine Einrichtung des Sakralrechts dar. Der mit ihr verbundene religiöse Ritus bestand darin, daß sich der Schutzsuchende an einen Altar oder an ein Götterbild setzte. Auch bestimmte Gesten gehörten dazu, wie die Berührung des Götterbildes oder das Berühren von Kinn, Händen oder Knie der Person, an die sich der Schutzflehende um Hilfe wandte. An einem mit Wolle umflochtenen Ölzweig, den er bei sich trug, erkannte man sein Anliegen. Da ein Asylsuchender – selbst wenn er ein Verbrecher war – unter dem religiösen Schutz des *Zeus Hikésios*, das heißt: des höchsten Gottes Zeus in seiner Funktion als Beistand für Flüchtlinge, stand, galt ein Übergriff gegen Schutzsuchende als Frevel. Der heilige Ort selbst wurde als *Ásylon* bezeichnet. Mit der Zeit entwickelte sich ein Unterschied zwischen dem religiösen Schutz, den solch ein heiliger Ort gewährte, und der politischen Asylie. Diese stellte einen Fremden, der eigentlich aus einer anderen Rechtsordnung kam, unter den geltenden Rechtsschutz und gab ihm damit Sicherheit vor Verfolgung und Übergriffen.

In Aischylos' Drama handelt es sich bei den Flüchtlingen um die Danaiden, die Töchter des Danaos. Diese sind mit ihrem Vater aus Ägypten nach Argos geflohen, weil sie sich dem brutalen Ehewerben ihrer Vettern, der Söhne von Danaos' Bruder Ägyptos, entziehen wollen. Nun wenden sie sich an Pelasgos, den König der peloponnesischen Stadt Argos, mit der Bitte, sie aufzunehmen. Ihren Anspruch begründen sie mit ihrer Abstammung von der Argiverin Io, die vor langer Zeit aus Argos geflohen und nach Ägypten gelangt sei.

Schauplatz des Stückes ist, dem Usus der Hikesie entsprechend, ein Hain außerhalb von Argos, hinter dem ein Hügel mit Altären und Götterbildern liegt. Die Hauptpersonen sind der Chor der Danaiden, ihr Vater Danaos und der argivische König Pelasgos. Auch wenn Danaos der mythischen Überlieferung zufolge 50 Töchter und Ägyptos 50 Söhne hatte, ist davon auszugehen, daß beim Chor die Zahl nicht entsprechend umgesetzt war, sondern daß zwölf Choreuten die Schar der Mädchen darstellten. Da sowohl der Chor als auch die anderen Akteure während des Stückes häufig ihren Platz wechseln, ist das Drama mit viel Bewegung verbunden, obwohl auf der Handlungsebene lange Zeit nichts geschieht.

V. 1–175:	Parodos: Die Danaiden ziehen in die Orchestra ein und rufen Zeus als Schützer der Bittflehenden an. Sie verweisen ihn auf seine aus ihrer Genealogie herrührende Verpflichtung. Währenddessen steht Danaos auf dem Hügel und hält Ausschau.
V. 176–523:	1. Epeisodion: Der Chor befindet sich zusammen mit Danaos auf dem Hügel. Der Vater leitet seine Töchter dazu an, Argos' Heimatgötter auf rechte Weise anzurufen. Pelasgos, der König von Argos, kommt hinzu und vernimmt von den Danaiden ihre Geschichte und ihre Genealogie, die sie über Io mit Argos verbindet und mit der sie ihr Recht auf Aufnahme in Argos begründen. Pelasgos erhält auf die Frage, ob die Vettern ein Recht auf die Ehe mit ihnen haben, keine befriedigende Antwort. Da Pelasgos angesichts der Alternative, einen Krieg für die Polis Argos zu riskieren oder sich gegen Zeus Hikesios zu vergehen, in Entscheidungsnöten ist, ‹erpressen› ihn die Danaiden mit der Drohung, sich an den Götterbildern zu erhängen. Er beschließt eine Volksversammlung und schickt Danaos in die

Stadt, um die Bevölkerung durch Hikesiegesten günstig zu stimmen.

V. 524–599: 1. Stasimon: Die Mädchen – in der Orchestra – besingen Io und ihr Schicksal.

V. 600–624: 2. Epeisodion: Danaos kommt zurück mit der Botschaft, daß die Volksversammlung beschlossen hat, die Flüchtlinge in Argos aufzunehmen.

V. 625–709: 2. Stasimon: Der Chor stimmt ein Loblied auf Argos an.

V. 710–775: 3. Epeisodion: Danaos, der während des Chorlieds auf die Anhöhe gestiegen ist, sieht in der Ferne das Schiff der Ägyptossöhne. Er steigt hinab und entfernt sich, um Hilfe zu holen.

V. 776–824: 3. Stasimon: Die Danaiden flehen Zeus um Hilfe an.

V. 825–1017: 4. Epeisodion: Der Chor flieht voll Angst auf den Hügel. Da trifft der ägyptische Herold ein und droht den Mädchen. Pelasgos kommt mit bewaffnetem Gefolge hinzu und tadelt den Herold wegen seines ungebührlichen Auftretens. Nach gegenseitigen Kriegsdrohungen fordert er die Mädchen auf, in die Stadt zu gehen. Danaos kommt hinzu. Während er seinen Töchtern einschärft, sich in Argos anständig zu verhalten, stellt sich der Chor in der Orchestra auf.

V. 1018–1073: Exodos: Die Danaiden rufen die Götter von Argos an. Sie geben ihrem Triumph, nicht zur Ehe gezwungen zu werden, Ausdruck. Dann folgen Strophen, deren Zuweisung unsicher ist. Da sie zur gebührenden Berücksichtigung der Liebesgöttin Aphrodite auffordern und damit im Gegensatz zu der Freude der Mädchen, der Ehe entronnen zu sein, stehen, können sie nicht von ihnen gesungen sein, auch wenn die Handschriften keinen Sprecherwechsel angeben. Wahrscheinlich wurden sie von dem Chor der Mägde gesungen, auf die die Danaiden hinweisen (V. 977–979).

Einführung

Die *Hiketiden* galten lange Zeit als ein frühes und unreifes Werk des Aischylos. Denn man glaubte, die zentrale Rolle des Chores – Chorgesang macht über die Hälfte des Werks aus – sei ein typisch archaischer Zug, der auf den Ursprung der Tragödie aus dem Chorgesang zurückweise. Die Publikation eines Papyrus brachte 1952 eine Wende. Er förderte eine Information zutage, die eine Datierung vor 470 unmöglich erscheinen läßt. A. F. Garvie konnte 1969 in einer ausführlichen Auseinandersetzung mit der Datierungsproblematik plausibel machen, daß die *Hiketiden* kein Spätwerk des Aischylos sind. Wahrscheinlich wurden sie 463 v. Chr. aufgeführt. Dafür spricht, daß das Drama ein freundschaftliches Verhältnis zwischen Argos und Athen voraussetzt, da das Verhalten des argivischen Königs Pelasgos und die demokratischen Verhältnisse in Argos positiv geschildert sind. Ende der 60er Jahre schlossen Athen und Argos ein Bündnis, auf das auch die *Eumeniden* anspielen.

Ein Problem für die Interpretation der *Hiketiden* besteht darin, daß sie nur in einer einzigen Handschrift überliefert sind, die an vielen Stellen einen fehlerhaften Text bietet. Als weitere Schwierigkeit für die Deutung kommt hinzu, daß die anderen beiden Dramen der Tragödientrilogie fehlen. Für die Rekonstruktion ihres Inhalts ist man, von wenigen Fragmenten abgesehen, auf die Hinweise in Scholien und bei den Mythographen angewiesen, die sich aber nicht explizit auf eines der fehlenden Stücke beziehen. Dieses Defizit ist deshalb gravierend, da es sich bei den *Hiketiden* nicht wie bei den *Sieben* um das letzte Stück der Trilogie handelt, aber für die Gesamtdeutung viel von dem Inhalt des dritten Stückes abhängt. Zwar läßt sich einiges mit Wahrscheinlichkeit über den Fortgang der Handlung vermuten, doch den Verlauf der Trilogie sicher zu rekonstruieren ist nicht mehr möglich. Denn die Versionen späterer Autoren sind hierzu nur sehr eingeschränkt zu verwenden, da sie offensichtlich aus mythographischer Literatur mit unterschiedlichen Mythenversionen schöpften. Aber immerhin sind folgende Elemente anscheinend so essentiell, da in allen Versionen vorkommend, daß man sie als Bestandteile der Aischyleischen Trilogie voraussetzen kann:

1) Zwischen den beiden Brüdern Ägyptos und Danaos kommt es zu Konflikten.
2) Ägyptos' Söhne heiraten Danaos' Töchter; die Mädchen bringen ihre Bräutigame in der Hochzeitsnacht auf Danaos' Befehl um.
3) Alle gehorchen bis auf eine einzige Ausnahme: Die Danaide Hypermestra verschont ihren Bräutigam Lynkeus.

Wahrscheinlich waren die *Ägyptioi* das erste Stück der Trilogie. Über seinen Inhalt läßt sich aufgrund bestimmter Indizien nur spekulieren: Es spielte in Ägypten und behandelte den Grundkonflikt: Danaos lehnt es ab, seine Töchter mit den Söhnen seines Bruders Ägyptos zu verheiraten. Der Grund für seine Weigerung ist ein Orakel, das ihm den Tod von seiten eines Schwiegersohnes weissagte. Doch die Ägyptossöhne reklamieren aufgrund ihrer Landessitte ein Recht auf die Verwandten. Danaos und seine Töchter fliehen. Die *Hiketiden* behandeln die Ankunft in Argos und die Hikesie. Auch der Inhalt des dritten Stückes, der *Danaiden*, läßt sich nur spekulativ rekonstruieren: Danaos hat in Argos die Herrschaft übertragen bekommen. Seine künftige Position eines Alleinherrschers, eines *Týrannos*, wird in den *Hiketiden* dadurch angedeutet, daß er von den Argivern eine Leibwache zugestanden bekommt (V. 985–988). Denn daß ein Herrscher eine Leibwache benötigte, war nach athenischer Auffassung ein typisches Charakteristikum der Tyrannenherrschaft. Entweder nach einem Krieg gegen die Ägyptossöhne oder, um einen solchen zu vermeiden, willigt Danaos in eine Eheschließung ein, weist aber seine Töchter an, die Bräutigame in der Hochzeitsnacht umzubringen. Alle gehorchen, außer Hypermestra, die Lynkeus verschont. Dieser zieht Danaos zur Rechenschaft und läßt ihn hinrichten. Möglicherweise sollen auch die Danaiden bestraft werden. Aus dem dritten Stück stammt ein Fragment (fr. 44 Radt), in dem Aphrodite die lebenspendende Macht des Eros beschwört. Diese Rede stand vielleicht gegen Ende des Stückes – möglicherweise in einem Prozeß gegen die Danaiden – und bewegte die Danaiden zu einer zweiten Heirat mit den Argivern.

Der Titel des Satyrspiels *Amymone* ist im Werkkatalog überliefert (Test. 78b,2 Radt) und wird im Zusammenhang mit den Danaiden für Aischylos (P. Oxyr. 2256 = Test. 70 Radt) bezeugt. Der Mythos von Amymone ist durch verschiedene Mythographen überliefert: Poseidon ließ aus Zorn auf Inachos die Quellen von Argos austrocknen. Danaos, der in Argos wohnt, schickt seine Tochter Amymone zum Wasserholen. Diese weckt, als sie einen Speer nach einem Hirsch wirft, einen Satyr, der sie daraufhin bedrängt. Die Nymphe ruft Poseidon um Hilfe an; dieser rettet sie und gewinnt sie für sich, aus der Verbindung entspringt Nauplios. Als Amymone den Dreizack des Gottes, der in einem Felsen steckt, herauszieht, entsteht eine Quelle. Sollte diese Version auch den Inhalt der Aischyleischen *Amymone* ausgemacht haben, so ließe sich beobachten, wie im Satyrspiel ein Bestandteil aus dem in der Trilogie ernsthaft und mit Problemstellung behandelten Mythenkreis herausgenommen und auf burleske Weise verarbeitet wurde.

Von den voraischyleischen Versionen des Danaidenmythos ist wenig bekannt. Es gab ein Epos *Danais*, in dem die Danaiden als amazonenhafte Frauen gezeichnet waren. Dies ist, wie die Interpretation zeigen wird, bei Aischylos ganz anders. Auch ist für den Dramatiker Phrynichos die Existenz eines Dramas *Ägyptioi* und die eines Dramas *Danaides* überliefert, die möglicherweise Teile einer Trilogie waren. Leider wissen wir über seine Gestaltung der Danaidenthematik nichts. Aber man kann davon ausgehen, daß die Auseinandersetzung mit dem älteren Zeitgenossen und die Absetzung von ihm ein Movens für Aischylos' Mythenrezeption war. Bereits die einzige Information, die wir für Phrynichos' Bearbeitung der Danaidenthematik aus seiner Tragödie *Ägyptioi* besitzen, beweist dies: Ägyptos kommt hier zusammen mit seinen Söhnen nach Argos, wovon bei Aischylos keine Rede ist.

Interpretation

Bei den *Hiketiden* bleiben also aufgrund der Textüberlieferung und unserer Unkenntnis über den Verlauf der Trilogie bzw. Tetralogie etliche Fragen offen. Am wichtigsten für den Handlungsverlauf ist die Frage: Warum wollen die Danaiden ihre Vettern nicht heiraten, sondern fliehen vor ihnen? Diese wird in dem Drama nicht eindeutig beantwortet. Im Anschluß an die Interpretation des berühmten Altphilologen Ulrich von Wilamowitz-Moellendorff am Beginn des 20. Jahrhunderts deutete man die Handlung der Tragödie als Ausdruck eines grundlegenden Geschlechterkonflikts, da die Danaiden immer wieder auf ihre Ablehnung von Ehe und Sexualität hinweisen, die sie als Zwang empfinden.

Auch wenn es nicht unplausibel ist, daß der Dichter diesen Aspekt mitberücksichtigt haben wollte – wie S. 33 ausgeführt, ist die Häufung bildlicher Darstellungen von Gewalt gegen und von Frauen zu der Zeit der Entstehung der Aischyleischen Tragödien auffällig, und die fünf Jahre nach den *Hiketiden* aufgeführte *Orestie* ist vom Geschlechterkonflikt geprägt –, erscheint die Motivation der Danaiden doch differenzierter zu sein. So kommt man bei der Interpretation des Dramas besser weiter, wenn man der sehr plausiblen, erstmals von Sicherl 1986 aufgestellten, Vermutung folgt, daß dem Verhalten der Danaiden ein Orakel zugrunde liegt, auf das in einem anderen Stück der Trilogie (vielleicht in den *Ägyptioi*?) verwiesen wurde. Dieses Orakel besagte, daß Danaos von seiten eines Schwiegersohnes der Tod drohe. So ist es auch verständlich, warum die Danaiden an einer Stelle davon sprechen, es sei gegen das göttliche Recht (*themis*) (V. 37), wenn sie die Söhne des Ägyptos heirateten. Bei Sicherls These erhebt sich allerdings das Problem, daß das Orakel in den *Hiketiden* selbst nie erwähnt wird. Doch das ist mit der Strategie zu erklären, die Danaos und die Danaiden gegenüber Pelasgos anwenden müssen, um ihn zu ihrer Aufnahme zu bewegen: Pelasgos ist immer wieder daran interessiert zu erfahren, ob ihre Vettern ein Recht auf die Danaiden hätten. Dies entsprach griechischen Rechtsvorstellungen von Aischylos' Zeit. Denn um eine Aufnahme von Asylsuchenden adäquat zu erwägen, wurde stets die Frage gestellt, ob der Asylsuchende unter dem Recht seines Heimatorts oder des Orts, an dem er Zuflucht gefunden hatte, stand. Doch die Danaiden beantworten Pelasgos' Frage stets ausweichend. Und daß ihre Cousins tatsächlich als nächste Verwandte ein Recht auf sie proklamieren, wird in der Argumentation des Herolds gegenüber Pelasgos deutlich. Damit hat Aischylos eine ägyptische Sitte fingiert, die nicht unbedingt der realen Rechtslage im Ägypten seiner Zeit entsprochen haben muß. Für athenisches Verständnis war es ohnehin möglich, daß Cousins und Cousinen ersten Grades heirateten. Allerdings war nach griechischer Vorstellung bei jeder Art von Eheschließung die Zustimmung des Vaters der Braut nötig. Da die Danaiden also den wahren Grund – das Orakel an Danaos – nicht nennen können, verweisen sie immer nur darauf, daß sie und ihr Vater die Ehe ablehnen, und wiederholen das Argument, daß sie aufgrund ihrer Abstammung von Io letztendlich auch Argiverinnen seien.

Daß die Danaiden über Io von den Argivern abstammen, hat Aischylos als neues Element in die Danaidensage eingeführt. Innerdramatisch ist es, wie bereits erwähnt, ein wichtiges Argument der Mädchen dafür, daß Argos sie aufnehmen soll. Darüber hinaus aber verweist es auf die Möglichkeit einer gemeinsamen Genealogie von Griechen und Ägyptern. Damit greift das Drama Reflexionen über das Verhältnis von Griechen und ‹Barbaren› auf. Es wird hier als eine verwandtschaftliche Beziehung gesehen, vergleichbar mit Atossas Traum in den *Persern*, in dem Griechen und Perser als Schwestern gezeichnet sind. Daß die verstärkte Berührung mit den Persern auf griechischer Seite Überlegungen über die Beziehung der Völker zur Folge hatte, beweist die Darstellung des Verhältnisses von Griechen und Ägyptern bei Herodot (6,53).

Auf den latenten politischen Aspekt der *Hiketiden* wiesen in den letzten Jahren mehrere Interpreten hin. Er zeige sich in der Spannung, daß König Pelasgos einerseits Monarch sei und von den schutzsuchenden Mädchen als solcher wahrgenommen werde, andererseits Pelasgos nicht allein entscheiden könne, sondern von der demokratischen Entscheidungsfindung des argivischen Volkes abhängig sei. Wie bereits ausgeführt (S. 29), ist dies allerdings eine Spannung, die alle uns erhaltenen Tragödien des Aischylos mehr oder weniger kennzeichnet. Selbst in den *Persern*, die das Bild einer absoluten Monarchie zeigen, gibt es einen Chor von Ältesten, die den Staat repräsentieren.

Die Dialektik von Fremd und Vertraut verleiht den *Hiketiden* eine spannende Dynamik. Denn diejenigen, die wie Fremde aussehen, erweisen sich als Griechinnen. So bezeichnen die Danaiden selbst ihre Sprache als «barbarischen Laut» (V. 119). Dabei hat Aischylos mit dem für «barbarisch» verwendeten Wort (*karbán*) wohl ein ägyptisches Lehnwort gebraucht und so auch im Klanglichen dem Stück einen exotischen Charakter verliehen. Neben der Sprache ist es die fremdländische Kleidung, die die Danaiden von den Griechen unterscheidet, sowie ihre dunkle Hautfarbe. Es ist durchaus möglich, daß die Danaiden von Schauspielern mit dunklen Masken gespielt wurden, so daß das Fremdartige auch durch die Aufführung selbst sinnfällig wurde.

Aischylos hat also auch in diesem Stück auf originelle und vielschichtige Weise Traditionelles und Neues verbunden. Gerade diese Komplexität macht es schwierig, eine einsträngige Interpretation zu geben, doch folgende Aspekte lassen sich herausstellen:

1) Eine Vater-Tochter-Beziehung steht im Vordergrund. Denn die Danaiden handeln in voller Konformität mit der Autorität ihres Vaters. Sie sind ganz von ihm abhängig. Daß sie eine Ehe mit ihren Cousins ablehnen, dürfte, wie oben (S. 104 f.) erläutert, darauf zurückzuführen sein, daß ein Orakel Danaos Gefahr von seiten eines Schwiegersohnes angekündigt hatte.
2) Ihre somit durch ganz besondere Umstände motivierte Ablehnung der Ehe formulieren die Mädchen so harsch und mitunter so generalisierend, daß das Stück auch als dramatische Umsetzung eines grundlegenden Geschlechterkonflikts um die Brutalität von Sexualität gelesen werden konnte und kann. Zwar dürfte diese Lesart ein Aspekt sein, der für moderne Neuinszenierungen interessant sein könnte, aber der eigentliche Gehalt des Dramas verliert durch eine solche Reduktion.

3) Denn mit der ausführlichen Integration der genealogischen Thematik – der Abstammung der Danaiden von Io – verbindet Aischylos mit dem mythischen Sujet eine dramatische Reflexion auf das Verhältnis von ‹Fremd› und ‹Vertraut› und spiegelt so, wie in den *Persern*, athenische oder allgemein griechische Abgrenzungsversuche vom ‹anderen›, wobei dieses ‹andere› aber durch die gemeinsame Genealogie als verwandt betrachtet wird.
4) Mit der Problematik des ‹Fremden› ist die Frage nach dem Umgang mit den Fremden verbunden. Argos und sein König Pelasgos werden dadurch positiv gezeichnet, daß sie, weil sie in Ehrfurcht vor Zeus Hikesios handeln, die religiösen Verpflichtungen ernst nehmen und den Danaiden politische Asylie gewähren. Auch dies ist ein Aspekt, der für eine moderne Aufführung aktuell ist.
5) Wie auch in den anderen uns erhaltenen Dramen spielt das Verhältnis von Individuum und Kollektiv eine zentrale Rolle, zum einen innerhalb von Argos, weil Pelasgos betont, daß er, obwohl Alleinherrscher, nicht ohne Volksbeschluß entscheiden könne und wolle, zum anderen in der Konfrontation des Anliegens der Danaiden mit den Bedürfnissen der Polis Argos, weil der Schutz der Mädchen für die Stadt Krieg bedeutet.

Das Einzugslied der *Hiketiden* ist zweigeteilt. Zuerst (V. 1–39) zieht der Chor der Danaiden zu anapästischen Metren ein, dann (V. 40–175) wendet er sich in chorlyrischen Maßen in einer langen Bitte an Zeus. Die metrische Form entspricht der Ausgangssituation des Dramas: Mit dem Einzug des Chores in die Orchestra kommen die verfolgten Mädchen an und beziehen Position an den Götterbildern vor der Stadt Argos, um dann im Bittgebet entscheidende Argumente vorzubringen. Die Parodos hat nicht nur die formale Funktion, das Publikum zu informieren, sondern gibt die für das Drama inhaltlich entscheidenden Leitlinien an. Denn die ersten Worte der Mädchen gelten Zeus (V. 1–2):

> Zeus, Gott der Menschen auf der Flucht, möge voll Erbarmen
> auf unsere Schar schauen, …

Zeus hat für das Drama eine doppelte Funktion: Erstens ist er der für Flüchtlinge zuständige Gott, insofern ist es nur folgerichtig, wenn sich die Mädchen an ihn wenden. Zweitens aber erweist es sich, daß er ihr

Stammvater ist, denn die Danaiden leiten über Io ihre Abkunft von ihm ab.

In der Schilderung ihrer Situation machen die Danaiden folgendes klar: Sie sind aus Ägypten nach Argos gekommen. Sie fliehen nicht, weil sie einen Mord begangen hätten und deshalb von einer Institution ihres Herkunftslandes verbannt worden wären, sondern sie fliehen aus eigenem Entschluß vor ihren Vettern, den Söhnen des Ägyptos, um einer Ehe mit diesen zu entgehen. Ihr Vater Danaos hat sie dazu angestiftet und hat auch das Ziel der Flucht vorgegeben. Denn kein Ort eignet sich als Zufluchtsort besser als Argos, da ihre Urahnin die Argiverin Io war. Ihre Cousins brandmarken sie als «pietätlos» (V. 9–10) und «brutal» (V. 37–39), weil sie den Willen der Mädchen nicht beachten und sie zur Ehe zwingen wollten – einer Ehe, die einen religiösen Frevel darstelle, da sie nicht *themis*, also gegen göttliches Gebot, sei. Auf den wahren Grund ihrer Ablehnung, ihren Vater vor einem Schwiegersohn zu schützen, gehen sie nicht ein.

Daß Danaos die treibende Kraft bei der Flucht seiner Töchter ist, hat man in der Forschung vielfach verkannt – Wilamowitz sprach sogar davon, er sei ein «Annex» seiner Töchter –, es wird aber im Drama immer wieder deutlich. Denn Danaos ist derjenige, der seine Töchter, wie sie in der Parodos erzählen, zur Flucht aus Ägypten veranlaßte und die Flucht plante (V. 11–12, 176–179, 970) und der sie, in Argos angekommen, anweist, wie sie die Hikesie auszuführen haben (V. 176 ff.). Auch ist er es, der später seine Töchter vor der Polis Argos vertritt, wenn er am Ende des 1. Epeisodions in die Stadt aufbricht, um durch geeignete Gesten der Hikesie die Bevölkerung gewogen zu machen, und der später allein nach Argos geht, um Hilfe gegen die herannahenden Ägyptossöhne zu holen. Er fordert seine Töchter eindringlich auf, sich in Argos angemessen zu verhalten, um ihm keine Schande zu bereiten, da dies seine Feinde erfreuen würde (V. 996, 1008–1009). Und da nach allen späteren Erzählungen er derjenige ist, der die Mädchen zum Mord in der Brautnacht anstiftete, kann man diese Version wohl auch für die Aischyleische Trilogie ansetzen.

Das Vergehen, dessen sich die Ägyptossöhne schuldig machen, formuliert Danaos in bildhafter Sprache (V. 223–228):

> … An heiligem Ort wie ein Schwarm von Tauben
> laßt euch nieder, in Furcht vor den Habichten, die doch auch Vögel sind,

den feindlichen Verwandten, die ihr Geschlecht beflecken.
Wie könnte ein Vogel, der einen Vogel frißt, rein sein?
Wie könnte einer, der ein Mädchen gegen ihren Willen und gegen den ihres Vaters
zur Frau nimmt, ein reiner Mann sein?

Die Pointe dieses Vergleichs besteht in einer unerwarteten Wendung: Mit den Vögeln, die ihresgleichen fressen, wird nicht der Frevel verglichen, daß die Söhne des Ägyptos dabei sind, sich an ihren eigenen Verwandten zu vergehen, sondern der Verstoß, daß sie es ohne das Einverständnis der Betroffenen selbst und ihres Vaters tun. Die Danaiden und ihr Vater wollen die Ehe nicht. Und vielleicht gerade dadurch, daß es für die athenische Bevölkerung zu Aischylos' Zeit ungewöhnlich war, daß der Wille der Töchter bei der Verheiratung eine Rolle spielen sollte, ist in dieser Passage die Ablehnung der Danaiden so klar neben die ihres Vaters gestellt, um deutlich zu machen, daß sie in Übereinstimmung mit ihm handeln.

Die prinzipielle Ablehnung einer Ehe mit den Söhnen des Ägyptos ist auch in dem anschließenden Dialog mit dem argivischen Landesherrscher Pelasgos von zentraler Bedeutung. Die Konfrontation des Landeskönigs mit den Ausländerinnen ist die Gelegenheit, die Thematik des Fremden auch bühnenwirksam mit hineinzubringen (vgl. S. 106). Die fremdartig anmutende Schar kann Pelasgos bei ihrer ersten Begegnung nicht einordnen (V. 234–240):

Aus welchem Land stammt diese ungriechisch gekleidete Schar,
zu der ich spreche? Prunkvoll ist sie in barbarischen Gewändern und mit einem Stirnschmuck. Auf jeden Fall ist die Kleidung der Frauen
nicht argivisch, noch stammt sie überhaupt aus einer Gegend Griechenlands.
Wie ihr ohne Geleit und ohne Schutzherrn und ohne Führer hierher zu kommen
furchtlos wagtet, das ist erstaunlich.
Aber immerhin liegen nach dem Brauch der Schutzflehenden
Zweige neben euch bei den Bildern der Stadtgötter.
Nur das, wie man vermuten kann, ist genauso wie in Griechenland.

Pelasgos vermag gar nicht zu glauben, als die Frauen ihm eröffnen, sie seien Argiverinnen (V. 274–277). Eher erinnern sie ihn an Kyprierin-

Stammbaum 3: Die von den Danaiden in den Hiketiden vorgetragene Genealogie ihrer Familie

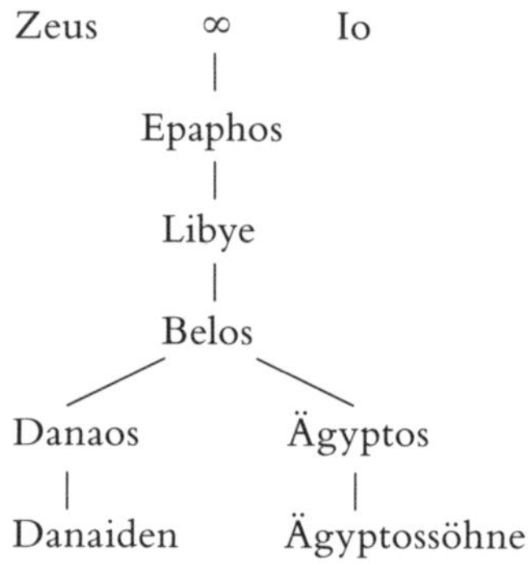

nen, Inderinnen, Amazonen – jedenfalls an Ausländerinnen. Darum bedarf es einer regelrechten Beweisführung, mit der die Frauen nachweisen, daß sie tatsächlich argivischer Abkunft sind. Wie bei einem Gerichtsprozeß spielt sich das Argumentationsverfahren in Frage-Antwort-Form ab: Einst gebar die Argiverin Io, als Geliebte des Zeus von der eifersüchtigen Hera in eine Kuh verwandelt und bis zum Nil gejagt, einen Nachkommen, Epaphos, von dem über weitere Stufen die Danaiden und ihre Vettern abstammen.

Schließlich ist bewiesen, daß die Frauen Argiverinnen sind. Nun will Pelasgos den Grund für die Flucht der Danaiden wissen. Doch obwohl er verschiedene Ansätze macht, im Dialog und in dem ihm folgenden Amoibaion zu erfahren, ob die Söhne des Ägyptos vielleicht ein Recht auf die Ehe mit ihnen reklamieren könnten, erhält er keine genaue Auskunft.

Pelasgos ist zögerlich, ihnen die erbetene Zusage, sie nicht an die Söhne des Ägyptos auszuliefern, zu geben, da er sich bewußt ist, daß dies für Argos Krieg bedeuten kann. Andererseits ist das Hikesieanliegen der Danaiden eine starke religiöse Verpflichtung für ihn. So steht er vor einem Dilemma (V. 407–471), das in einem Widerstreit zwischen politischer Vorsicht und religiöser Verpflichtung besteht. Dieses möchte er durch eine Volksabstimmung lösen lassen. Da greift sein Gegenüber zu härteren Mitteln: Die Frauen drohen, sich an den Götterbildern zu erhängen, falls Pelasgos ihnen nicht die erwünschte Schutzzusicherung gebe. Damit wiederholen sie eine Erpressung, die sie bereits Zeus gegenüber formuliert haben (V. 154–161). Pelasgos erschrickt, da eine solche Tat größtes Unheil für ihn und Argos bedeuten würde. Schließlich überwiegt die Scheu vor Zeus Hikesios (V. 478–479):

> Gleichwohl muß man den Zorn des Zeus, des Schützers aller Flüchtlinge, scheuen. Denn das ist bei den Sterblichen die gewaltigste Furcht.

Da Pelasgos Danaos mit in die Stadt nimmt, damit dieser sein Anliegen durch seine Präsenz unterstütze, bleiben die Danaiden alleine zurück.

Im Chorlied, dem 1. Stasimon, zu dem der Chor vom Altarhügel in die Orchestra gewechselt ist, kommen die Danaiden ausführlich auf Ios Schicksal zurück und vertiefen das, was bereits vorher über diese Verbindung gesagt wurde. Die genealogische Verknüpfung mit den Danaiden scheint eine Innovation des Aischylos gewesen zu sein, denn sie erscheint in den uns erhaltenen voraischyleischen Quellen nirgends. Io ist bei Aischylos nicht nur ein Exempel für das Leiden der Danaiden, die ja auch aufgrund einer sexuellen Begehrlichkeit fliehen müssen. Vielmehr repräsentiert sie als Stammutter des Geschlechts, das auf den aus ihrer Verbindung mit Zeus entsprungenen Epaphos zurückgeht, die ruhmvolle Abstammung und damit die Hoffnung auf Rettung. Denn die Berufung auf die Genealogie ist das entscheidende Argument in der Anrufung des Zeus, also in der Interaktion zwischen Mensch und Gott, aber auch der zentrale Beweis in der Diskussion mit Pelasgos. Durch Io bzw. den Sohn Epaphos sind Argos und die Danaiden genealogisch verbunden.

Die Rückkehr des Vaters erfüllt die Mädchen mit neuer Hoffnung (2. Epeisodion): Pelasgos konnte das Volk von Argos überzeugen, daß die Ablehnung der Aufnahme der Hiketiden einen doppelten Frevel, sowohl gegenüber Mitbürgern als auch gegenüber Fremden, darstellen würde. Aber von der Kriegsgefahr, die Argos durch die Aufnahme der Mädchen droht, berichtete er nicht. Das argivische Volk entschied einstimmig dafür, die Verfolgten aufzunehmen, also für die Gewährung einer politischen Asylie. Die Formulierung, mit der Danaos den Beschluß des Volkes wiedergibt, ist einem attischen Volksdekret nachempfunden. Es sichert den Schutzflehenden zu, freie Mitbewohner des Landes sein zu dürfen, und gewährt ihnen überdies explizit Schutz vor gewaltsamen Übergriffen (V. 605–614):

Das Volk von Argos beschloß ...,
daß wir Mitbewohner dieses Landes sein dürfen, freie,
geschützt vor Geiselnahme, geschützt vor Raub der Menschen,
und daß kein Einheimischer, kein Fremder
uns wegführen darf. Wenn aber Gewalt angewendet wird,
soll derjenige Landesbewohner, der nicht zu Hilfe kommt,
ohne Ehren sein, durch Volksbeschluß verbannt.

Gerade rechtzeitig ist die Gewährung des Asyls für die Flüchtlinge beschlossen. Denn nachdem der Chor den Argivern ein Preis- und Dankeslied gesungen hat, entdeckt Danaos in der Ferne am Strand das Schiff der Verfolger mit den Söhnen des Ägyptos. Die Stimmung schwenkt schlagartig um. Die Mädchen geraten außer sich vor Angst, die noch dadurch gesteigert wird, daß Danaos beschließt, in der Stadt Hilfe zu holen. Wie wenig amazonenhaft Aischylos seine Protagonistinnen gezeichnet hat, zeigt der Aufschrei (V. 748–749):

Laß mich nicht allein! Ich flehe dich an, Vater.
Eine Frau allein ist nichts. Sie kann nicht kämpfen.

Danaos verweist auf den Schutz der Götter, unter dem seine Töchter stehen, doch diese ahnen schon, daß ihre Verfolger keine Pietät kennen. Dennoch fliehen sie, nachdem ihr Vater sie verlassen hat, auf den Altarhügel. Ihr Lied ist geprägt von der Angst vor den Verfolgern und deren Gewalt. Doch ihr Gebet an Zeus kann sie nicht vor den Feinden bewahren. Denn als Gesandte der Söhne des Ägyptos, die selbst auf dem Schiff bleiben, trifft eine Gruppe von Ägyptern unter der Leitung eines Herolds ein. Ab hier (V. 825) ist der griechische Text problematisch, zum einen deshalb, weil der Text in der einzigen Handschrift, die die *Hiketiden* bietet, korrupt ist, zum anderen deshalb, weil die Ägypter ein gebrochenes Griechisch sprechen. Ihre Sprache hat trotz der bedrohlichen Aussage geradezu etwas Komisches (V. 836–841):

Los!Auf! zum Schiff ...
sonst bestimmt Zerreißen, Zerreißen und Verwunden,
blutiges, mörderisches Kopfabhaun!

Das Lächerliche der Ausdrucksweise steht in einem spannungsvollen Gegensatz zu der dramatischen Situation. Vor allem aber betont es das Fremde, Barbarische, mit dem Aischylos die Verfolger in Gegensatz zu den Danaiden setzt. Denn eine Möglichkeit der Identifikation für die in autarken Stadtstaaten lebenden, nicht aber in einem ‹Nationalstaat› geeinten Griechen bot die gemeinsame Sprache. Die abgesandten Ägypter hingegen sind nicht nur des Griechischen nicht richtig mächtig – schlimmer ist ihr religiöses Fehlverhalten. Sie sind bereit, ohne weiteres die Mädchen mit Gewalt von dem heiligen Ort, an dem sie Schutz gesucht haben, wegzureißen, und machen sich damit eines in griechischen Augen gewaltigen Frevels schuldig, indem sie sich gegen Zeus Hikesios vergehen. Ihnen fehlt der nach griechischem Verständnis selbstverständliche Respekt vor den einheimischen Göttern eines fremden Landes. Daß sie es nicht für nötig ansehen, Zeus und die anderen Götter zu respektieren, formuliert der Herold unverblümt (V. 893–894):

> Gewiß nicht fürchte ich die hiesigen Gottheiten!
> Denn ich wuchs nicht unter ihrem Schutz auf und werde auch nicht unter ihrem Schutz altern!

Derselben Unverblümtheit bedient sich der Herold auch gegenüber Pelasgos, als dieser mit einer Schar bewaffneter Argiver rechtzeitig in dem Moment anrückt, da die Ägypter die Mädchen an den Haaren von den Götteraltaren wegzerren wollen. Die beiden Männer finden zu keiner Übereinstimmung. Weil der Herold an seinem Auftrag, die Mädchen zurückzubringen, festhält, bedeutet das Krieg (V. 934–937). Der Herold geht ab, doch nicht ohne daß die beiden einander mit der Kampfstärke ihrer Truppen gedroht haben (V. 950–953):

> Herold: Es scheint, daß wir einen neuen Krieg beginnen werden.
> Sieg und Stärke sollen auf der Seite der Männer sein!
> Pelasgos: Indes, daß wahre Männer die Einwohner dieses Landes sind, werdet ihr herausfinden, denn die hier trinken keinen Gerstensaft!

Gerstensaft, also eine Art Bier, galt als typisch ägyptisches Getränk, das für Weichlinge gut war.

Die Kriegsdrohung steht im Raum. Doch auf den ersten Blick scheint erst einmal alles gut zu sein. Die Verfolger sind abgewiesen. Pelasgos offeriert den Mädchen Unterkunft in Argos. Großzügig bietet er an, daß sie entweder in seinem Haus oder aber in anderen Wohnungen, die die Stadt bereitstelle, wohnen könnten und daß er und alle Bürger von Argos ihre Schirmherren seien. Doch in ihrer Antwort verweisen die Mädchen auf Danaos, dem allein sie sich unterstellen wollten. Nur seine Autorität erkennen sie an. Damit ist der Konflikt zwischen den beiden Sphären Öffentlich und Privat eröffnet, der auf das letzte Drama der Trilogie, *Danaiden*, verweist: Um die Interessen ihres Vaters zu wahren, werden die Mädchen einen Krieg heraufbeschwören. Ihre Einseitigkeit, ja Verbohrtheit, sich nicht auf die Ehe einzulassen, prägt denn auch das Ende der *Hiketiden*. Während Danaos sie eindringlich warnt (V. 996–1009), keinerlei Anlaß für erotische Begehrlichkeiten in Argos zu bieten, um nicht das Ziel ihrer Flucht – die Vermeidung der Ehe – zu gefährden, und sie dem ganz zustimmen (V. 1014–1017), weist der Chor der Mägde sie darauf hin, daß die Verbindung der Geschlechter eine kosmische Ordnung sei (V. 1034–1042). Dabei heben sie die positiven Seiten der Sexualität hervor und bieten so ein Gegenbild zu der Angst der Danaiden vor Gewalt. Sie singen von Hera als Göttin der Ehe, die mit Aphrodite, der Göttin der Erotik, zusammenwirke, und setzen gegen die Leitwörter «Gewalt» und «Zwang», die die Danaiden mit dem Bereich der Sexualität verbinden, das verführerische Moment der Erotik: die Lust am Raffinierten, das Begehren, die verbale Verführung, vor allem aber die Übereinstimmung von Mann und Frau – also genau den Aspekt, der der Beziehung der Danaiden zu ihren Vettern fehlt. Darin, daß auch die Danaiden nicht der Ehe als dem Los aller Frauen entgehen werden, sind sich die Mägde sicher, ja halten es für den Willen des Zeus (V. 1048–1051) und betrachten es angesichts der sonst drohenden Kriegsgefahr sogar für das beste. Die Danaiden wollen dies nicht wahrhaben. Ihre letzten Worte sind ein erneuter Wunsch an Zeus, die unerwünschte Ehe von ihnen fernzuhalten.

Wenn man der oben gegebenen Rekonstruktion der Trilogie folgt, wird Zeus aber die Danaiden keineswegs vor der Eheschließung bewahren. Vielmehr wird Danaos, inzwischen zum Alleinherrscher in Argos aufgestiegen, die Töchter anweisen, ihre Bräutigame in der Hochzeitsnacht umzubringen. Wie auch in den anderen Stücken liegt das Schicksal in der Hand der Menschen.

7 Konflikte und (k)ein Ende: Die *Orestie*

Inhalt

Die *Orestie* ist eine Trilogie von Dramen. Sie ist die einzige Trilogie, die uns aus der Antike vollständig erhalten ist. Da die drei Dramen inhaltlich aufeinander aufbauen, was bei einer Trilogie nicht unbedingt der Fall sein mußte, spricht man von ihr als Inhaltstrilogie. Thema sind die Geschehnisse im Hause der Atriden, der Nachkommen des Atreus. Aischylos hat die Trilogieform in der *Orestie* genutzt, um die Kausalität der generationenübergreifenden Geschehen in der Abfolge dreier Dramen zu zeigen. Der *Agamemnon* bringt die Heimkehr des griechischen Feldherrn Agamemnon, des Siegers über Troja, und die Ermordung durch seine Frau Klytämestra auf die Bühne. Darauf folgen die *Choephoren* mit Orestes' Rache, dem Muttermord. Der Titel des Dramas bedeutet «Spenderinnen der Weihegüsse» und bezeichnet den Chor der Frauen, die Elektra zum Grab Agamemnons begleiten, um Grabspenden zu bringen. Das dritte Stück, die *Eumeniden*, zeigt die Verfolgung des Orestes durch die Erinyen, seine Freisprechung durch den von Athena eingesetzten Areopag in Athen und die Versöhnung der Erinyen durch Athena.

Als viertes Stück der Tetralogie, als Satyrspiel, ist ein Stück *Proteus* bezeugt. Es muß also auf irgendeine Weise den für seine Verwandlungskunst berühmten Meeresgott als Protagonisten gehabt haben. Möglicherweise behandelte es die Begegnung des Gottes mit Menelaos und brachte so eine witzige Variation eines Nebenthemas der *Orestie*. Denn an zwei Stellen des *Agamemnon* (V. 617–619, 674–680) wird darauf verwiesen, daß der Bruder des Agamemnon, Menelaos, auf dem Heimweg von Troja verschollen sei.

Während im Homerischen Epos Agamemnon in Mykene seinen Wohnsitz hatte, verlegt Aischylos das Geschehen nach Argos. Auch von dem frühgriechischen Dichter Stesichoros, der den Atridensitz in Lakonien ansiedelte, weicht er damit ab. Diese Änderung ist eine der

Modernisierungen der mythischen Überlieferungen. Denn es gab zur Zeit der Aufführung der *Orestie* ein Bündnis zwischen Athen und Argos. Es wird im Schluß der Orestie gespiegelt, wenn Aischylos Orestes als Dank für seinen Freispruch in Athen ewige Bündnispartnerschaft mit Argos versprechen läßt.

Die Vorgeschichte der *Orestie*, die einen entscheidenden Faktor für die Dramenhandlung darstellt, wird im *Agamemnon* immer wieder in Erinnerung gerufen. Denn einer der Gründe für Klytämestras Mordtat ist ihre Rache dafür, daß Agamemnon vor dem Feldzug gegen Troja die gemeinsame Tochter Iphigenie der Göttin Artemis opferte, um die Ausfahrt der griechischen Schiffe zu ermöglichen. Doch die Gründe für die dunklen Geschehnisse im Atridenhaus liegen noch weiter in der Vergangenheit und werden in ihrer Bedeutung für das jetzige Geschehen nach und nach enthüllt. Dabei hat Aischylos wohl als erster die Atridensage mit dem Motiv eines Erbfluchs verbunden: Agamemnons Vater Atreus hatte seinen Bruder Thyestes ins Exil geschickt, da er in ihm einen Rivalen um die Macht erkannte. Später nahm er ihn als Flüchtling wieder auf, um ihm dann unter dem Vorwand eines Opfermahles das Fleisch von den Leichen seiner Kinder aufzutischen. Als Thyestes dessen gewahr wurde, spie er das Fleisch aus und verfluchte das ganze Geschlecht des Bruders. Ägisthos, Klytämestras Liebhaber und Mitregent, wiederum ist Thyestes' Sohn und versteht Agamemnons Ermordung als Rache für das, was seinem Vater von Agamemnons Vater angetan wurde. Die Grausamkeiten der Vätergeneration setzen sich also in der Generation der Kinder und dann – mit Orestes' Muttermord – in der der Enkel fort.

Stammbaum 4: Die Genealogie der Atriden

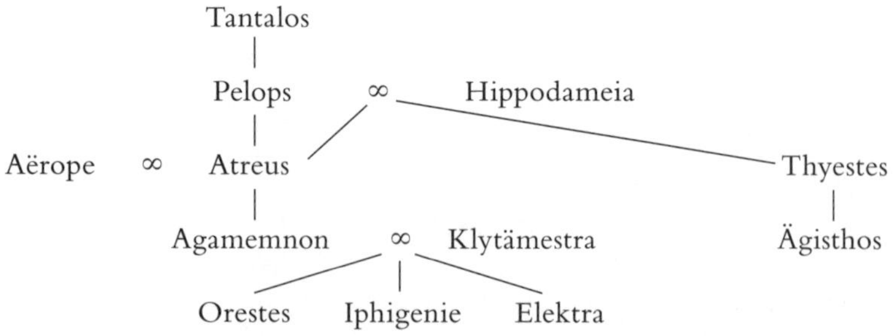

Da eine Deutung der *Orestie* die drei Dramen in ihrem Zusammenhang betrachten muß, geht eine Inhaltsangabe aller Stücke der Interpretation voraus. Jedes spielt an einem anderen Ort, ja in den *Choephoren* und in den *Eumeniden* findet sogar ein Ortswechsel innerhalb des Dramas statt.

Agamemnon

Die Handlung des *Agamemnon* spielt in Argos vor dem Königspalast. Da der Wächter, der den Prolog vorträgt, angibt, er befinde sich «auf dem Dach», hat man sich wohl ein Bühnenbild mit einer Erhöhung vorzustellen. Wenn Klytämestra nach Agamemnons und Kassandras Ermordung triumphierend auf die Leichen verweist, läßt sich davon ausgehen, daß die beiden auf einem Bühnenwagen, dem Ekkyklema, auf die Bühne geschoben waren. Insgesamt muß die Szene sehr blutig ausgesehen haben, da Klytämestra davon spricht, blutbefleckt zu sein. Den Chor bilden ältere Männer aus Argos, die zu alt waren, um mit in den Trojanischen Krieg zu ziehen.

1–39: Prolog: Ein Wächter berichtet, daß er auf das Feuersignal wartet, das Agamemnon nach einem Sieg über Troja unverzüglich an Klytämestra senden will. Dieses leuchtet auf, und der Wächter stürzt jubelnd davon, um Klytämestra zu informieren.

40–257: Parodos: Der Chor der alten Männer von Argos tritt auf und singt vom Zug der Atriden gegen Troja. Er erzählt von dem Adlerzeichen beim Auszug des griechischen Heeres und von der Deutung durch den Seher Kalchas, Agamemnon müsse seine Tochter Iphigenie opfern, um den Zorn der Artemis, der widrige Stürme hervorgerufen habe, zu besänftigen. Agamemnon entschied sich für die Opferung Iphigenies.

258–354: 1. Epeisodion: Nach überleitenden Worten, in denen sich der Chor an Klytämestra wendet, die die Bühne betritt, informiert sie Klytämestra über das Feuerzeichen. Auch die alten Männer freuen sich über den Sieg.

355–488: 1. Stasimon: Der Chor ruft den Kriegsgrund, Helenas Entführung durch Paris, ins Gedächtnis und erwähnt atridenfeindliche Strömungen im Volk, die aus der Wut darüber entstanden sind, daß so viele Landsleute wegen der Ehefrau eines anderen sterben mußten. Auf einmal befallen die alten Männer Zweifel an der Wahrheit des Feuerzeichens.

489–680: 2. Epeisodion: Der Auftritt des Boten, der den Sieg über Troja bestätigt, überzeugt die Alten. Nachdem Klytämestra den Boten begrüßt hat, berichtet dieser, daß Menelaos verschollen sei.

681–781: 2. Stasimon: Der Chor geht ausführlich auf die Rolle Helenas bei der Entstehung des Trojanischen Krieges ein und gibt seiner Überzeugung Ausdruck, daß Hybris neue Hybris zeuge.

782–974: 3. Epeisodion: Agamemnon trifft ein und wird von Klytämestra in geheuchelter Untertänigkeit begrüßt. Sie überredet ihn, als Zeichen seines Siegs über kostbare Gewebe ins Haus zu schreiten. Dieses Ansinnen lehnt er zuerst mit dem Argument, dies sei Hybris ab, läßt sich dann aber doch von seiner Frau dazu verleiten.

975–1034: 3. Stasimon: Der Chor wird von vagen Ängsten heimgesucht.

1035–1071: 4. Epeisodion: Die mit seherischen Kräften begabte Trojanerin Kassandra, die Agamemnon als Kriegsbeute und Geliebte mit nach Argos gebracht hat, bleibt trotz Klytämestras Aufforderung, einzutreten, vor dem Palast.

1072–1177: Kommos: In einem Wechselgesang mit dem Chor erzählt Kassandra von dem Fluch, der seit dem Thyestesmahl auf dem Atridenhaus liegt, und kündet ihre und Agamemnons bevorstehende Ermordung durch Klytämestra an. Doch der Chor versteht sie nicht, und schließlich geht sie unter Klagen ins Haus.

1178–1576: 5. Epeisodion und Epirrhematische Szene: Aus dem Haus ertönen Agamemnons Todesschreie. Aber die alten Männer des Chores diskutieren so lange darüber, ob und wie sie eingreifen sollen, bis Klytämestra aus dem Haus tritt und voll Stolz und Jubel über ihre Mordtat an Agamemnon und Kassandra berichtet. Der Chor ist entsetzt, droht ihr Strafe an und kommt dann mit ihr überein, daß bei ihrer Tat der Fluchgeist des Hauses mitgewirkt habe.

1577–1673: Schluß: In der letzten Szene tritt Klytämestras Liebhaber Ägisthos auf und nennt als Grund für Agamemnons Ermordung die Rache für seinen Vater Thyestes. Handgreiflichkeiten des Chores mit ihm kann das Eingreifen Klytämestras verhindern.

2. Die *Choephoren*

Die *Choephoren* spielen zuerst am Grabhügel Agamemnons, wo sich Elektra und Orestes treffen, dann vor dem Königspalast Agamemnons. Sowohl der Mord an Ägisthos als auch der an Klytämestra werden hinterszenisch ausgeführt. Beide Leichen müssen auf einem Ekkyklema auf die Bühne geschoben worden sein, denn Orestes fordert nach dem Mord den Chor auf, die beiden zu betrachten (V. 973). Den Chor des Stückes bilden Sklavinnen, trojanische Kriegsgefangene, die mit Orestes und Elektra sympathisieren.

1–21: Prolog: Der nur unvollständig überlieferte Prolog der *Choephoren* zeigt den aus Phokis nach Hause zurückgekehrten Orestes zusammen mit seinem Freund Pylades am Grab seines Vaters. Aus einem Versteck kann er beobachten, wie Elektra, begleitet vom Chor der Sklavinnen, mit Grabspenden naht.

22–83: Parodos: Der Chor berichtet, daß Klytämestra von Angstträumen geweckt wurde und Elektra ans Grab schickte, um Agamemnons Rachegeist durch Opfer zu versöhnen.

84–584: 1. Epeisodion: Elektra vollzieht die Opfer, die sie unter Anleitung des Chores zu Racheopfern umfunktioniert. Als sie die von ihrem Bruder als Opfergabe gespendete Locke findet und seine Fußspur entdeckt, gibt sich Orestes zu erkennen (Anagnorisisszene). Er berichtet, der Gott Apollon habe ihm unter Androhung härtester Strafen die Rache an den Mördern seines Vaters befohlen, er sei aber auch ohne diese göttliche Weisung aus verschiedenen eigenen Gründen zur Rache entschlossen. Im Kommos vertiefen die Geschwister zusammen mit dem Chor ihre Entscheidung zur Rache und rufen den toten Vater um Hilfe an. Dann läßt sich Orestes den Angsttraum seiner Mutter berichten und sieht darin sich selbst als Rächer des Vaters angekündigt. Eine Intrige zur Durchführung der Rache wird geplant.

585–652: 1. Stasimon: Der Chor führt unterschiedliche Beispiele eines abschreckenden weiblichen Verhaltens an.

653–782: 2. Epeisodion: Die von den Geschwistern geplante Intrige wird ausgeführt: Orestes gelangt als Fremder verkleidet in den Palast und überbringt Klytämestra die fingierte Nachricht vom Tod ihres Sohnes. Diese erschrickt und läßt nach Ägisthos schicken.

Doch Orestes' alte Amme, die ihn holen soll, wird vom Chor überredet, ihn ohne Leibwachen kommen zu lassen.

783–837: 2. Stasimon: Der Chor ruft Zeus um Hilfe an und hofft auf ein Gelingen der Rache.

838–934: 3. Epeisodion: Orestes tötet zuerst Ägisthos und dann seine Mutter. Beide Morde werden hinterszenisch ausgeführt.

935–972: 3. Stasimon: Der Chor bringt seine Freude über die Tat zum Ausdruck und spricht seine Hoffnung aus, daß nach Orestes' Reinigung kein weiteres Unheil drohe.

973–1064: 4. Epeisodion: Daß der Chor sich in seiner hoffnungsfrohen Haltung täuscht, wird klar, als Orestes aus dem Palast tritt und, von zwiespältigen Gefühlen im Hinblick auf seine Tat befallen, die Verfolgung durch die Erinyen bemerkt.

1065–1076: Schluß: Der Chor ist ratlos angesichts des nicht enden wollenden Leidens.

3. Die *Eumeniden*

Das Drama beginnt vor dem Apollontempel in Delphi. Während des Stückes wird der Schauplatz nach Athen verlagert, wo Orestes bei einer Statue der Athena Schutz sucht. Später folgt eine Gerichtsszene, zu der stumme Charaktere – ein Herold und die Richter – auf die Bühne kamen. Den Chor bilden die Erinyen, alte Rachegöttinnen.

1–142: Prolog: Vor dem Apollontempel in Delphi erzählt die Priesterin von der Geschichte des Heiligtums. Als sie den Tempel betreten will, schreckt sie zurück vor dem Anblick, der sich ihr im Inneren bietet: Neben dem blutbefleckten Orestes kauern die gräßlich anzuschauenden Erinyen. Die Priesterin bittet den Gott Apollon, der ebenfalls auf der Bühne ist, sich der Sache anzunehmen. Dieser versichert Orestes seines Beistandes und weist ihn an, sich nach Athen zu begeben. Nachdem Orestes von der Bühne abgetreten ist, erscheint Klytämestras Totengeist und jagt die Erinyen aus dem Schlaf auf, damit sie weiter ihrem Racheauftrag nachkommen.

143–178: Parodos: Die Erinyen sind wütend darüber, daß Orestes entkommen ist, und klagen die jungen Götter, insbesondere Apollon, an, ihnen Unrecht zu tun.

179–306: 1. Epeisodion: Apollon vertreibt die Erinyen aus seinem Heiligtum und beschimpft sie. Er gerät mit ihnen in Streit darüber, ob Orestes' Muttermord oder der Gattenmord Klytämestras schlimmer sei.

Es folgt ein Ortswechsel. Orestes befindet sich in Athen und sucht bei dem Standbild der Göttin Athena Schutz. Die Erinyen haben Orestes eingeholt und empören sich über seinen Versuch, eine Sühnung seiner Tat zu erlangen. Orestes versichert Athena, die noch abwesend ist, daß er bereits entsühnt sei, und verspricht ihr und ihrem Volk im Fall ihres Beistands ein Bündnis mit Argos.

307–396: 1. Stasimon: Die Erinyen besingen ihre Aufgabe, Mord an Blutsverwandten zu rächen.

397–489: 2. Epeisodion: Athena erscheint und läßt sich die Argumente beider Parteien vortragen. Auch die Erinyen unterstellen sich ihrer Gerichtsbarkeit. Da beide einen berechtigten Anspruch haben, beschließt Athena die Einsetzung eines Bürgergerichts, des Areopags, der auch für künftige Zeiten etabliert sein soll.

490–565: 2. Stasimon: Die Erinyen warnen vor den Folgen für das Staatswesen, falls ein Muttermörder freigesprochen wird.

566–777: 3. Epeisodion: Athena leitet eine Gerichtsszene, in der die Erinyen als Kläger und Apollon als Zeuge und gleichzeitig Verteidiger des Orestes auftreten. Vor der Abstimmung, an der Athena und die eingesetzten athenischen Richter teilnehmen, legt die Göttin fest, daß im Falle einer Stimmengleichheit der Angeklagte freigesprochen werden solle. Allein Athenas Votum bewirkt Stimmengleichheit und damit einen Freispruch für Orestes. Dieser schwört einen Eid, daß Argos das Bündnis mit Athen für alle Zeit einhalten werde, und verläßt die Stadt.

778–1031: Epirrhematische Szene: Die Erinyen sind über ihre Niederlage aufgebracht. Doch Athena gelingt es, sie zu beruhigen, so daß sie schließlich, statt Athen zu verfluchen, ein Segenslied anstimmen.

1032–1047: Exodos: Ein neuer Chor geleitet unter frohen Klängen alle hinaus.

Einführung

Wenn man von dem umstrittenen *Prometheus* absieht, haben wir mit der *Orestie* das letzte vollständig erhaltene Werk des Aischylos vor uns. Sie wurde 458 v. Chr. aufgeführt und gewann den ersten Preis.

Der Atridenstoff war bei den attischen Tragikern beliebt, wobei sie auf mythische Traditionen zurückgreifen konnten, diese aber durch innovative Eingriffe entscheidend modifizierten. Dabei war die *Orestie* des Aischylos in vielen Punkten richtungweisend für die Transformationen der mythischen Erzählungen in den dramatischen Konzeptionen des Sophokles und Euripides.

Man kann Aischylos' Innovationen in vier Hauptpunkte zusammenfassen:

1) Die erste bedeutende Innovation ist eine Aufwertung der weiblichen Protagonisten gegenüber den früheren mythischen Versionen, die sich in der Bedeutung ihrer Bühnenrollen niederschlägt. Dies betrifft zuerst die Figur der Klytämestra. Sie als Mörderin steht bei Aischylos ganz im Mittelpunkt. Ihr Charakter und ihre Motivationen sind breit ausgearbeitet und bestimmen den Gang der Handlung. Denn aus Haß auf ihren Ehemann Agamemnon ermordet sie ihn nach einem lange vorbereiteten und perfide ausgedachten Mordplan auf brutale Weise. Auch in dem Homerischen Epos *Odyssee* (ca. 650 v. Chr. entstanden) wird immer wieder auf das schreckliche Ende des Agamemnon verwiesen, doch wird Klytämestras Liebhaber Ägisthos die Schuld zugewiesen: Ägisthos verführte Klytämestra zum Ehebruch – die zuerst versuchte, seinem Werben zu widerstehen – und erschlug Agamemnon bei seiner Heimkehr in seinem eigenen (Ägisths) Haus. Bei Homer steht also Ägisthos als Täter im Mittelpunkt (*Odyssee* 3,303–305; 4,519–537), auch wenn an einigen Stellen Klytämestra als Mittäterin erscheint (3,235; 4,92; 11,430; 24,200). Nach dem Homerischen Epos war eine weitere wichtige literarische Darstellung des Atridenstoffes das chorlyrische Gedicht *Oresteia* des Stesichoros im 6. Jahrhundert v. Chr. Aus den wenigen Fragmenten, die man hat, läßt sich keine sichere Rekonstruktion herstellen, auch wenn dies immer wieder versucht wurde und wird. Welche Rolle Klytämestra bei Stesichoros hatte, läßt sich jedenfalls nicht zweifelsfrei sagen.
   Eine zweite zentrale Frauenfigur ist Elektra, die Schwester des Orestes, die in Aischylos' zweitem Drama, den *Choephoren*, eine prominente Rolle innehat. Die Figur der Elektra kennt Homer noch nicht, und sie scheint vor ihrer Verwendung in der Aischyleischen *Orestie* eine eher unbedeutende Gestalt der mythischen Tradition gewesen zu sein. Mit der Aischyleischen Fassung aber bekam sie in dem ver-

hängnisvollen Geschehen im Atridenhaus eine zentrale Rolle, was offensichtlich Sophokles und Euripides dazu anregte, eigene Elektra-Dramen zu schreiben. Kassandra, die Agamemnon als Kriegsbeute und Geliebte mit nach Hause bringt, wird zwar auch schon in der Homerischen *Odyssee* von Klytämestra erschlagen (11,421–423), doch bei Aischylos erhält sie einen eigenen großen Part, in dem sie als Seherin sowohl auf die frevelhafte Vergangenheit des Atridenhauses hinweist als auch in einer Vision die Ermordung Agamemnons im Hause schildert. Sie, wie überhaupt Agamemnons Amouren während seines Feldzugs, bilden ein Motiv für Klytämestras Mordtat.

Ein anderes wichtigeres Motiv aber ist die Tatsache, daß Agamemnon vor dem Feldzug nach Troja die gemeinsame Tochter Iphigenie geopfert hatte, um so einer Weisung der Göttin Artemis gemäß günstige Winde für die griechische Flotte zu erwirken. Dieses Geschehen, das über zehn Jahre zurückliegt, vergegenwärtigt der Chor in einem langen Lied. Dadurch, aber auch durch andere Verweise auf diese als Frevel verstandene Tat des Agamemnon ist Iphigenie stets, obwohl sie nicht als Person auftritt, präsent. Mit diesen Innovationen hat Aischylos also vier Frauenfiguren gewissermaßen die Weltbühne betreten lassen.

Daß mit Aischylos eine Art Wendepunkt in der Konzeption der Atridensage eingetreten ist, verdeutlichen auch Zeugnisse der Bildenden Kunst: Vor der *Orestie* gibt es keine zweifelsfreie bildliche Darstellung, die Klytämestra als Mörderin Agamemnons zeigt, im Unterschied zu Bildern, auf denen Klytämestra mit erhobener Axt Ägisthos zu Hilfe eilt. Ebensowenig finden wir eine Darstellung in archaischer und frühklassischer Zeit, die sicher als Muttermord des Orestes zu werten wäre; vielmehr zeigen die Bilder Ägisthos' Ermordung durch Orestes und inszenieren diese als Sturz des Usurpators (Abbildung 4). Dagegen rückt nach 458 v. Chr. in der attischen Kunst die Darstellung, die Orestes in Konfrontation mit den Erinyen zeigt und damit die Problematik des Muttermords symbolisiert, in den Mittelpunkt. Aischylos hat also bei Orestes' Rache eine Umgewichtung von der politischen zur familiären Dimension vorgenommen, aber ohne – und das ist zentral für sein Werk – den politischen Aspekt ganz auszublenden.

Abb. 4 Orestes tötet Ägisthos. Attischer Stamnos des Ägisthos-Malers, Bologna, Museo Civico Archeologico, um 470 v. Chr. (links eilt Klytämestra ihrem Geliebten zu Hilfe).

Die Frage, was Aischylos bestimmt haben dürfte, Frauenrollen in den Vordergrund zu stellen, läßt sich am besten mit dem Verweis auf die Gattung Tragödie beantworten, deren Kennzeichen Aristoteles in seiner *Poetik* im 4. Jahrhundert v. Chr. zusammenfaßt (vgl. S. 38 f.): Der tragische Effekt war größer, wenn nicht ein Mann, der von alters her ein Feind des Agamemnon war, ihn tötete, sondern die eigene Ehefrau, zumal Klytämestra ihren Mann während des rituellen Begrüßungsbades umbringt. Denn daß Klytämestra ihren Mann ermordete – und dies aus Gründen, die, bei aller Verurteilung der Tat, vom Publikum zumindest partiell nachvollziehbar waren: das Verhältnis mit Ägisthos, Agamemnons Seitensprünge, die Opferung der gemeinsamen Tochter –, bewirkt beim Publikum eine ganz andere emotionale Beteiligung, als wenn Ägisthos, der alte Feind Agamemnons, der Mörder wäre.

Klytämestras Rolle ist dadurch bestimmt, daß sie eine Mörderin ist, und dies prägt auch die weiteren Handlungen. Denn ihre Tat ist der Anlaß für Orestes' Muttermord, welcher im weiteren zum eigentlichen Problem wird. Damit liegen die besten Ingredienzien für eine ‹Familientragödie› vor.

2) Ein zweites wichtiges Moment in Aischylos' Neugestaltung ist die Problematisierung des Muttermordes. In der *Odyssee* gilt Orestes' Rache Ägisthos (1,32–43) und wird als richtig angesehen, ja sogar Odysseus' Sohn Telemachos als Vorbild vor Augen gestellt. In der *Orestie* hingegen bildet die Tatsache, daß Orestes als Bestandteil der Rache auch seine Mutter erschlägt – wenngleich dieses Motiv nicht neu ist –, ein Kernproblem, weil er, um den Mord an einem Blutsverwandten zu sühnen, eine Blutsverwandte tötet. Diese Konzeption führt zu einer eigenwilligen dramaturgischen Gestaltung: Die Erinyen, die als strafende Gottheiten Orestes nach der Ermordung verfolgen, bringt Aischylos im dritten Stück als Chor auf die Bühne, was unseres Wissens singulär in der griechischen Dramenproduktion ist.

3) Hiermit hängt ein dritter Punkt zusammen: Aischylos überhöht den Konflikt auf die Götterebene, indem er im dritten Stück den Gott Apollon, der auf Orestes' Seite steht, gegen die ihn verfolgenden Erinyen auftreten und einen Schlagabtausch austragen läßt. Das führt zu einer Verlagerung des Konflikts nach Athen und vor die Göttin Athena.

4) Damit ist, viertens, eine politische Dimension erreicht. Denn Aischylos verbindet das Geschehen nun mit einer Gründungserzählung: Athena beruft den Areopag ein, der den Fall des Orestes entscheiden und auch künftig als Institution in Athen fortbestehen soll. Damit rekurriert Aischylos auf eine Institution der athenischen Demokratie – der Areopag war ein Gremium von Aristokraten, das über bestimmte Aufsichtsrechte verfügte (S. 161), – und spielt auf ein Ereignis der jüngsten athenischen Geschichte an. Denn vier Jahre vor der Aufführung der *Orestie* hatte der athenische Politiker Ephialtes dafür gesorgt, daß dem Areopag gewisse Rechte entzogen wurden, was als Sieg ‹demokratischer› Kräfte über aristokratische Bestrebungen gewertet wurde. Aischylos verbindet also die individuelle und familiäre Perspektive mit metaphysischen und politischen Aspekten, und es ist die Frage, wie das zu werten ist.

Interpretation

Von allen tragischen Werken, die wir aus dem 5. Jahrhundert v. Chr. besitzen, ist die *Orestie* das großartigste, das in seiner Vielschichtigkeit unüberbietbar ist. Auf meisterhafte Weise verbindet sie an einem extremen Beispiel individuelle und familiäre Problematik mit religiösen und politischen Aspekten. Der englische Dichter Swinburne soll sie «the greatest achievement of the human mind» (Manfred Lossau, Aischylos, 162) genannt haben. Ein dichtes und komplexes Motivgeflecht treibt die Protagonisten zu ihrem Handeln, das in immer tiefere Verstrickungen führt. Den ‹Gordischen Knoten› aus Schuld kann am Schluß nur ein Hieb durchhauen: Der bringt zwar ein Ende, aber keine Lösung des eigentlichen Problems. Denn im Unterschied zu dem allgemeinen Verständnis der Dramentrilogie, demzufolge Aischylos intendiert habe, in der *Orestie* die Ablösung der Blutrache durch die rationale Gerichtsbarkeit auf die Bühne zu bringen, vertrete ich eine Deutung, die eher die Problematisierung als die Lösung in den Mittelpunkt stellt. Darauf werde ich noch näher eingehen. Um die Vielschichtigkeit der *Orestie* angemessen darstellen zu können, ist es nötig, die unterschiedlichen Fäden, die Aischylos zu einem dichten, in seiner Komplexität unübertroffenen, Gewebe verflochten hat, zu lösen und gesondert zu betrachten, um auf diese Weise eine Gesamtschau zu versuchen.

Aspekte, die im folgenden die den Dramenverläufen folgende Interpretation bestimmen, werden also sein: 1) das Familiendrama und die damit verbundene Rolle der Frauen, 2) das Verhältnis von Gott und Mensch und die damit verbundene Handlungsfreiheit und 3) die politische Dimension.

Konflikte, die jede Tragödie in irgendeiner Weise kennzeichnen, sind in der *Orestie*, sowohl was die Quantität als auch die Qualität betrifft, auf ein Maximum gesteigert. Man kann acht Konflikte differenzieren, die aufs engste miteinander verzahnt sind:

1) Bruderstreit in der Vorgängergeneration (der im Drama in Form von Rückblenden berichtet wird): Bereits die Generation vor Agamemnon und Ägisthos ist von Konflikten heimgesucht: Agamemnons Vater Atreus und Ägisthos' Vater Thyestes stritten sich um Atreus' Frau und um die Macht. Die Spitze des Konflikts war das sog. Thyestesmahl: Agamemnons Vater Atreus verbannte seinen Bruder Thyestes. Als dieser zurückkam, setzte Atreus dem Thyestes die eigenen Kinder als Mahl vor. Als Thyestes erkannte, was er aß, verfluchte er das ganze Geschlecht. Nur Ägisthos selbst kam davon und floh dann mit seinem Vater. Deshalb betrachtet er sich als Rächer seines Vaters. Die Idee, das Schicksal des Agamemnon mit einem Erbfluch zu verbinden, stammt wohl von Aischylos selbst, in der Literatur vor seiner Tragödie kommt dieses Motiv nicht vor. Das Innovative in Aischylos' Konzeption besteht also darin, daß die Abhängigkeit von dem Handeln früherer Generationen mit dem schuldhaften Tun der Dramenprotagonisten verbunden wird.
2) Vater-Tochter-Konflikt: Einen weiteren Familienkonflikt thematisiert das Drama in Form einer Rückblende: Agamemnon opferte vor dem Feldzug gegen Troja die gemeinsame Tochter Iphigenie, um den Zorn der Göttin Artemis zu versöhnen und so die Ausfahrt der griechischen Schiffe zu ermöglichen.
3) Ehekonflikt: Daß Agamemnon die gemeinsame Tochter den Kriegsplänen opferte, ruft einen der beiden Hauptkonflikte hervor: Klytämestra nährt einen langen Haß gegen ihren Mann, schmiedet einen Mordplan und bringt ihn bei seiner Heimkehr um.
4) Mutter-Sohn-Konflikt und
5) Mutter-Tochter-Konflikt: Klytämestras Tat ruft die nächsten Konflikte auf den Plan. Orestes tötet Klytämestra und ihren Liebhaber Ägisthos, um seinen Vater zu rächen und damit seine Position zu si-

chern. Ideelle Unterstützung bei diesem Mord erhält er von seiner Schwester Elektra.

6) Generationenkonflikt zwischen Göttern: Aischylos läßt, um die Problematik von Orestes' Tat zu illustrieren, die Götter darüber in einen Konflikt geraten. Er wird ausgetragen von den Erinyen, alten Rachegöttinnen, die Orestes' Tat für unsühnbar halten, und Apollon, einem jungen Gott, der Orestes den Befehl zum Muttermord gegeben hatte und nun auf seiner Seite steht. Die ebenfalls der jungen Göttergeneration angehörende Athena versucht eine Vermittlung.
7) Politischer Konflikt: Die alten Männer des Chores des *Agamemnon* stehen als Repräsentanten der Stadt Argos gegen Klytämestra und Ägisthos, die sie als Usurpatoren betrachten. Auch in den *Choephoren* ist die politische Dimension der Unheilstaten der Atriden ein Leitmotiv.
8) Konflikt der Geschlechter: Der ganzen Trilogie unterliegt ein Geschlechterkonflikt. In den Relationen Klytämestra-Agamemnon, Klytämestra-Chor, Orestes-Klytämestra, Erinyen-Apollon, aber auch in der Argumentation Athenas für Orestes' Freispruch kommen immer wieder Momente zum Tragen, die auf einen grundsätzlichen Geschlechterkonflikt verweisen.

In der Forschung ist die Anschauung weit verbreitet, die sich, beeinflußt durch die von Peter Stein vorgenommene Übersetzung und Inszenierung, durchgesetzt hat, daß am Ende der *Orestie* die neue rationale Gerichtsbarkeit, vertreten durch die Götter Apollon und Athena sowie den Areopag, über das alte genusgebundene Prinzip der Blutrache siege. Diese Deutung läßt sich – um die wichtigsten der in den folgenden Ausführungen breiter erörterten Punkte herauszuheben – meines Erachtens nicht so halten. Denn in der Realität der griechischen archaischen und klassischen Zeit lassen sich keine Verkettungen von Blutrache, im Sinne einer sizilianischen Vendetta, belegen, so daß Aischylos in dieser Hinsicht irgendwie auf eine gesellschaftliche Praxis verwiesen hätte, die nun überwunden werde. So ist die Auffassung, mit der Ermordung Agamemnons durch Klytämestra habe ein Automatismus, der dem Vergeltungsprinzip «Auge um Auge, Zahn um Zahn» folge, eingesetzt, nicht zutreffend. Die Morde, die in der *Orestie* erzählt oder inszeniert werden, sind individuell motivierte und geplante Taten, auch wenn sie durch Geschehnisse in der Vergangenheit mit verursacht werden. Die Protagonisten – Klytämestra, Ägisthos, Orestes – erläutern ihre jeweiligen Motive, verweisen aber nie auf ein moralisches Gesetz, das sie zu ihrem Tun zwinge. Vielmehr ist die innerfamiliäre kausale Verkettung nicht enden wollender Unheilsereignisse eine dichterische Zuspitzung, genauso wie die Konstruktion eines Erbfluches als Katalysator der Handlung eine Innovation des Aischylos gewesen sein dürfte. Es hätte nicht unbedingt Orestes sein müssen, der die Tat rächt, denn Aischylos' Tragödie kennt und nennt die Möglichkeit staatlicher Strafe. So verweist der Chor der Tragödie *Agamemnon* nach der Ermordung des Agamemnon auf staatliche Strafen (V. 1410–1411. 1616), wie die Verbannung und die Steinigung, die Argos gegen die Mörder verhängen könnte. Es wirkt also kein Automatismus! Auch ist Apollon in der *Orestie* keineswegs ein Gott strahlender Rationalität. Er hat keine positive Rolle. Denn er ist es, der den Muttermord mit motiviert und so eine unlösbare Situation heraufbeschwört, derer er selbst nicht mehr Herr wird.

Der Konflikt in diesem Ausmaß ist also bereits eine Konstruktion des Aischylos. Und für diesen bringt auch der Prozeß im dritten Drama, anders als allgemein angenommen, keine richtige Lösung. Zum einen ist Apollons Argumentation, der Orestes gegen die Erinyen verteidigt, keineswegs rational in dem Sinne, daß sie logisch objektivierbar und sachbezogen wäre. Vielmehr bedient er sich den Erinyen gegenüber dubioser und diffamierender Strategien. Zum anderen begründet die Göttin Athena die Einsetzung eines menschlichen Gerichts auf merkwürdige Weise: Sie fühlt sich mit der Aufgabe, den Fall des Orestes alleine zu entscheiden, überfordert. Was für ein Licht wirft das auf die Göttin der Weisheit? Und das Gremium der Richter entscheidet gegen Orestes; nur durch Athenas Votum wird Stimmengleichheit erreicht und damit Orestes freigesprochen.

Der Prolog stimmt bereits zwei entscheidende Motive an: Das erste Wort des Dramas ist «die Götter». An sie appelliert der Wächter, der, Klytämestras Befehl folgend, abpassen muß, ob das Fackelzeichen aufleuchtet, das Klytämestra rechtzeitig über den Sieg der Griechen vor Troja informieren soll. Der Zuschauer wird an späterer Stelle erfahren, daß Klytämestra vor dem Auszug des griechischen Heeres mit Agamemnon ausgemacht hatte, er solle sie im Falle eines Sieges über Troja mittels einer Fackelstaffette darüber in Kenntnis setzen (V. 281–350). Hiermit hat Aischylos ein Motiv aus der *Odyssee* gekonnt umgedeutet:

In der *Odyssee* ist es Ägisthos, der einen Wächter aufstellt, um rechzeitig über Agamemnons Rückkunft Bescheid zu erhalten und den Mordanschlag vorbereiten zu können (4, 524–528). Bei Aischylos denkt sich Klytämestra eine Möglichkeit aus, durch die sie frühzeitig die wichtige Information erhält. Überhaupt ist es Klytämestra, die das Kommando im Hause innehat. Und auch in der Interaktion mit den Repräsentanten der Polis Argos, dem Chor der alten Männer, ist sie die starke Person, wohingegen Ägisthos in den Hintergrund gedrängt ist und erst am Ende des *Agamemnon* in seiner Rolle als Usurpator auftritt.

Was Aischylos hier zeichnet, ist in den Augen der athenischen Zuschauer eine verkehrte Welt: Während der Herrscher als Anführer des größten und wichtigsten Feldzuges der Griechen sich dauernden Gefährdungen aussetzt, nimmt sich seine Frau einen Liebhaber und reißt die Macht an sich. Der Wächter auf dem Dach deutet diese Perversion an: Er spricht von der Frau, die plane und entscheide wie ein Mann (V. 11), und beklagt das Haus, dessen Verhältnisse durcheinandergeraten seien (V. 19). Darum ist er beglückt, daß die Heimkehr seines Herrn bevorsteht.

Auf den ersten Blick könnte es also scheinen, als hätten die Götter, denen das erste Wort der Trilogie gilt, das Flehen des Wächters erhört. Doch die Götter sind in der Aischyleischen Dramenkonzeption, wie der Verlauf der Trilogie erkennen läßt, nicht so leicht beeinflußbar. Dies lehrt bereits die Vergangenheit, die der Chor in seinem Einzugslied – mit 260 Versen das längste uns erhaltene lyrische Chorlied einer Tragödie – heraufbeschwört: Zehn Jahre sei es her, daß die Griechen gegen Troja ins Feld gezogen und einen Krieg begonnen hätten. Ihn sehen die alten Männer als eine vom höchsten Gott Zeus gerechtfertigte Vergeltungsmaßnahme für den Bruch des Gastrechts durch den Trojaner Paris an. Der Chor selbst versteht sich als Deutungsinstanz: Er ist befugt, von der Vergangenheit zu künden. Diese Autorität verleiht ihm sein Alter. Doch die Vergangenheit, von der er zu erzählen weiß, ist ambivalent. Da war einerseits ein glückverheißendes Omen, als die Männer in den Krieg aufbrachen: Zwei Adler wurden gesehen, die eine hochträchtige Häsin rissen. Dies konnte der Seher Kalchas auf einen Sieg der Griechen unter den beiden Atriden Agamemnon und Menelaos deuten. Doch gleichzeitig ahnte der Zeichendeuter, daß es ein zweideutiges Vorzeichen sei. Denn er argwöhnte, daß die Tat der beiden Raubvögel den Zorn der Göttin Artemis heraufbeschwören werde, der Schutzgottheit für alles Kleine, Junge und Schutzlose. Mit dieser Uneindeutigkeit liegt bereits ein versteckter Hinweis auf einen Götterkonflikt vor, denn die beiden Adler gelten als Repräsentanten des Zeus. Der Seher Kalchas rief nun den Gott Apollon an, um das, was er fürchtete, zu verhindern (V. 146–155):

> Ich rufe nun an den Heiler Paian,
> damit sie (*Artemis*) nicht den Danaern (*Griechen*) irgendwelche lang
> dauernden Verzögerungen der Ausfahrt durch widrige
> Stürme schafft, indem sie auf ein anderes Opfer aus ist,
> eines, das gegen den Brauch ist und sich ohne
> Opfermahl vollzieht, das Urheber von Streit und
> eingewurzelt ist, selbst vor dem Mann nicht haltmacht.
> Denn es verharrt furchterregend, sich von neuem
> erhebend als Verwalter des Hauses voll List, nie
> vergessend der Groll, der Buße für die Kinder verlangt.

Diese Zukunftsahnung des Kalchas war verschlüsselt ausgedrückt: Mit dem Opfer, das gegen den Brauch sei, war die Opferung Iphigenies durch ihren Vater Agamemnon gemeint. Es ist «Urheber eines Streits, der selbst vor dem Mann nicht haltmacht», da Klytämestra ihrem Mann diese Tat nie verzeihen und ihn umbringen wird. Denn der Groll, der Buße für die Kinder verlangt, ist einerseits der Groll Klytämestras, andererseits kann dieser Ausdruck wie auch die Bezeichnung «eingewurzelt» auf den Fluch hindeuten, der von der Vorgängergeneration her auf dem Atridenhaus liegt. Was die ganze Situation, auch noch im nachhinein, so unheimlich macht, ist die Tatsache, daß Agamemnon Artemis' Zorn büßen mußte, obwohl er selbst ihn nicht verschuldet hatte. Damit verändert Aischylos entscheidend die mythischen Erzählungen. Diese wiesen Agamemnon eine Schuld zu, die er entweder dadurch auf sich geladen hatte, daß er prahlerisch gegenüber Artemis auftrat oder weil er eine ihr heilige Hirschkuh erlegte. Nichts davon bei Aischylos! Um so unheimlicher und bedrohlicher ist die Wirkung einer Götterwelt, deren Einfluß auf den Menschen sich rationaler Deutung entzieht. Dieser bedrohliche Eindruck wird dadurch überhöht, daß es nicht, wie in anderen mythischen Versionen, einen glücklichen Ausgang der Opferung gibt, indem Iphigenie von der Göttin im letzten Augenblick gerettet wird.

Nachdem sich der Chor an diese Unheilssituation erinnert hat, ist es, als wolle er sich vergewissern, daß es doch eine höchste Instanz gebe, die für Ausgleich und Ordnung sorgt, und er schaltet vor die nun folgende Erzählung der grausamen Opferung Iphigenies in drei Strophen eine Anrufung des Zeus, der mit dem Grundsatz «durch Leiden lernen» die Menschen Vernunft lehre. In der älteren Forschung glaubte man, in diesen drei Strophen die Meinung des Dichters Aischylos zu erkennen, und sprach von einer Theologie, die Aischylos hier zum Ausdruck bringe. Aus den obengenannten Gründen (S. 31 f.) ist eine solche Deutung aber wenig plausibel. Die Anrufung des Zeus ist der Versuch einer Theodizee nicht des Dichters, sondern des Chores, die eine Überleitung bildet zu der Grausamkeit, die er nun im folgenden schildert. Denn genau das, was der Seher Kalchas befürchtete, trat ein: Als die Griechen mit ihrer Flotte von Aulis aus in See stechen wollten, kamen Stürme auf, die die Ausfahrt verhinderten. Die einzige Möglichkeit, diese zu besänftigen, so verkündete Kalchas, bestehe darin, daß Agamemnon seine Tochter Iphigenie opfere.

Die Art und Weise, wie der Chor die Opferung Iphigenies beschreibt, lenkt die Sympathie der Zuschauer gegen Agamemnon. Denn er hätte sich anders entscheiden können (V. 206–211):

> Auf der einen Seite ist es ein schweres Los, nicht zu gehorchen,
> auf der anderen Seite ist es aber auch ein schweres Los, wenn ich mein
> Kind umbringe, die Zierde des Hauses,
> und dabei mit dem Blutstrom der hingeschlachteten Jungfrau
> meine Hände, die des Vaters, beflecke
> am Altar. Was davon ist ohne Übel?

Die darauffolgende reflektierende Frage «Wie soll ich die Flotte verlassen und so dem Bündnis untreu werden?» (V. 212–213) läßt den Zuschauer bereits erahnen, wie Agamemnon sich entscheiden wird. Das Zerstörerische seiner Tat besteht nun aber nicht allein darin, daß er seine Tochter tötet. Es besteht in der Art und Weise, wie er ihre Opferung durchführen läßt. Er betont, daß es recht sei, die Opferung Iphigenies mit äußerster Konsequenz zu betreiben – und er tut dies. Diese brutale Zerstörung einer Beziehung von Vater und Tochter, die ehemals liebevoll und zärtlich war, schildert der Chor, der Agamemnons Tat für Unrecht hält, eindringlich, indem er die Situation des Opfers mit der früheren Beziehung zwischen Vater und Tochter kontrastiert:

Iphigenies Bitten und Rufe nach dem Vater und ihr jugendliches Alter konnten Agamemnon nicht erweichen. Der Vater demütigte seine Tochter, indem er sie «wie eine Ziege» (V. 232) auf dem Altar opfern ließ. Während sie den Vater früher bei Festen mit ihrem Gesang «voll (töchterlicher) Zuneigung» (V. 245 f.) erfreute, war sie nun stumm; denn der Vater hatte sie knebeln lassen, damit sie nicht das Haus verfluchen könne (V. 235–237).

Mit dem Chorlied also hat Aischylos Vergangenheit und Gegenwart verknüpft. Die Zukunft freilich – dessen ist sich der Chor bewußt – ist nicht eindeutig vorgezeichnet. Die Mitglieder dieses Chores sind als ältere Männer charakterisiert, die bestimmte feste Ansichten vertreten, von denen sie ungerne abrücken, und die mit neuen Entwicklungen überfordert sind. Wendigkeit des Geistes und Entschlußkraft sind nicht ihre Stärke. So können sie es auch nicht fassen, als Klytämestra sie von dem Sieg über Troja, von dem sie dank ihrer ausgeklügelten Signalkette erfahren hat, unterrichtet. Sie, die Männer, glauben nicht der Frau, die ihnen so Ungeheuerliches erzählt, und verlangen einen Beweis (V. 272–280):

Chor:	Wie soll das denn glaubwürdig sein? Hast du irgendeinen Beweis dafür?
Klytämestra.:	Ja, natürlich! Falls nicht ein Gott uns überlistet.
Chor:	Hältst Du Traumvisionen vor lauter frommem Respekt für glaubwürdig?
Klytämestra.:	Ich glaube doch wohl keinem schlafenden Verstand!
Chor:	Aber dich stimmte vielleicht irgendein vages Gerücht froh?
Klytämestra:	Als ob ich ein kleines Mädchen wäre und nicht denken könnte, so gehst du mit mir ins Gericht.
Chor:	Seit wann ist denn nun die Stadt zerstört?
Klytämestra:	Seit dieser Nacht, deren Morgen gerade anbricht.
Chor.:	Und welcher Bote könnte so schnell sein Ziel erreichen?

Erst als im Folgenden Klytämestra im Detail die technische Neuerung der Signalkette darlegt, gibt der Chor zu erkennen, daß er ihr glauben will. Doch kurz darauf kehrt er zu seiner früheren Auffassung zurück und bezeichnet im folgenden Chorlied, dem 1. Stasimon, erneut die Nachricht von Trojas Sturz als «Weibergeschwätz» (V. 485–487). Gewißheit verschafft ihnen erst ein Herold. Dieser Bote, der als Kriegsheimkehrer von der Not und Mühsal des Krieges aus eigener Anschauung berichtet, bringt die Siegesnachricht und kündigt Agamemnons Kommen an. Ihm endlich schenkt der Chor Glauben (V. 583–584). Die Unfähigkeit der alten Männer, die Lage richtig zu bewerten, hat Aischylos als einen Charakterzug gezeichnet, der ihr Handeln im ganzen Drama bestimmt. So sind sie später nicht fähig, die Visionen Kassandras, die auf den bevorstehenden Mord an Agamemnon hindeuten, zu verstehen, und als Agamemnons Todesschreie aus dem Haus ertönen, sind sie nicht zu einer schnellen Reaktion in der Lage, weil sie wiederum nicht genug Beweise erkennen – dafür, daß ihr Herr im Hause ermordet wird. Auch daß sie Klytämestra unterschätzen, hat fatale Folgen. So erweisen sie ihrer Polis Argos, deren Repräsentanten sie doch sind, keinen guten Dienst.

Gekonnt hat Aischylos hier ein Spezifikum herausgearbeitet, das seines Erachtens das Alter kennzeichnet. Die alten Männer erreichen nicht die letzte Konsequenz des Verstehens und damit des Handelns. Dies liegt an einem Charakterfehler und hängt nicht allein mit der Angst zusammen, die ihnen – wie dem Wächter – den Mund verschließt und die sie gegenüber dem Herold nur Andeutungen machen läßt, daß hier zu Hause einiges im argen liege (V. 545–550) und daß Klytämestras Freude auf den nahenden Ehemann nur vorgetäuscht sei (V. 615–616).

Die Konfrontation der älteren Bürger mit Klytämestra problematisiert aber nicht nur einen Alters- und Geschlechterkonflikt, sondern mit ihr arbeitet Aischylos die für seine Tragödien typischen Konstellationen heraus: Den Protagonisten des Herrscherhauses steht eine Gruppe gegenüber, die ein größeres Kollektiv repräsentiert und so die enge Verbundenheit und damit Abhängigkeit der Gemeinschaft vom Individuum zeigt. Die Spannung, die durch die Transposition der mythischen Königshäuser in einen – von einem demokratischen Ambiente gefärbten – Kontext entsteht, weiß Aischylos also auf symbolischer Ebene fruchtbar zu nutzen.

Auch im 2. Stasimon vergegenwärtigt der Chor, wie bereits in den beiden vorhergehenden Chorliedern, die Vergangenheit. Er widmet sich nun dem Frevel, den Paris mit seinem Bruch des Gastrechts beging. Dabei nutzt er die letzten drei Strophen, um seine grundsätzliche moralische Anschauung zu vermitteln. Er setzt sich explizit von der traditionellen Meinung, daß zu großer Reichtum die Ursache für einen Umschlag vom Glück ins Unglück darstelle, ab und beschreibt die Entstehung des Unrechts in biologischen Metaphern. Denn er stellt sie sich als einen Fortpflanzungsprozeß vor: Gottloses Tun zeugt neue Gottlosigkeit (V. 758–760), rechte Taten neue rechte Taten (V. 764–772):

> Hybris aber, alte, pflegt neue Hybris voll jugendlichem Überschwang in
> den Übeltaten der Menschen zu zeugen,
> dann oder dann, wenn die entscheidende Stunde da ist;
> neuen Zorn gebiert sie in ihr,
> einen Daimon, gegen ihn kann man nicht kämpfen, nichts ausrichten,
> ihn kann man nicht mit Opfern verehren, die unfromme
> Selbstüberschätzung
> der Verblendung, die Dunkelheit ins Haus bringt
> – sie, die den Eltern gleicht.

An dieser bemerkenswerten Stelle wird das Ineinandergreifen von generationenübergreifender Dependenz des Handelns und individuellem verkehrten Handeln dargestellt, wie es auch – dies kann an dieser Stelle der Chor noch nicht erkennen – für die Darstellung des Atridenhauses gilt. Die Vermessenheit der Väter- oder Ahnengeneration – also der Ehebruch des Thyestes und das Thyestesmahl des Atreus –, die *per se* eine menschliche Schuld ist, wirkt auf die folgende Generation ein, indem sie die Bedingungen für das Handeln der Kinder und Kindeskinder setzt. Das hybride Handeln einer Generation ist also eine Folge des Handelns der vorherigen Generation, so wie Iphigenies Opferung durch Agamemnon und dessen folgende Ermordung durch Klytämestra und Ägisthos eine Folge des Bruderstreites von Atreus und Thyestes darstellen. Der Einfluß des Handelns der früheren Generation zeigt sich dann, «wenn die entscheidende Stunde» da ist, dies heißt nichts anderes, als daß zum Vollzug der neuen Hybris die Entscheidung des Individuums nötig ist.

Diese Maxime steht vor der Wende des Dramas, die man auch als Peripetie bezeichnen könnte. Denn mit der Ankunft Agamemnons wenden sich die Dinge nicht, wie der Chor hofft, zum Guten, sondern zum Schlechten. Agamemnon selbst ist ein Glied der genealogischen Kette als Sohn des Atreus und Vater des Orestes. Während der Chor ihm glaubhaft seine Solidarität versichern kann, begrüßt ihn Klytämestra mit einer übertrieben schmeichlerischen Trugrede. Aber selbst hier läßt Aischylos ihren wahren Charakter durchscheinen. Denn als sie die Ängste, die sie um ihren kämpfenden Ehemann ausgestanden haben will, schildert, greift sie zu der zynischen Formulierung, wenn er alle die Wunden, von denen sie gehört habe, tatsächlich zugefügt bekommen hätte, müsse er durchlöcherter als ein Netz sein (V. 866–868). Einer solchen Frau ist Agamemnon nicht gewachsen. Zwar weist er ihren Wortschwall als unpassend zurück, vermag aber nicht, ihr standzuhalten. Denn sie nötigt ihn daraufhin, das Haus über prachtvolle purpurne Gewebe zu beschreiten. Ihr unterwürfiges Verhalten und das Ansinnen, Luxusgewebe als Fußabtreter zu benutzen, lehnt Agamemnon zuerst als hybrid und eines griechischen Mannes nicht würdig ab, doch er kann sich nicht gegen seine Frau durchsetzen (V. 925–947):

Agamemnon:	Ich heiße dich, mich wie einen Mann, nicht aber wie einen Gott zu ehren. Ohne Fußabtreter und ohne bunte Pracht tönt mein Ruhm. Und auf nicht verkehrte Weise gesonnen zu sein, ist des Gottes größtes Geschenk. Denn glücklich nennen muß man den, der sein Leben in Wohlergehen endet. Wenn es mir in allem so erginge, wäre ich frohen Mutes.
Klytämestra:	Und trotzdem: Widersprich nicht meiner Absicht!
Agamemnon:	Wisse, daß ich meine Meinung nicht ändern werde.
Klytämestra:	Schworst du den Göttern aus Angst, dies so zu tun?
Agamemnon:	Auf jeden Fall sprach ich meine Absicht ganz bewußt aus!
Klytämestra:	Und was täte nach deiner Meinung Priamos, wenn er dies vollbracht hätte?
Agamemnon:	Ganz sicher, glaube ich, schritt er einher auf bunter Pracht.
Klytämestra:	Hab' keine Scheu vor dem Tadel der Menschen!
Agamemnon:	Das Gerede der Leute hat aber in der Tat großes Gewicht.
Klytämestra:	Wen man nicht beneidet, dem will man auch nicht nacheifern!
Agamemnon:	Es ist nicht Frauensache, Kampf zu wollen.
Klytämestra:	Aber Erfolgreichen ziemt es, sich besiegen zu lassen.
Agamemnon:	Ja, und du? Ist dir der Sieg in diesem Kampf so viel wert?
Klytämestra:	Hör' auf mich; du bist ja der Herr, aber nur hierin gib mir freiwillig nach!
Agamemnon:	Indes, wenn du dies so beschließt, möge mir einer schnell

> die Schuhe unten lösen, die meinem Schritt als Sklaven dienen,
> und, wenn ich auf der purpurnen Pracht einherschreite,
> möge mich nicht von fern her Neid aus dem Auge der Götter treffen!

Diese Szene wirft ein Licht auf Agamemnon und das Verhältnis des Ehepaars zueinander. Zum einen zeigt sie, wie Agamemnon sich zu einer Hybris überreden läßt, insofern er, Klytämestra nachgebend, eine Demutsbezeugung entgegennimmt, die nach griechischem Verständnis, wie es auch hier deutlich zum Ausdruck kommt, nur Göttern gebührt. Damit aber ist eine charakterliche Defizienz vertieft, die bereits Agamemnons Verhalten gegenüber Iphigenie kennzeichnete. Er verfügt nicht in vollem Maße über das richtige und maßvolle Denken (*sophroneín*), das der Chor in der Parodos besungen hat. Zum zweiten charakterisiert diese Szene das Machtverhältnis zwischen Agamemnon und Klytämestra. Bereits im Dialog mit dem Chor war ja darauf angespielt worden, daß Klytämestra der Herr im Haus ist, dem entspricht die Schwäche der Rolle, die Ägisthos bei Aischylos innehat. Nach der traditionellen Auffassung der Geschlechter ist das verkehrte Welt. Agamemnon hätte sich mit seiner Argumentation, daß hybrides Verhalten zu meiden sei, durchsetzen müssen. Diese Überlegenheit Klytämestras weist voraus auf ihre Tat.

Doch bevor es zu dem Mord kommt, hat der Dichter für eine ausgedehnte Retardierung der Handlung gesorgt. In über 300 Versen führt er die Figur der Kassandra vor. Diese Szene bringt die Handlung nicht weiter voran, sondern dient der Einführung und Vertiefung von Motiven, die die ganze Trilogie durchdringen. Denn als Seherin hat die Trojanerin Möglichkeiten einer Wirklichkeitsdeutung und Wirklichkeitserfahrung, die den anderen Protagonisten verschlossen bleiben. So weiß sie von den Greueltaten in der Generation der Väter Atreus und Thyestes, kündet ihre und Agamemnons direkt bevorstehende Ermordung an und weist auf Orestes' Rachetat voraus. In ihrer Darlegung also wird die kausale Verknüpfung von Vergangenheit, Gegenwart und Zukunft des Atridenhauses deutlich: die Dependenzen von schuldhaftem Handeln über die Generationen hinweg. Aber ihr Schicksal, daß sie niemanden von dem, was sie verkündet, überzeugen kann, muß sie auch jetzt erleiden. Denn der Chor versteht zuerst die Ankündigung von Agamemnons bevorstehender Ermordung nicht (V. 1105, 1112–1113), dann will er sie nicht glauben – selbst dann nicht, als Kassandra von der metaphorischen Sprache der Seherin in eine klare und direkte Ausdrucksweise wechselt (V. 1246–1247). Ein weiterer impliziter Vorverweis ist Kassandras Charakterisierung des Gottes Apollon. Er ist ein repressiver Gott, der ihr Unheil brachte. Denn ihr Schicksal war Apollons Strafe dafür, daß sie ihr Versprechen, als Preis für die von ihm verliehene Sehergabe seinem Werben nachzugeben, brach (V. 1202–1212). So erscheint der Lichtgott Apollon ambivalent, und diese Charakterisierung weist auf das dritte Drama voraus, in dem der Gott, leibhaftig die Bühne betretend, eine dubiose Rolle einnimmt.

Nachdem durch die Person der Kassandra der Zuschauer Informationen zur Deutung erhalten hat und gleichzeitig eine spannungssteigernde Verzögerung der Handlung erfolgt ist, gelangt das Drama zum Höhepunkt: Aus dem Haus ertönen Agamemnons Todesschreie. Doch selbst jetzt vermag der Chor nicht zu reagieren. In dem aufgeregten Hin und Her, bei dem auf ungewöhnliche Weise die einzelnen Mitglieder des Chores getrennte Sprechparts innegehabt haben dürften, erwägt und verwirft er unterschiedliche Handlungsmöglichkeiten – ohne einzugreifen! Es erscheint plausibel, daß Aischylos in dieser Szene die Umständlichkeit und mangelnde Effizienz demokratischer Entscheidungsfindung karikieren wollte. Jedenfalls steht die Unentschlossenheit und Zerfasertheit des Chores in denkbar größtem Gegensatz zu der monolithischen Wucht, mit der Klytämestra nun dem Chor gegenübertritt. Ihren Auftritt hat man sich auf dem Ekkyklema in blutbespritztem Kleid neben den Leichen Agamemnons und Kassandras vorzustellen, wie dies Peter Stein eindrucksvoll inszeniert hat (Abbildung 5).

Klytämestras Kommentierung ihres Mordes ist ein einziger Triumph, Ausdruck ihres langgenährten Hasses (V. 1372–1398, Übersetzung Dietrich Ebener):

> Viel sprach ich vorhin, wie die Stunde es gefordert;
> jetzt darf ich ohne Scham das Gegenteil enthüllen.
> Wie kann man, wenn man Feinden, die als Freunde sich
> gebärden, Böses tut, für sie das Unheilsnetz
> so hoch ausspannen, daß sie nicht entspringen können?

Ich habe diesen Kampf seit langem schon geplant;
der Sieg ist voll errungen, allerdings erst spät;
ich stehe, wo ich schlug, vor meinen toten Feinden.
Den Mord beging ich so – ich will es gar nicht leugnen –,
daß kein Entrinnen, keine Abwehr möglich war.
Ein Netz, ganz unentwirrbar, wie zum Fischefang,
warf ich um ihn, ein kostbares Verderbenskleid,
und traf ihn zweimal; zweimal schrie er jammernd auf
und streckte gleich die Glieder. Einen dritten Schlag
versetzte ich dem Toten, einen Dankesgruß
dem Herrn der Unterwelt, dem Hort der Abgeschiednen.
So hauchte er im Todessturz sein Leben aus,
versprühte einen scharfen Strahl von Blut und traf
mich damit wie mit dunklen Tropfen roten Taus;
ich freute mich genauso wie der Keim, der von
dem Trank des Zeus gelabt wird, wenn die Knospe bricht.
So steht es; freut euch doch, ihr würdigen Argeier,
wenn ihr euch freuen könnt – ich juble voller Glück!
Und dürfte man auf einen Leichnam Spenden gießen,
das wäre hier gerecht, ja, mehr noch als gerecht;
mit *so*viel ganz verfluchtem Unheil füllte er
den Krug im Haus – und leert' ihn bei der Heimkehr selbst!

Klytämestras Sprache ist stark, ja gewalttätig: Ihre bildhafte Ausdrucksweise, sie habe Agamemnon einen dritten Schlag als einen «Dankesgruß» gegenüber dem «Herrn der Unterwelt», also dem Gott Hades, versetzt, verweist auf den Ritus, der bei griechischen Gastmählern üblich war: Man brachte eine Weinspende dar, bei der man Wein auf den Boden verspritzte. Die dritte Spende galt Zeus in seiner Eigenschaft als *Sotér*, «Retter». Klytämestra beschreibt also, indem sie sich an Hades als den Gott der Unterwelt wendet, die Ermordung ihres Mannes als ein Fest. An späterer Stelle nennt sie ihre Tat eine «Schlemmerei», bei der die Ermordung Kassandras eine leckere Zugabe gewesen sei (V. 1447). Ihr Wunsch, sie wolle am liebsten die bei einem Festmahl üblichen Spenden auf den Leichnam gießen, ist frevelhaft. Nachdem Klytämestra so lange ihre wahren Empfindungen verborgen hat, um ihre Mordlist ausführen zu können, äußert sie sich mit einem klaren Bild: Die Ermordung ihres Mannes ist ihre ‹Neugeburt›, denn das Blut des Ermordeten, das auf sie spritzte, habe sie belebt, wie der Tau eine Knospe zum Erblühen bringt.

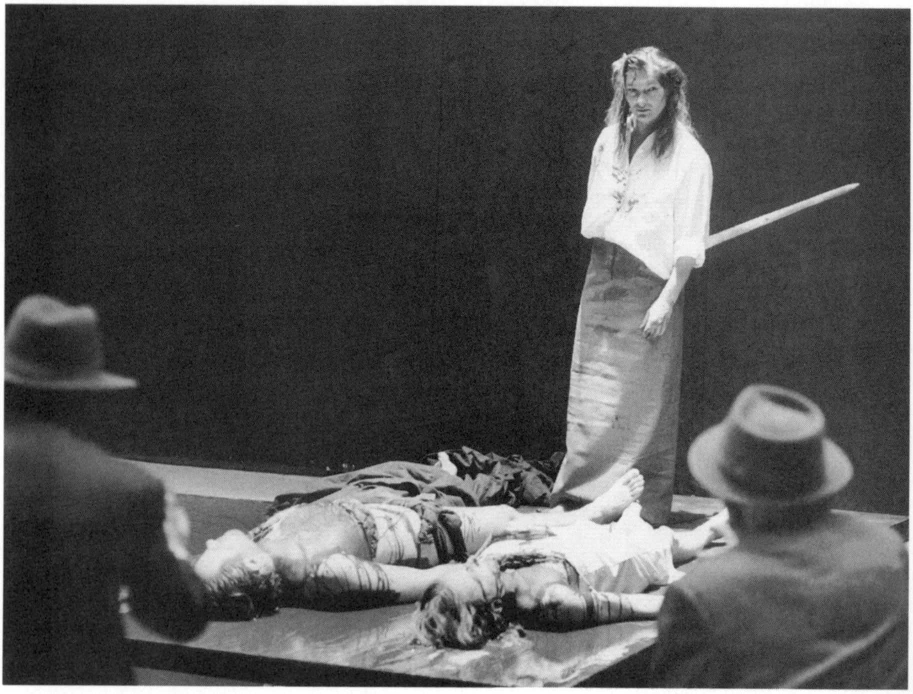

Abb. 5 Klytämestra steht neben den Leichen von Agamemnon und Kassandra: Inszenierung von Peter Stein, Berlin 1980 (aus: Die Orestie des Aischylos. Übersetzt von Peter Stein. Hrsg. von Bernd Seidensticker, München 1997, S. 95).

Der Chor hingegen ist entsetzt, wie sie als Ehefrau sich auf diese Weise äußern könne, doch Klytämestra bereut nichts und hält den Tadel des Chores für eine Anmaßung (V. 1401–1406):

> Ihr haltet über mich Gericht, als ob ich eine Frau wäre, die
> nicht vorausschauen kann.
> Ich aber spreche mit furchtlosem Sinn zu euch, die ihr
> das wißt: Ob du mich loben oder tadeln willst,
> ist mir egal. Das hier ist Agamemnon, mein Gemahl,
> tot, das Werk meiner rechten Hand hier,
> sie hat wahre Handwerkskunst vollbracht. So stehen die
> Dinge.

Zu dem Machtkonflikt gesellt sich der Geschlechterkonflikt, der die ganze Trilogie durchzieht.

Nun endlich tritt auch Ägisthos auf, den Aischylos, wie ausgeführt, in eine Nebenrolle gedrängt hat. Hier am Schluß des Dramas laufen die unterschiedlichen Stränge zusammen und werden die Motive offen dargestellt: Klytämestra nimmt Rache für Agamemnons Mord und für seine Liebschaften, Ägisthos übt Vergeltung für die Untaten von Agamemnons Vater Atreus an seinem Vater Thyestes (V. 1577–1611). Der Chor bringt den «Daimon» ins Spiel, den Fluchgeist, der auf dem Atridenhaus laste (V. 1468), doch als Klytämestra allzu bereit alles auf diesen schieben und sich entlasten will, weist der Chor dies zurück. Und daß ihr Wunsch, einen ‹Friedenspakt› mit dem Dämon des Hauses zu schließen, sich nicht erfüllen wird, ahnt der Zuschauer, zumal der Chor am Schluß darauf verweist, daß Orestes, Agamemnons Sohn, noch lebe (V. 1646–1648). So endet das Drama in Unfrieden. Handgreiflichkeiten zwischen Ägisthos und den Männern des Chores werden nur durch Klytämestras Dazwischentreten verhindert. Doch gerade dieser politische Konflikt zwischen den Vertretern der Polis und dem Usurpator Ägisthos macht deutlich, daß Klytämestras Tat weitreichende Folgen hat. Sie hat die bestehende Ordnung, die familiäre wie die staatliche, auf den Kopf gestellt. Das rechtmäßige Oberhaupt von Familie und Staat ist aus dem Weg geräumt, eine Frau hat sich die Stellung ihres Mannes angemaßt.

Das zweite Drama *Choephoren* («Spenderinnen der Weihegüsse») zeigt die Vertiefung des Familienkonflikts, indem ausführlich die enge

Verbundenheit der Geschwister Orestes und Elektra mit dem Vater beschworen und der Muttermord gezeigt wird. Gleichzeitig findet sich die Weiterführung der schon den *Agamemnon* bestimmenden Frage, wodurch menschliches Handeln bestimmt ist. Wie dort sind die Parameter auf der innerfamiliären Ebene die schuldhaften Handlungen der Vorgängergenerationen, aber auch externe Determinanten. War dies im Falle des Agamemnon der göttliche Zorn der Artemis, so ist es bei Orestes die Weisung Apollons, den Mord am Vater zu rächen.

Überblickt man die – allerdings spärlichen – Zeugnisse der voraischyleischen Tradition, so ist es keineswegs selbstverständlich, daß Apollon für Orestes' Muttermord mit verantwortlich ist. Womöglich führte Aischylos dieses Motiv sogar neu ein, zumindest aber hat er es zu einem zentralen Thema gemacht. Es dient dazu, die in der *Orestie* vorgestellte Problematik religiös zu vertiefen und damit ihre Unlösbarkeit aufzuzeigen. Denn an Apollons Befehl kann das dritte Drama mit seinem Götterkonflikt anknüpfen. Aber auch wenn Aischylos Orestes' Verpflichtung, für den Vater einzustehen, religiös verortet, bedeutet dies keinen Determinismus. Die *Orestie* ist genauso wenig wie andere griechische Tragödien ein «Schicksalsdrama», in dem der Held einer metaphysischen Determination ausgesetzt wäre, der er nicht entkommen kann. Vielmehr zeichnet Aischylos seinen Protagonisten Orestes als einen jungen Mann, der von verschiedenen Motiven getrieben ist. Die religiöse Verpflichtung ist eines von diesen und wird vom Gott Apollon verkörpert. Sie ist vor dem religiösen Hintergrund der Zeit zu verstehen (vgl. S. 31 f.): Das Bewußtsein, wie wichtig familiäre Ordnungssysteme sind, nicht nur für den individuellen, sondern auch für den staatlichen Bereich – und dies gilt für die athenische Gesellschaft der Klassischen Zeit viel mehr als für unsere Zeit und unseren Kulturraum –, läßt diese Ordnungssysteme einen Teil der alles durchwaltenden Religiosität sein. Mit einer solchen Konzeption betätigt sich Aischylos nicht als «Theologe», sondern greift religiöse Vorstellungen, die für seine Zeit normal sind, auf und integriert sie in seine literarische Konzeption. Daß der Gattenmord aber durch den Sohn an der Mutter gerächt werden muß, ist nicht selbstverständlich. Wie dargelegt, gab es keine automatische Verpflichtung dazu. Wenn Aischylos also den Sohn Orestes als Rächer auftreten läßt, ist das keine Selbstverständlichkeit, sondern es ist eine literarische Konstruktion, bei der Aischylos dem Homerischen Vorbild folgt, dabei aber den Schwerpunkt auf den Muttermord verlagert und diesen problematisiert.

Daß Aischylos bewußt einen Familienkonflikt konstruiert, wird dadurch deutlich, daß er für die mythische Zeit, in der die *Orestie* spielt, die Möglichkeiten rechtsstaatlicher Bestrafung der Mörder Agamemnons anführt. Denn am Ende des *Agamemnon* droht der Chor damit, Klytämestra solle verbannt und Ägisthos gesteinigt werden. Aischylos wollte also die Rache durch den Sohn als etwas Außergewöhnliches erscheinen lassen. Das machen auch die Repressionen klar, mit denen Apollon seinen Befehl verbindet. Denn er droht ihm körperliche und geistige Krankheiten an sowie soziale Ächtung, nämlich den Verlust der Mahlgemeinschaft, der Kultgemeinschaft, der bürgerlichen Ehren – ja, selbst diejenige Möglichkeit, die Aischylos' Zeitgenossen in einer solchen Situation der absoluten Exilierung offenstand, sich als Asylsuchender an andere Menschen und Staaten zu wenden, würde Orestes verwehrt sein. Das Eigenwillige der Aischyleischen Konzeption besteht darin, daß Apollon Orestes für den Fall, daß dieser keinen Mord begeht, diejenigen Strafen androht, die normalerweise für einen Mörder vorgesehen waren.

Für die Beurteilung der Tat des Orestes ist es wichtig, daß Orestes selbst hervorhebt, er habe, auch wenn er Apollons Orakel nicht trauen würde, durchaus eigene Motive, die ihn zur Rache trieben (V. 297–304):

> Muß man also nicht solchen Orakelsprüchen trauen?
> Auch wenn ich ihnen nicht vertraue – dieses Werk muß getan werden!
> Denn viele Motive kommen zusammen,
> die Aufträge des Gottes und das große Leid des Vaters.
> Und noch dazu drängt mich meine Mittellosigkeit in allem.
> Die von allen Menschen berühmtesten Bürger,
> die mit der Geistesart, für die sie berühmt sind, Troja eroberten,
> sollen nicht zwei Weibern (*Klytämestra und Ägisthos*) so untertänig sein!

Orestes beabsichtigt also dreierlei zu erreichen: die Ehre des Vaters wiederherzustellen, den ihm zustehenden Status zurückzugewinnen – das heißt: sein Erbe und damit die Herrschaft in Argos anzutreten – und für seine Vaterstadt Argos geordnete und würdevolle politische Verhältnisse wiederherzustellen, die von seiner Mutter auf den Kopf gestellt wurden.

Seine Motive vertraut Orestes Elektra und dem Sklavinnenchor an, nachdem eine Wiedererkennung der beiden Geschwister, die sich seit Orestes' Kindheit nicht gesehen haben, stattgefunden hat. Denn der Beginn der *Choephoren* zeigt Orestes am Grab seines Vaters. Er ist mit seinem Freund Pylades aus Phokis zurückgekehrt. Dorthin hatte ihn Klytämestra, wie sie im ersten Drama ihrem Mann berichtet (V. 877–886), weggegeben, angeblich, um den Sohn während der Abwesenheit des Vaters vor etwaigen aus dem Unmut im Volk entstehenden Anschlägen zu schützen. Was Orestes am Grab Agamemnons sagt, wissen wir wegen der mangelhaften Textüberlieferung nicht mehr genau; in jedem Fall aber beklagt er, nicht bei der Bestattung dabeigewesen zu sein, und legt eine Locke von seinem Kopf als Gabe ans Grab. Als Elektra mit den Frauen kommt, verbirgt er sich und kann so unbemerkt beobachten, wie sie unter Anleitung des Chores die Grabspenden, die Klyämestra eigentlich als Versöhnungsopfer gedacht hatte, umfunktioniert und in den Dienst der Rache stellt.

Daß der Chor der Kriegssklavinnen eine so aktive und einflußreiche Rolle einnimmt, macht Elektras Isolation, die im Hause der Mörder leben muß, und ihre unwürdige Stellung deutlich. Denn während Orestes auch räumlich von zu Hause entfernt war, was er als «Verbannung» empfindet, fühlt sich Elektra im eigenen Hause fremd. Die Schmach, mit der mörderischen Mutter und deren Liebhaber unter einem Dach wohnen zu müssen, empfindet sie als Demütigung (V. 130–137). Dieses Gefühl treibt sie in eine Art inneres Exil, im dem sie als einzige Gefährtinnen die sozial unter ihr stehenden Frauen des Chores hat. Die breite Darstellung von Elektras Lage im Gespräch mit dem Chor macht die dann folgende Wiederbegegnung mit dem ersehnten Bruder um so bedeutungsvoller: Elektra sieht die am Grab gespendete Locke und meint, diese könne als Grabspende nur von Orestes stammen. Auch die Fußspuren, die sie entdeckt, bestärken sie in der Vermutung, ihr Bruder sei hier gewesen. Da tritt dieser selbst hervor und gibt sich zu erkennen. Als Beweis für seine Identität kann er ein Gewebe vorweisen, das sie einst für ihn angefertigt hatte. Elektra begrüßt ihn voll Begeisterung und nennt ihn (V. 238 ff.) «Vater, Mutter, Bruder und Schwester».

An dieser bemerkenswerten Stelle ist die Zerstörung der Familienverhältnisse prägnant zusammengefaßt: Die Schwester ist tot, vom Vater geopfert, der Vater von der Mutter ermordet und die Mutter wegen dieser Tat und ihrer Verbindung mit Ägisth keine Bezugsperson mehr für Elektra. Nun muß in ihrer und Orestes' Verbindung jegliche familiäre Relation zum Vollzug kommen. Diese entspricht einer Wiederherstellung der alten Verhältnisse, denn Orestes wird – da ist sich Elektra sicher – «das Haus des Vaters *wieder*erwerben» (V. 237). Der Bedeutung der Blutsverwandtschaft entsprechen die äußeren Hinweise, wie Locke und Fußspuren, die auf die Gemeinsamkeit der Geschwister als Mitglieder einer Familie anspielen. Die Deutung von Locke, Fußspur und Gewebe als Zeichen der Familienidentität konnten bereits die beiden anderen klassischen Dramatiker nicht mehr nachvollziehen. Denn ihre Elektra-Dramen spielen deutlich auf die Aischyleische Wiedererkennungsszene an, karikieren diese aber, insofern die bei Aischylos genannten Zeichen vorkommen, ihre Elektra sie aber nicht als einen ausreichenden Beweis für Orestes' Identität ansieht. In der Sophokleischen *Elektra* ist es ein ganz äußeres Zeichen, ein alter Siegelring, den Orestes trägt und den Elektra schließlich als glaubhaftes Indiz anerkennt (V. 1223). Die Euripideische Elektra schließlich ist gar nicht fähig, ihren Bruder wiederzuerkennen; vielmehr ist dies hier einem alten Diener überlassen, der den Heimgekehrten an einer alte Narbe über der Augenbraue identifiziert (V. 573–574). Die – nicht nur von modernen Lesern und Zuschauern – als merkwürdig empfundenen Wiedererkennungszeichen – wie soll denn Elektra an den Fußspuren eines Mannes erkennen, daß er ihr Bruder, den sie seit Jahren nicht mehr gesehen hat, ist? – dienen bei Aischylos also dazu, die durch die Blutsverwandtschaft erzeugte Gemeinsamkeit zu unterstreichen und so auch auf die Identität von Orestes' und Elektras Wollen, die der Kommos zeigt, zu verweisen: Gemeinsam wollen sich die Geschwister einsetzen, um die Ehre des Vaters zur Geltung zu bringen und sich selbst ihren Status zu sichern.

Nachdem also die Wiedererkennung erfolgt ist und Orestes seine Motive, die göttlichem Zwang und eigenem Wollen entspringen, dargelegt hat, kommt es zu einem ausgedehnten Kommos (V. 306–478). Dieser Wechselgesang zwischen Chor und Schauspieler ist kunstvoll aufgebaut. Sie singen und sprechen im Wechsel in vier gleich langen und gleich rhythmischen Blöcken, die eine identische Form aufweisen: Auf ein Rezitativ der Chorführerin folgt eine triadische Arie, die aufgeteilt ist auf Orestes, Chor und Elektra. Den Abschluß bilden zehn Strophen der Ordnung: abc – c'a'b' – dd' – ee'. Der Gesang vergegenwärtigt ausdrucksvoll den Mord an Agamemnon und seine ehrlose Bestattung und beschwört gleichzeitig die elende Situation der Geschwister, die nicht den ihnen im Haus gebührenden sozialen Status einnehmen. Dazwischen wird immer wieder der tote Vater angerufen.

Über den Kommos hat die Forschung viel gerätselt, und er ist für ein modernes Publikum kaum zu verstehen. Nur wenn man den sozialen und religiösen Hintergrund der Tragödie berücksichtigt, findet man einen Zugang. Er ist die dramatische Umsetzung einer sozialen und religiösen Anschauung, in deren Mittelpunkt die gegenseitige Abhängigkeit von Eltern und Kind steht, die über den Tod hinausreicht. Klytämestra hat durch ihre Tat nicht ‹einfach nur einen Mord begangen›. Sie hat die gesamte Ordnung des Hauses und, da es sich um das Herrscherhaus handelt, auch des Staates auf den Kopf gestellt und perpetuiert diese Situation, da sie mit ihrem Liebhaber Ägisthos weiter an der Macht bleibt. Ein zentraler Begriff bei der Bewertung ihrer Tat durch ihre Kinder ist die «Ehre» (*timé*). Sie hat ihren Mann, den großen Feldherrn und momentan bedeutendsten Griechen, seiner Ehre beraubt. Aber darüber hinaus demütigte sie ihn auch im Tode noch. Denn Agamemnon wurde unter Ausschluß der Bürger und ohne Totenklage begraben (*Agamemnon,* V. 1551–1559) – und mehr noch: Klytämestra ließ den Leichnam ihres Mannes verstümmeln (*Choephoren,* V. 439–440). Dieser sogenannte *Maschalismós* sollte nach der allgemeinen religiösen Auffassung eine mögliche Rache des Toten aus dem Grab heraus verhindern. So hat also Agamemnon selbst im Tod nicht die Stellung, die ihm gebührt. Wie schlimm und entehrend das Schicksal des toten Agamemnon ist, drückt der Wunsch Elektras und Orestes' aus, daß jener lieber vor Troja hätte fallen und in Feindesland ein Grab bekommen sollen (V. 345–354). Daß es in der griechischen Antike eigentlich als ein besonders schlimmes Schicksal galt, nicht in heimischer Erde bestattet zu sein, machte in den Augen der Zeitgenossen das Unerträgliche von Agamemnons Los deutlich.

Die Bedeutung der Bestattung weist die *Antigone* des Sophokles als zentrales Thema auf, da Antigone gegen den Willen ihres Onkels und Staatsoberhaupts Kreon ihren Bruder Polyneikes, der beim Kampf gegen die Heimatstadt fiel, beerdigt. Vor diesem Hintergrund wird deutlich, warum Aischylos' Orestes und Elektra das Fehlen der Begräbnisriten für die Kinder besonders entwürdigend finden und immer wieder auf Agamemnons postmortale Situation hinweisen. Hinzu kommt, daß die Position des Toten nicht nur seine individuelle Ehre betrifft. Vielmehr ist mit Agamemnons Ermordung auch die Familienordnung zerrüttet. Denn nach griechischer Auffassung wurden die Toten von dem berührt, was ihrer Familie zustieß. Teil der Familienidentität war es, die Toten noch am Familienleben teilhaben zu lassen, das heißt: den ihnen zustehenden Kult auszuüben. Daß dies dem toten Agamemnon verweigert, seine Identität also nicht anerkannt wird, bedeutet, daß auch die Identität von Tochter und Sohn zerstört sind und von der Wiederherstellung der Position des toten Agamemnon abhängen.

Das Verhältnis von Vater und Kindern ist also in einer existentiellen Weise durch Reziprozität gekennzeichnet. Deshalb ist es entscheidend und sollte bei einer Interpretation der *Orestie* nicht übersehen werden, daß Orestes und Elektra Agamemnon keineswegs nur um seiner selbst willen rächen, sondern mit der Wiedergutmachung seines ehrlosen Todes auch ihre eigene Ehre wiederherstellen wollen. Denn nachdem sie am Beginn des Kommos den toten Vater angerufen haben (V. 315–319, 332–335), dessen Wirkmacht über den Tod hinaus der Chor beschwört (V. 324–331), verbinden beide Agamemnons Schicksal mit ihrer eigenen Lage. So beklagt Orestes Agamemnons unrühmlichen Tod, indem er sich wünscht, dieser möchte doch lieber im Kampf vor Troja gestorben sein. Dann, so Orestes (V. 349–354),

> hättest du im Hause Ruhm hinterlassen
> und den Kindern auf allen Pfaden ein bewundertes Leben,
> du hättest dir ein prachtvolles Grab gegründet
> im Land jenseits des Meeres,
> eines, das das Haus gut hätte ertragen können.

Der Kampf der Geschwister für die Ehre des Vaters gilt gleichzeitig der Wiederherstellung der eigenen Ehre und damit der ihnen zustehenden sozialen Position. Dies heißt: Es gibt *prima facie* keine ‹politische Lösung› (wie sie ja die Ältesten von Argos im *Agamemnon* angedeutet hatten), sondern, wie der Chor abschließend feststellt (V. 471–475):

Für das Haus gibt es ein Heilmittel
für diese Übel nicht von seiten anderer
von draußen, sondern aus ihm selbst,
durch rohen Streit, blutigen.

Die gegenseitige Abhängigkeit Agamemnons und seiner Kinder verdeutlichen die Appelle, die Orestes und Elektra im Anschluß an den Kommos an den Vater richten, damit er ihnen helfe. Orestes möchte Agamemnons Macht (V. 480), Elektra Rache für die ehrlose Stellung, die sie Ägisths Eindringen in die Familie zu verdanken hat (V. 482). Beide versprechen reiche Grabspenden (V. 483–485), damit Agamemnon unter den Toten nicht «ehrlos» sei. Diese könnten sie aber nur dann erbringen, wenn sie ihre standesgemäße Stellung wiedererlangen und damit das Geschlecht Agamemnons und seiner Vorfahren weiterführen könnten. Dann, so Orestes, «bist du nicht tot, obwohl du gestorben bist» (V. 504).

Nach der Beschwörung des Vaters ist es wieder der Chor, der zur Tat mahnt (V. 510–513). Der Mord soll nach dem Wunsch des Orestes mit Hilfe einer List durchgeführt werden, und er entwickelt sie selbst: Mit Pylades zusammen will er ins Haus gehen und, indem er sich seine lange Abwesenheit von der Heimat zunutze macht, als Fremder aus Phokis auftreten, um dann Ägisthos, noch ehe dieser ihn entlarven kann, umzubringen. Merkwürdigerweise taucht in diesem Racheplan Klytämestra gar nicht auf, und bei der Durchführung der Tat selbst muß Orestes einige ‹ad hoc-Manöver› einbauen, da die Situation anders ist, als er sie sich vorstellt. Denn – dies schildert das 2. Epeisodion – im Haus trifft er nicht den verhaßten Liebhaber seiner Mutter, sondern diese selbst an. Aber Orestes tötet seine Mutter nicht gleich, sondern unerkannt erzählt er in seiner Rolle als Fremder aus Phokis, daß ihr Sohn tot sei. Warum läßt Aischylos Orestes nicht sofort den Muttermord begehen, wie dies etwas in der Sophokleischen *Elektra* der Fall ist? Offenbar soll mit immer neuen Retardierungen die Spannung gesteigert und der Muttermord, der dann zur Problematik des dritten Stückes wird, hinausgeschoben werden. Jedenfalls glaubt Klytämestra das Berichtete sofort und läßt nach Ägisthos schicken, damit auch dieser die Neuigkeit erfahren und sich mit dem Fremden ‹unter Männern› über die Details austauschen könne.

Und noch ein weiteres Mal wird die Handlung verzögert: Denn die

Amme, von ihrer Herrin mit dem Auftrag an Ägisthos losgeschickt, trifft auf den Chor der Sklavinnen. Doch diese Szene dient nicht nur dazu, die Handlung zu retardieren und die Spannung zu steigern. Vielmehr hat sie eine Funktion für die Dramatik des Stückes sowie für die Charakterisierung von Orestes' und Elektras Position. Ihre dramatische Funktion liegt darin, daß der Chor die Amme anweist, Ägisthos ohne Leibwachen kommen zu lassen, und damit eine ungehinderte Durchführung von Orestes' Plan ermöglicht. Die über den Text hinausweisende Funktion liegt darin, die Isolation der Geschwister zu unterstreichen: Sie können sich nur auf die Sympathie und Unterstützung der sozial Niedergestellten verlassen. Für die athenischen Zuschauer war der Hinweis auf Ägisthos' Leibwachen ein Signal für seine tyrannische Position. Ägisthos erscheint also als Usurpator, der sich nicht mit Autorität, sondern nur mit Gewalt durchsetzen kann. Auf diese Weise bewirkt Aischylos, daß der Zuschauer mit Orestes empfindet, obwohl dieser im Begriff ist, ein Verbrechen zu begehen.

Für das zweite Stasimon, in dem der Chor die göttliche Hilfe des Zeus erfleht, spielt die bevorstehende Ermordung des Ägisthos kaum eine Rolle. Vielmehr weist der Chor implizit auf die folgende Problematik des Muttermords voraus, wenn er Orestes auffordert, er solle Klytämestras Appelle an seinen Status als Sohn nicht beachten, sondern auf den Vater verweisen (V. 826–830):

> Und du, hab' Mut: Wenn Dein Anteil an den Taten kommt,
> und wenn sie dich anfleht: «Sohn»,
> dann ruf' du ihr laut zu: «Ja, Sohn des Vaters!»
> und führe sie aus, die untadelige Verderbenstat!

Hier weist der Chor voraus auf das, was im dritten Drama als Grundkonflikt von Orestes' Tat thematisiert wird: Der Sohn muß sich zwischen Vater und Mutter entscheiden.

Doch bevor es zu diesem tragischen Höhepunkt kommt, muß erst noch Ägisthos sterben. Seine Ermordung wird eher unspektakulär im 3. Epeisodion vorgeführt. Nachdem er in den Palast gegangen ist, dringen seine Todesschreie nach draußen. Der herbeistürzenden Klytämestra erklärt ein Diener (V. 886): «Den Lebenden ermorden die Toten!» Sie versteht dies sofort und verlangt nach einer Axt, um sich wehren zu können. Selbst in dieser Situation also ist sie als aktive, mächtige und handlungsstarke Frau gezeichnet, die, anstatt um Hilfe zu rufen, selbst zur Waffe greift, die nicht einmal ihrem Sohn gegenüber Tötungshemmungen aufweist. Und wie nach der Ermordung ihres Ehemannes ist auch jetzt ihre Sprache von einer militärischen Überlegenheitstopik geprägt (V. 890):

> Laßt uns sehen, ob wir siegen oder besiegt werden!

Nach Klytämestras Klage über den Tod ihres Geliebten entspinnt sich ein Dialog zwischen Mutter und Sohn. In ihm macht Orestes Klytämestra überraschenderweise nicht den Vorwurf, daß sie seinen Vater ermordet, sondern daß sie den Vater mit einem anderen Mann betrogen hat. Der Sohn identifiziert sich so sehr mit dem Vater, daß er gewissermaßen an dessen Stelle sogar Eifersucht erkennen läßt (V. 904–907):

Orestes:	Komm mit! Genau da, neben ihm *(= Ägisthos' Leiche)*, will ich dich töten. Denn auch, als er noch lebte, hast du ihn über meinen Vater gestellt. Als Tote schlaf' mit ihm, denn du liebst diesen Mann, und den du lieben müßtest, haßt du.

Klytämestras Verteidigung, sie habe nur das getan, was auch Agamemnon sich erlaubte, läßt Orestes nicht gelten: Frauen können sich nicht dieselben sexuellen Freiheiten wie Männer anmaßen. Die für Aischylos' Zeit selbstverständliche Asymmetrie der sexuellen Lizenzen für Frau und Mann nimmt der Dichter mit hinein in die persönlichen Motive des Orestes. Der dramatische Höhepunkt steht unter dem Zeichen des Geschlechter- und Mutter-Sohn-Konflikts (V. 915–921):

Orestes:	Auf schmachvolle Weise wurde ich verkauft, obwohl ich der Sohn eines freien Vaters bin.
Klytämestra:	Wo also ist der Kaufpreis, den ich dafür bekam?
Orestes:	Ich empfinde Scham, diesen Vorwurf gegen dich deutlich auszusprechen.
Klytämestra:	Schäme dich nicht! Doch nenne ebenso die Torheiten deines Vaters!

Orestes:	Mach' ihm keine Vorwürfe. Er nahm Mühen auf sich, während du drinnen saßt!
Klytämestra:	Es ist schmerzlich für Frauen, vom Mann getrennt zu sein, Kind.
Orestes:	Aber des Mannes Mühen nähren euch, die ihr drinnen sitzt.

Für Orestes hat Klytämestra mit ihrer Tat das Anrecht, wie eine Mutter behandelt zu werden, verwirkt. Tief empfunden ist die Verletzung, daß er wegen ihres Ehebruchs und ihrer Machtmanöver nicht im elterlichen Hause aufwachsen durfte. Der Schlagabtausch zwischen Mutter und Sohn wirkt bestürzend modern und beweist, daß bei den Tragödiendichtern nicht erst Euripides ein guter Psychologe war. Orestes redet sich in Rage und gewinnt dadurch die nötige Kraft, den Todesstoß auszuführen. Allerdings bedarf er hierzu der Hilfe des Pylades, der ihn – das ist Pylades' einzige Sprechpartie in diesem Drama –, als Orestes vor seinem Tun zurückzaudert, an Apollons Auftrag erinnert (V. 900–902).

Wiederum wird der Mord selbst hinterszenisch ausgeführt. Doch in der Aufführung müssen, ganz parallel zum *Agamemnon*, die beiden Leichen des Ägisthos und der Klytämestra auf dem Ekkyklema neben Orestes gezeigt worden sein. Dies machen die Worte des Orestes klar, der dazu auffordert, sich die beiden Mörder und Usurpatoren anzusehen (V. 973, 980). In auch dramaturgisch eindrucksvoller Weise wird eine Verbindung mit dem ersten Drama hergestellt, indem Orestes von Dienern das Gewebe (V. 982–984), das seinem Vater zum Verhängnis geworden war, auf der Bühne ausbreiten läßt. Doch noch während er vollmundig verkündet, daß er mit Recht die Mutter als Ausgleich für ihre Tat am Vater erschlagen habe (V. 1027–1028), wird er zusehends verwirrter und fühlt sich von den Erinyen verfolgt, die allerdings nur er sehen kann. Mit seiner Absicht, nach Delphi – das Kult- und Orakelstätte des Apollon war – zu reisen und sich dort, wie Apollon befohlen habe, entsühnen zu lassen, ist der Übergang für das dritte Drama geschaffen.

Wie in einer Art Resümee faßt der Chor den Dreischritt der bisherigen Geschehnisse zusammen: 1) Thyestesmahl, 2) Ermordung Agamemnons, 3) Muttermord. Konträr zu seiner verfrühten Freude im 3. Stasimon ist er nun vorsichtiger. Seine Schlußfrage (V. 1075–1076), wo all das noch enden werde, suggeriert, daß auch Orestes' Entsühnung in Delphi womöglich nicht das Ende bedeuten werde.

Im dritten Drama hat Aischylos den Konflikt um Orestes' Muttermord überhöht, da er Gegenstand einer Auseinandersetzung zwischen Göttern wird. In ihm stehen Apollon, Orestes' Beschützer, und die Erinyen, die die Rechte der ermordeten Klytämestra vertreten, einander gegenüber, während Athena zu vermitteln versucht.

Der Titel des Stückes, *Die Eumeniden* («Die Wohlgesonnenen»), bezieht sich darauf, daß es Athena am Ende gelingt, die zornigen Rachegöttinnen umzustimmen, so daß sie Athen gegenüber wohlgesonnen sind. Allerdings kommt das Wort selbst im Drama nicht vor, und der Titel der Tragödie stammt aus späterer Zeit. Daß Aischylos die Erinyen zum Chor der Tragödie gemacht hat, ist singulär. Und genauso innovativ wie diese dramatische Konzeption ist auch die Gestaltung der weiblichen Gottheiten: Denn er vermischt in ihnen Aspekte der sogenannten *semnaí theaí*, chthonischer, also mit der Erde verbundener, Göttinnen, die einen Kult in Athen hatten, mit der aus der voraischyleischen literarischen Tradition geläufigen Funktion der Erinyen, Mord an Blutsverwandten zu sühnen. Diese Aufgabe war bei Homer eine unter verschiedenen Funktionen, die den Erinyen zugesprochen wurden, in den *Eumeniden* wird sie zur einzigen.

Ein singulärer Zug der Konstruktion des Aischylos ist aber, daß er einen Götterkonflikt auf die Bühne bringt. Zu diesem Zwecke macht er die Erinyen älter als sie der von Hesiod im 7. Jahrhundert v. Chr. entworfenen Göttergenealogie zufolge waren. Denn während sie bei Hesiod von Gaia, der Erde, abstammen (*Theogonie*, V. 183–185), sind sie bei Aischylos Kinder der Nacht und damit älter (V. 321–323). Dadurch wird die Kluft zu Apollon vertieft, der als Sohn des Zeus einer späteren Göttergeneration angehört.

Eine weitere Besonderheit besteht darin, daß Orestes nach der rituellen Reinigung in Delphi, die ihm Apollon aufgetragen hatte, nicht entsühnt ist. Den üblichen religiösen Gepflogenheiten zufolge hätte die rituelle Reinigung, bei der der Mörder mit dem Blut von neugeborenen Tieren besprengt wurde, ausreichen müssen, um den Täter zu entsühnen und ihm damit eine Rückkehr in die Gemeinschaft zu ermöglichen. Doch bei Orestes ist die traditionelle religiöse Reinigung nicht ausreichend. Die Erinyen, bühnenwirksam vom Totengeist der Klytämestra angestachelt, lassen von ihrer Verfolgung nicht ab und können auch vom Gott Apollon nicht daran gehindert werden. Apollon, der den Befehl zum Muttermord und zur anschließenden rituellen Reinigung gab, wird also der Lage nicht Herr. Zwar steht er Orestes als seinem Schützling zur Seite, kann ihm aber nicht helfen. Das geradezu Bizarre an der Situation ist also, daß Apollon die Situation heraufbeschworen hat, die nun unlösbar ist. Und da verweist er Orestes nach Athen, um die Hilfe Athenas und des von ihr neu zu gründenden Richtergremiums des Areopags zu gewinnen.

Diese Wendung hat Aischylos den Geschehnissen im Atridenhaus gewissermaßen künstlich aufgesetzt. Warum? Sicherlich ist es eine Hommage an Athen, daß just in dieser Stadt und durch eine ihrer Institutionen, deren mythisch überhöhte Gründung der Fall des Orestes auslöst, die lange währenden Konflikte des Atridenhauses abgeschlossen werden können. Allerdings weist die Art und Weise, wie der Areopag eingerichtet, wie die Entscheidung zugunsten des Orestes erreicht und wie das Drama zu Ende geführt wird, darauf hin, daß Aischylos mit der Beendigung des Dramas den Konflikt nicht als gelöst ansehen wollte.

Die Gefährlichkeit der Erinyen, die auch das Ende des Dramas beschwört, ist schon eingangs eindrucksvoll in Szene gesetzt: Die Priesterin des Apollonheiligtums in Delphi erschrickt, als sie den Tempel betreten will. Denn sie sieht Orestes, der soeben die rituelle Reinigung vollzogen hat, blutbefleckt und mit Schwert in der Hand sitzen – neben ihm schlafende, widerwärtig anzusehende schwarze Geschöpfe. Voll Entsetzen wendet sich die Pythia an Apollon, der nun Orestes Mut zuspricht und ihn nach Athen schickt mit Hermes als Begleiter, der als stummer Protagonist dabei war. Im Folgenden betritt die tote Klytämestra die Bühne und treibt die Rachegöttinnen an, aufzuwachen und die Verfolgung wieder aufzunehmen. Diese Szene bot und bietet die besten Möglichkeiten einer bühnenwirksamen Ausgestaltung. Gleichzeitig schafft sie eine enge Verbindung zu den *Choephoren* und repräsentiert in der Person von Klytämestras Todesschatten – im wahrsten Sinn des Wortes – augenfällig die Integration der Toten in die Welt der Lebenden: Klytämestra erleidet nun dasselbe wie vorher ihr Ehemann Agamemnon: Der den Toten geschuldete Respekt wird ihr nicht zuteil.

Nach dem langen und aktionsreichen Proömium stellen die Erinyen in der Parodos die Auseinandersetzung zwischen ihnen und Apollon als einen Generationenkonflikt unter Göttern dar (V. 148–150):

Sohn des Zeus,
verschlagen bist du;
du, ein junger Gott, hast uns alte Göttinnen niedergeritten
…
(V. 162–163):
Solches tun die jüngeren Götter,
sie vergewaltigen das Recht!

Der Monolog wird im folgenden zum Dialog zwischen dem jungen Gott und den alten Göttinnen. Der vorangegangene Vorwurf der Erinyen, die jungen Götter benähmen sich gegen sie alte Gottheiten respektlos, erweist sich nun als gerechtfertigt. Denn hatte Apollon die Erinyen bereits im Prolog als «abscheuliche alte Weiber, an denen sich kein Mann vergreifen würde» (V. 69–70) beschimpft, hält er ihnen nun vor, sie seien besser an Orten, wo Barbarei und Folter zu Hause seien, aufgehoben. Apollons Argumentation gegenüber den Erinyen hat Aischylos durchgängig als nicht sachbezogen gezeichnet. Vielmehr bedient der Gott sich einer solchen Strategie, wie man sie anwendet und wie sie auch die antike Rhetorik empfahl für den Fall, daß einem die Sachargumente ausgehen: die persönliche Diffamierung des Gegners. Die Erinyen hingegen wahren die respektvolle Anrede «Herr» (V. 198) und führen den Dialog auf eine Sachebene, indem sie Apollon darauf hinweisen, daß er Schuld an dem Geschehenen habe und es hier um Muttermord gehe (V. 202–203):

Erinyen: Du hast durch dein Orakel dem Mann befohlen, die Mutter zu töten?
Apollon: Ich habe ihm durch mein Orakel befohlen, Rache für den Vater zu nehmen. Ja, sicher!

Das einzige, was die Erinyen interessiert, ist, daß Orestes sich an verwandtem Blut vergangen hat – die Einengung der Funktionen der Erinyen auf diesen Kompetenzbereich ist, wie dargelegt, eine Aischyleische Konstruktion. Darum lassen sie sich von Apollons Gegenargument, Orestes' Tat stelle die Rache für Gattenmord dar, nicht überzeugen: Orestes war mit Klytämestra verwandt, aber diese nicht mit Agamemnon. Da hilft auch Apollons Verweis, es handele sich bei der Ehe um eine geheiligte Institution, nichts. Die Hilflosigkeit des

Gottes von Delphi zeigt sein Verweis auf Athena, die die Alternative entscheiden könne (V. 224). Damit ist der Ortswechsel vorbereitet, der nun, mitten im 1. Epeisodion, stattfindet: Der Schauplatz ist der Athenatempel in Athen, vor dem Orestes sich bei dem Standbild der Göttin postiert. Mit den Erinyen, die ihn eingeholt haben, konfrontiert, weist er auf die rituelle Reinigung, die er vollzogen hat, hin und wendet sich an die abwesende Göttin, daß sie kommen und ihm helfen möge. Doch zusätzlich zur Versicherung seiner Reinheit läßt Aischylos ihn auch versprechen, daß seine Heimatstadt Argos mit Athen im Falle von Athenas Hilfe ein Bündnis eingehen werde.

Doch bevor Athena auftritt, erfolgt ein langes Chorlied, in dem die Erinyen auf die Rechtmäßigkeit ihres Amtes hinweisen: Dieses ist ihnen von den Göttern – an anderer Stelle heißt es: von Zeus her (*Agamemnon*, V. 55–59) – gegeben. Sie genießen Ehre und Respekt, auch wenn sie nicht zu den Göttern der oberen Welt gehören (V. 389–396). Sie sorgen für Gerechtigkeit, weil sie alle Vergehen gegenüber Blutsverwandten rächen und damit eine Aufgabe wahrnehmen, die sie von Beginn an als ihre rechtmäßige Funktion zugewiesen bekamen (V. 334–340). Während also die anderen Götter sie respektieren, verweigert ihnen Apollon die nötige Achtung. Einen Kontrast zu seinem Verhalten bietet Athenas Auftreten im 2. Epeisodion, die ausdrücklich beide, Orestes und die Erinyen, freundlich anspricht und versichert, man dürfe niemanden wegen seines Aussehens verunglimpfen (V. 406–414). In einem ersten Dialog mit den Erinyen erfährt sie deren Aufgabe, Mörder zu jagen, um dann sofort ‹punktgenau zu fragen› (V. 422–428):

Athena: Und für den Mörder – wo gibt es für ihn ein Ende seiner Flucht?
Chor: Dort, wo es ganz und gar nicht üblich ist, sich zu freuen.
Athena: Und eine solche Flucht bereitest du auch diesem Mann mit Geschrei?
Chor: Allerdings, denn er hielt es für richtig, die Mutter zu ermorden.
Athena: Tat er dies, weil er irgendjemandes Zorn fürchtete, oder weil andere Gründe ihn zwangen?
Chor: Was kann denn überhaupt so schlimm sein, daß man seine Mutter tötet?
Athena: Es sind zwei Parteien da; also ist erst die Hälfte gesagt.

Mit V. 426–427 ist die für das Drama entscheidende Frage thematisiert: Gibt es überhaupt einen Grund, der einen Muttermord rechtfertigt? Orestes, an den sich Athena nun wendet, gibt sein Motiv an: Mit dem Mord an seiner Mutter wollte er Rache dafür nehmen, daß sie seinen Vater umbrachte. Der junge Mann ist rhetorisch nicht ganz ungeschickt, denn er versäumt nicht, Athena mit vielen Worten zu versichern, daß er schon die rituelle Reinigung durchlaufen habe, ihr Standbild also nicht beflecke, um dann darauf hinzuweisen, daß es sich bei dem Opfer Klytämestras um den griechischen Heerführer handele, mit dem Athena selbst Troja besiegt habe und der durch eine niederträchtige List umgekommen sei.

Athenas moderatem Verhalten ist es zu verdanken, daß beide Parteien bereit sind, sich ihrem Urteil zu unterstellen. Und was unternimmt daraufhin Athena, die Göttin der Weisheit? Sie überläßt die Entscheidung anderen und installiert ein Gremium menschlicher Richter, das heißt auserwählter und durch Eid verpflichteter Personen. Sie begründet ihren Entschluß damit, daß der Fall zum einen zu bedeutend sei, um von irgendeinem beliebigen Menschen entschieden zu werden, und daß er zum anderen nicht in ihren Kompetenzbereich falle. Denn sie sieht die Schwierigkeit, daß beide Parteien gute Gründe hätten und im Falle einer Abweisung insbesondere die Erinyen der Stadt Athen gefährlich werden könnten (V. 470–489):

> Diese Angelegenheit ist zu bedeutend, als daß irgendein beliebiger Sterblicher
> daran denken könnte, sie zu entscheiden. Aber es fällt auch nicht in meinen Bereich,
> ein Urteil zu fällen in der Mordsache, die jähen Zorn hervorruft,
> vor allem weil du als ein Asylsuchender gekommen bist, der alles, was der Brauch fordert, getan hat: Du bist rein und bringst meinem Tempel keinen Schaden.
> Da du ebenso für die Stadt untadelig bist, hast du meine Sympathie.
> Aber diese üben ein Amt aus, das für die Betroffenen unsanft ist,
> und wenn sie nicht auf der Siegerseite stehen,
> dann trifft das Land als Geschoß ihrer Wut,
> das in den Boden sich bohrt, unerträgliche und grausame Krankheit.
> So stehen die Dinge. Beides, daß du bleibst
> und daß ich dich abweise, bringt mir jähen Zorn.
> Da aber diese Sache hierhergelangt ist,

werde ich Richter über den Mord einsetzen, die Respekt
vor der Autorität der Eide haben, die ich für alle Zeit festsetzen werde.
Ihr aber, ruft eure Zeugen herbei und sammelt eure
Beweise, als Bestätigung dafür, daß ihr recht habt.
Ich aber will, wenn ich die Besten meiner Bürger ausgewählt habe,
um diese Sache wahrheitsgemäß zu entscheiden, wiederkommen –
Bürger, die, da sie gerechten Sinnes sind, den Eid auf keinen Fall
verletzen.

Mit dieser – überlieferungsgeschichtlich problematischen und damit schwierig zu übersetzenden – Passage läßt Aischylos Athena das Richtergremium gründen, das nach seinem Sitz dann Areopag genannt wird. Wie ist diese Einsetzung zu verstehen? Mit Recht wies Sommerstein darauf hin, daß das Neue an Athenas Satzung die Verpflichtung der Richter auf Eide ist. Auch steckt in dem Hinweis, die Satzung, die die Rechtsprechung auf die Autorität der Eide gründe, solle für immer gelten, eine Ätiologie, d. h. die *Eumeniden* geben eine Begründung, zu welchem Anlaß und warum der Areopag eingerichtet wurde. Doch rechtfertigt die Gründung des Areopags in den *Eumeniden* tatsächlich die verbreitete Deutung, Aischylos habe die Intention gehabt, mit der *Orestie* den Sieg der rationalen Rechtsprechung der Demokratie über eine rechtlose Vorzeit, der Rationalität über die Irrationalität zu zeigen? Ist es denn – wenn man auf der textimmanenten Ebene bleibt – wahrscheinlich, daß die Erinyen den Schiedsspruch menschlicher Richter akzeptieren werden, zumal sie, die Erinyen, sich explizit ja einzig dem Urteil Athenas unterstellt haben? Das ist es nicht, und die Erinyen werden den Freispruch des Orestes auch nicht annehmen! Hier liegt demnach bereits ein Vorverweis darauf vor, daß Aischylos zwar einer der rechtsprechenden Institutionen Athens huldigt, daß aber schon voraussehbar ist, daß auch diese den Fall nicht endgültig wird lösen können, da seine Problematik, repräsentiert und symbolisiert durch die zerstörerische Macht der Erinyen, zu groß ist. Ihre Befürchtungen, was geschehen werde, wenn der Muttermörder freikommt, drücken die Erinyen im 2. Stasimon aus: Wenn es keine Furcht vor Strafverfolgung mehr gebe, schwänden die Hemmungen. Die Erinyen befürchten also einen Verlust der Ordnung, wenn die neue Rechtssatzung etabliert sei, weil mit ihr auch die Möglichkeit gegeben sei, daß ein Mörder freikomme. Die folgende Entscheidung der Sache gibt ihnen in gewisser Weise recht:

Den Prozeß hat Aischylos nach dem Vorbild eines athenischen Gerichtsprozesses gestaltet. Nachdem Athena durch einen Herold den herbeigekommenen Athenern Ruhe geboten und auf die Versammlung der Richter hingewiesen hat, muß Apollon kurz begründen, warum er da ist. Er tritt als «Zeuge» (V. 576) auf und übernimmt zugleich die Funktion eines Anwalts (V. 579) für Orestes, da er den Muttermord mit verursacht habe. Die Erinyen als Ankläger können beginnen und den Angeklagten Orestes ins Kreuzverhör nehmen. Orestes, der die Tat nicht leugnet, hat keine Beweise dafür, daß sie richtig war, sondern wird vielmehr von den Erinyen in die Enge getrieben. Der entscheidende Punkt, der sein Vergehen von dem seiner Mutter unterscheidet, ist nach der Auffassung der Erinyen die Tatsache der Blutsverwandtschaft. Diese versucht Orestes zu leugnen (V. 606): «Ich aber soll mit meiner Mutter blutsverwandt sein?», womit er aber die Erinyen nicht überzeugt (V. 607–608): «Wie sonst hätte sie dich in ihrem Schoße nähren können?» Nun weiß der Angeklagte nicht mehr weiter und bittet Apollon, er möge darlegen, ob die Tat «gerecht» gewesen sei. Und dies tut Apollon mit Hilfe eines dubiosen biologischen Arguments, wie gleich deutlich werden soll.

Der Auffassung der Erinyen, daß Muttermord auf jeden Fall ein Verbrechen sei, steht die von Athena vertretene Meinung gegenüber, daß man nach dem Grund einer Tat fragen müsse, wie sie selbst bei ihrer ersten Begegnung mit den Erinyen (V. 426). Damit ist die Schuldfrage thematisiert. Doch diese wird auch im Verlauf des Prozesses nicht beantwortet. Vielmehr wird durch Apollons rhetorisches Vorgehen der Blick auf die Blutsverwandtschaft gelenkt. Spielte Apollon bereits in den vorhergehenden Auseinandersetzungen mit den Erinyen eine unrühmliche Rolle, so tritt er auch im Prozeß zwielichtig auf. Seine rhetorischen Strategien haben sophistischen Charakter, und es liegt nahe, anzunehmen, daß Aischylos mit dieser Gestaltung der Götterfigur bestimmte Auswüchse athenischer Prozeßrhetorik kritisch aufs Korn nehmen wollte. Apollon stellt sich mit den ersten Worten seines Parts als Sprachrohr des Zeus vor – ein geschickter Zug, sich als sozusagen sakrosankt zu erweisen. Denn damit appelliert er an eine vermeintlich gemeinsame Grundlage: das Anerkennen von Zeus' Autorität. Aber zum einen sind ja auch die Erinyen mit ihrem Amt vom höchsten Gott betraut worden, zum anderen geben sie nicht klein bei (V. 622–624):

Zeus soll, so behauptest du, der Urheber dieses Orakels sein,
den Orestes hier anzuweisen, bei der Rache für seinen Vater
der Mutter überhaupt keinen Respekt zu erweisen?

Nun holt Apollon zu einer weiter ausladenden Argumentation aus, die darauf hinausläuft, daß der Mord an Agamemnon, dem berühmten Feldherrn, viel schlimmer als der Mord an einer Frau sei. Doch die Erinyen lassen sich durch dieses sophistische Ablenkungsmanöver nicht irreleiten (V. 640–644):

Das Los des Vaters ehrt also Deinen Worten zufolge Zeus höher?
Er selbst aber fesselte seinen alten Vater Kronos.
Widerspricht dem nicht das, was du behauptest?
Euch aber rufe ich zu Zeugen an, dies zu hören!

Mit den letzten Worten wenden sich die Erinyen an die Richter. Tatsächlich haben sie nun den jungen Gott in die Bredouille gebracht, denn der mythischen Tradition zufolge, die auf Hesiods *Theogonie* zurückgeht, schaltete Zeus seinen Vater beim Kampf um die Herrschaft gewaltsam aus. Apollons Reaktion ist hilflos und knüpft an sein früheres Verhalten gegenüber den Erinyen an: Er beschimpft seine Kontrahentinnen als gräßliche Ungeheuer und verteidigt sich mit dem in diesem Kontext absurd anmutenden Argument, eine Fesselung sei nicht so schlimm wie ein Mord, da sie wieder rückgängig gemacht werden könne. Auf eine noch albernere Ebene führt er die Argumentation, als die Erinyen weiter insistieren, daß der Muttermord schlechthin unsühnbar sei, da er ein Vergehen gegen Blutsverwandtschaft darstelle. Denn nun muß sich Apollon mit dem Argument behelfen, die Verwandtschaft mit der Mutter sei gar keine des Blutes, weil allein der Mann zeuge, wohingegen die Mutter nur Ernährerin sei, da sie den Samen des Mannes wie eine Gastgeberin den Gast aufnehme. Diese Ansicht war keineswegs *communis opinio* von Aischylos' Zeitgenossen. Und Orestes selbst hatte nach seinem Mord eingestanden, daß seine Tat ein Vergehen gegen die Blutsverwandtschaft war (*Choephoren*, V. 1038). Dies zeigt um so mehr, daß Apollon in den *Eumeniden* zu einer sophistischen Argumentation greifen muß und damit die Diskussion von der eigentlichen Problematik – der Schuldfrage – auf eine andere Ebene führt. Gleichzeitig folgt aus seiner Argumentation auch, daß er den Vorwurf der Erinyen anerkennt. Denn sonst müßte er nicht versuchen zu beweisen, daß der Sohn nicht mit der Mutter verwandt ist. Nach seinem Beweis führt er Athena selbst als Zeugin an, da sie ohne Mutter entstanden sei. Der mythischen Tradition seit Hesiod (*Theogonie*, V. 886–900, 924–926) zufolge schwängerte Zeus die Göttin Metis, bekam aber von Gaia die Prophezeiung, ein Sohn aus seiner Verbindung mit Gaia werde ihn absetzen. Da verschlang Zeus Metis und gebar Athena aus seinem Kopf.

Dies ist ein geschickter Schachzug, auch wenn er darüber hinwegtäuscht, daß für Götter andere Gesetze als für Menschen gelten. Doch seine Wendung gibt Apollon Gelegenheit, Athena mit dem Versprechen zu ‹bestechen›, daß er Athen groß machen und ein ewiges Bündnis zwischen Argos und Athen veranlassen werde.

Apollons Replik zementiert die Verlagerung der ganzen Diskussion auf eine andere Ebene, weg vom Schuldproblem hin zu der Frage, ob ein Kind mehr vom Vater oder von der Mutter abstamme. Damit aber bleibt die zentrale Frage, die auch Athena explizit am Beginn ihrer Befragung gestellt hatte (V. 426), ob Orestes schuldig sei, unbeantwortet, deutlicher gesagt: Es wird keine Entscheidung gefällt zwischen der Auffassung der Erinyen, es gebe keinen noch so großen Druck, der jemanden zum Muttermord zwingen könne (V. 427), und der des Orestes, der auf die Mitschuld Apollons, der ihm den Auftrag gab, verweist (V. 465–467). Eine echte Sachantwort auf die Frage nach Orestes' Schuld erfolgt also nicht (vgl. Käppel, 267 f.). Der Konflikt wird nicht gelöst, er wird im folgenden einfach beendet – und zwar durch eine demokratische Entscheidungsfindung.

Aber bevor es zur Abstimmung der Richter kommt, entwickelt Athena in einer Art programmatischer Rede (V. 681–710) drei Grundsätze: 1) Der Areopag soll als Richtergremium und als unbestechliche Kontrollinstanz Athens für immer eingesetzt sein. 2) Die athenischen Bürger sollen politisch stets eine Balance halten, indem sie «weder ohne eine Obrigkeit noch als Untertanen eines Tyrannen» leben (V. 696). 3) Das Element der Furcht soll ein integraler Bestandteil des politischen Zusammenlebens sein, da es ohne sie kein rechtes Handeln geben kann, eine Forderung, in der sich Athena mit den Erinyen einig ist, die im 2. Stasimon die Folgen für den Fall, daß ein Muttermörder freikomme, geschildert hatten.

Athenas Äußerungen zur Funktion des Areopags sind nicht eindeutig und haben darum in der modernen Forschung Anlaß zu gegensätzlichen Interpretationen gegeben. Anlaß dafür ist die Tatsache, daß wenige Jahre vor Aufführung der *Orestie* die Rechte des Areopags in Athen diskutiert wurden und unter der Führung des radikaldemokratischen Politikers Ephialtes eine Reform durchgesetzt wurde, die gewisse Einschnitte in die Funktionen dieses Gremiums bewirkte. Was ihm aber blieb, war die Befugnis, über bestimmte Mordfälle zu urteilen. Die Vagheit der Formulierungen, die Aischylos Athena in den Mund legt, führte dazu, daß sie in der modernen Forschung sowohl als Parteinahme des Dichters für eine Reform der Befugnisse des Adelsrats und damit als ein ‹pro-demokratisches› Statement des Dichters gelesen werden als auch gegensätzlich als Unterstreichung der Bedeutung des Areopags und damit als eine Parteinahme für eine ‹konservativ-reaktionäre› Strömung gedeutet werden konnten. Alan Sommerstein hat zu Recht darauf hingewiesen, daß der Dichter absichtlich so unbestimmt blieb, um sein Stück für beide Parteien lesbar zu machen (Aeschylean Tragedy, 401-2).

So ist die *Orestie* keine Stellungnahme für eine bestimmte Position in einem innenpolitischen Diskurs Athens. Überhaupt geht in einer zu starken Fokussierung auf die Installation des Areopags und den damit verbundenen Prozeß des Orestes verloren, daß es der *Orestie* um vielschichtigere und tiefergreifende Problematiken geht. Aischylos kam es ebenso wie anderen Tragödiendichtern darauf an, durch das Geschehen auf der Bühne zu zeigen, welche Ursachen menschlichem Handeln zugrunde liegen. Dafür aber reicht es seiner Auffassung nach nicht aus, nur die Zeitebene zu erhellen, auf der sich das Tatgeschehen selbst vollzieht; vielmehr muß man auch die Taten der früheren Generationen in Betracht ziehen. Dabei determinieren die Geschehnisse der Vorgängergenerationen nicht den einzelnen, sondern sie bilden die Parameter, innerhalb derer sich das schuldhafte Handeln des einzelnen entfaltet. Aber Aischylos legt dabei weniger Wert auf die Darstellung innerpsychischer Gegebenheiten – auch wenn er durchaus, wie der Abschiedsdialog des Orestes und der Klytämestra demonstriert, seine Charaktere psychologisiert – als darauf, zu zeigen, daß die in der Tragödie vorgeführten Konfliktpotentiale den Stellenwert kosmischer Prinzipien einnehmen. Darum konzipiert er in den *Eumeniden* einen Konflikt auf Götterebene, bei dem er gegen einen Gott der jungen Göttergeneration alte Göttinnen auftreten läßt, die wiederholt den gegenwärtigen Konflikt als Angriff von «jungen» Göttern mit «neuen» Rechtsvorstellungen beklagen. Selbst Zeus hat sich, wie die Erinyen in der oben zitierten Passage sagen, bei seinem Kampf um die Macht gegenüber seinem Vater schuldig gemacht. Auch er also, auf den sich alle Protagonisten der *Orestie* immer wieder als höchsten Gott beziehen, hat beim Übergang vom Alten zum Neuen Schuld auf sich geladen.

So wie Aischylos den Konflikt, mit Rekurs auf und Abwandlung von Hesiods Göttergenealogie, um den ‹theologischen› Aspekt erweitert, integriert er auch die politische Dimension. Für das athenische Publikum war der Areopag ein aktuelles und sinnfälliges Beispiel für die Problematik politischer Umbruchprozesse von alten zu neuen Verhältnissen: Wie geht die neue Verfassung der Demokratie mit traditionellen Elementen, die der Areopag – der alte Adelsrat – repräsentiert, um? Den Areopag in die Atridensage zu integrieren, war also ein geschickter Schachzug des Dichters, um die für die *Orestie* zentrale Problematik des Generationenkonflikts und des Umbruchs von Alt zu Neu auch unter einem tagespolitisch aktuellen Aspekt darzustellen. Das erklärt auch, warum der Prozeß vor dem Areopag für die anderen Dichter nicht von zentralem Interesse war. So wird in den Euripideischen Dramen *Elektra* und *Orestes* nur lapidar auf ihn verwiesen. Die Aktualität der Verlagerung politischer Macht von der Adelsinstitution auf die Einrichtungen der demokratisch verfaßten Polis verlieh dem Anliegen der Trilogie größte Aufmerksamkeit – darin liegt meines Erachtens der Sinn der Aischyleischen Konzeption.

Daß es Aischylos nicht auf historische Genauigkeit und Stellungnahme zugunsten einer Partei ankam, zeigt sich auch daran, daß zu Aischylos' Zeit der Mord des Orestes, wie bereits Felix Jacoby festgestellt hat, gar nicht in die Kompetenz des historischen Areopags gefallen, sondern vor dem Gericht am Delphinion verhandelt worden wäre.

Die Einbeziehung des Areopags ist also eine geschickte dramatische Strategie des Dichters, gleichzeitig aber erlaubt sie ihm, die Unlösbarkeit der in der *Orestie* verhandelten Problematik zu zeigen. Denn Orestes wird zwar freigesprochen, doch denkbar knapp. Die Richter stimmen mit einer Stimme gegen Orestes. Nur durch Athenas Votum wird Stimmengleichheit erreicht. Stimmengleichheit aber bedeutet – so setzte es Athena vor der Abstimmung fest – Freispruch. Dabei ist Athenas Begründung ihrer Entscheidung denkbar subjektiv: Sie stimmt zugunsten des Orestes, da sie selbst mutterlos sei und deshalb das männliche Prinzip vertrete (V. 734–740). Im Abstimmungsverhalten der Richter wird deutlich, daß keine der beiden Seiten sie richtig überzeugt hat, aber die Position des Orestes am wenigsten glaubhaft war. Daß dieser Sieg kein richtiger Sieg des Orestes ist, gibt sogar Athena selbst den Erinyen gegenüber zu (V. 795–796):

> Ihr seid freilich nicht besiegt, sondern der Prozeß erbrachte
> in Wahrheit Stimmengleichheit.

Manchen modernen Interpreten, die in der *Orestie* den Sieg der rationalen Gerichtsbarkeit sehen wollten, erschien diese Knappheit der Abstimmung offensichtlich unbefriedigend. Deshalb deuteten sie den Text dahingehend, daß ohne Athenas Votum Stimmengleichheit erreicht sei und ihre Stimme eine Entscheidungsmehrheit für Orestes ergebe. Peter Stein hat für seine Inszenierung sogar eine Umstellung der Verse 734–741 vorgenommen, um die Interpretation, die *Orestie* führe aus der Finsternis der Blutrache ins Licht der demokratischen Gerichtsbarkeit, zu stärken. Aber der überlieferte Text läßt solche Korrekturen nicht zu. Offensichtlich wollte Aischylos Orestes' Sieg problematisieren, zumal es im Finale der Trilogie nicht mehr um die Ausgangsfrage nach dessen Schuld geht. Die Abstimmung im Areopag bringt keine der Ausgangsproblematik angemessene Lösung, sondern den Sieg einer Partei, der nur durch das Votum der Göttin Athena zustande kommt – und zwar mit Argumenten, die, wie gezeigt, durchaus subjektiv sind. Eine demokratische Entscheidung gelangt also nicht unbedingt zu einem sachbezogenen Urteil und auch nicht unbedingt zu einem Konsens, da am Schluß einfach die Mehrheit bestimmt. So erhellt Aischylos zusammen mit dem Bezug auf Athen und einer Hommage an seine Vaterstadt die Problematik, die einer demokratischen Entscheidungsfindung innewohnt.

Das Fehlen eines Konsenses der streitenden Parteien zeitigt dann auch gleich schlimme Folgen. Denn während Orestes, erleichtert über den Sieg, der Stadt Athen ewiges Bündnis mit Argos verspricht und Athen verläßt, sind die Erinyen über ihre Niederlage zutiefst verbittert. Die Konsequenz, die Athena für den Fall, daß sie Orestes recht gebe, gefürchtet hatte und die auch eine demokratische Entscheidungsfindung nicht verhindern konnte, ist eingetreten: Die Erinyen drohen Athen als Rache für Orestes' Sieg Vernichtung an. Athena muß ihr gesamtes rhetorisches Talent aufbieten, um einen Konsens zu erreichen. Die Erinyen betrachten weiterhin die Auseinandersetzung als einen Generationenkonflikt, was Athena geschickt aufzufangen weiß. Sie konzediert (V. 848–850):

> Den Zorn werde ich dir nachsehen. Denn du bist älter
> und in vielem weitaus weiser als ich.
> Vernünftig zu denken aber ermöglichte auch mir Zeus, und das gar nicht übel.

Mit dem Verweis auf das Alter der Erinyen, aus dem diese die Forderung ableiten, daß ihnen Respekt zu schulden sei, nimmt Athena einen strategisch zentralen Punkt in Angriff: Sie versichert die Göttinnen, die sie respektvoll als solche (V. 824–825) anspricht, daß sie in Athen einen respektablen Wohnsitz unter der Erde, Ehren von seiten der Athener (V. 852 ff.) und damit Macht (V. 894–897, 951) bekämen. Athena beherrscht die Kunst der Überzeugung, der *Peithó*, die für ein gutes Ende der *Orestie* unabdingbar ist. Daß ihr auch andere Mittel zur Durchsetzung ihres Willens, die Blitze des Zeus, zur Verfügung stehen, vergißt sie freilich nicht zu erwähnen (V. 827–828), muß aber nicht auf sie zurückgreifen. Denn so wie Athena den Erinyen entgegenkommt, lenken auch diese schließlich ein. Für einen Konsens ist also die Flexibilität beider Seiten nötig. Am Ende der *Orestie* steht keine Harmonie, sondern ein Kompromiß. Aber die Gefährdungen, die von den Erinyen ausgehen, bleiben auch stets präsent. Das bedeutet: Nur ein Ausgleich zwischen den widerstreitenden Prinzipien sorgt für Sicherheit, es handelt sich also um eine stets gefährdete Balance. Die Ursachen dieser Gefährdung sind stets auch mit in der Vergangenheit zu suchen. Geradezu symbolisch drücken das die Worte aus, mit denen Athena die Macht der Erinyen am Schluß des Werks beschreibt (V. 930–937):

> Denn sie (*die Erinyen*) haben es als ihr Los erlangt, in allen Dingen, die den menschlichen Bereich betreffen, zu walten.
> Und wer nicht ihr schwer lastendes Gewicht erfahren hat,
> der weiß nicht, woher die Schläge in seinem Leben kommen.
> Denn die Fehler von den Vorfahren her treiben ihn ihnen in die Arme.
> Und wortlos zwingt ihn Vernichtung, mag er noch so laut tönen,
> mit gewaltigem Zorn in den Staub.

So führt die *Orestie* vor, wie ein Konflikt beendet werden und man mit menschlicher Schuld umgehen kann, doch sie zeigt auch, natürlich gattungsbedingt am Extremfall, daß nicht immer eine Lösung im eigentlichen Sinne möglich ist. Vielmehr leuchtet sie die Abgründe menschlichen Handelns aus und zeigt, daß die rationale Be- und Verurteilung menschlichen Handelns menschliches Vermögen übersteigen kann. Wie durch ein *argumentum e maiore* wird dies klar in der Absage der Götter – der Göttin der Weisheit, Athena! –, den Fall Orestes adäquat beurteilen zu können. Wenn selbst die Götter das nicht vermögen, wie dann die Menschen? So scheint mir eine Deutung, die von einer «hellen Welt» des Aischylos spricht (Christian Meier, Die politische Kunst der griechischen Tragödie, 138) oder im Aischyleischen Werk gar ein «Könnens-Bewußtsein» repräsentiert sieht (ders., die Entstehung des Politischen, 229 f.), nicht zutreffend. Die Welt der Aischyleischen Tragödie ist nicht hell – zwar ist sie auch nicht ganz dunkel, denn der Konflikt kommt ja zu einem Ende, aber die Welt der Aischyleischen Tragödie ist grau. Individuum und Kollektiv befinden sich in ständiger Gefährdung.

8 Aufstand gegen den Tyrannen: Der *Gefesselte Prometheus*

Inhalt

Das Aufführungsdatum des *Gefesselten Prometheus* ist ungewiß, und ein großer Teil der Forschung glaubt, er stamme nicht von Aischylos. Vorausgesetzt ist die bei Hesiod erzählte Auseinandersetzung zwischen Zeus und Prometheus (*Theogonie*, V. 535–616 und *Werke und Tage*, V. 42–89): Prometheus brachte den Menschen das Feuer. Zeus fesselte ihn als Bestrafung an eine Säule und schickte ihm seinen Adler, der ihm die Leber abfraß. Da Prometheus ein Gott und damit unsterblich ist, hat auch sein Leiden kein Ende. Auch der *Gefesselte Prometheus* behandelt die Bestrafung des Prometheus. Er hat den Menschen gegen Zeus' Willen das Feuer gebracht. Darum läßt ihn der höchste Gott an einen Felsen fesseln. Doch Prometheus steht ein Druckmittel zu Gebot: Er alleine weiß, mit welcher menschlichen Frau Zeus einen Sohn zeugen würde, der mächtiger als Zeus wäre. Aber obwohl verschiedene Protagonisten ihn dazu bewegen wollen, der Macht des Zeus nachzugeben und sein Geheimnis zu verraten, weigert sich Prometheus. Er verlangt von Zeus, ihn zuerst zu befreien, bevor er ihm die entscheidende Information gibt.

Der Ort von Prometheus' Fesselung ist, wie die aus alexandrinischer Zeit stammende Inhaltsangabe bemerkt, nicht, wie in der Tradition, der Kaukasos, sondern es sind die europäischen Grenzgebiete des Ozeans. Wie Prometheus sind auch die anderen *dramatis personae* Götter: Krátos und Bía, die Personifikationen von Macht und Gewalt, die als ‹Vollzugsorgane› des Zeus die Fesselung des Prometheus vornehmen, weiter Hephaistos, der Schmiedegott, und Hermes.

1–127: Prolog: Hephaistos und Kratos fesseln Prometheus und schildern sein Vergehen, daß er «menschenliebend» (*philánthropos*) sei. Prometheus beklagt seine Lage.

128–192: Parodos: Der Chor der Okeaniden bedauert Prometheus und versichert ihn der Sympathie der anderen Götter. Prometheus berichtet über das ‹Druckmittel›, das er gegen Zeus in der Hand hat: Er weiß, welche menschliche Frau Zeus nicht zur Geliebten nehmen darf, da der aus dieser Verbindung hervorgehende Sohn stärker als sein Vater wird.

193–396: 1. Epeisodion: Prometheus schildert den Okeaniden die Wohltaten, die die Menschen ihm zu verdanken haben. Okeanos tritt auf; er will sich bei Zeus für Prometheus verwenden, was ihm dieser aber ausredet, und rät ihm zu Opportunismus.

397–435: 1. Stasimon: Die Okeaniden sichern Prometheus die Sympathie der umliegenden Völkerschaften zu.

436–525: 2. Epeisodion: Prometheus berichtet, welche Künste ihm die Menschen verdanken.

526–560: 2. Stasimon: Die Menschen sind nicht fähig, Prometheus zu helfen.

561–886: 3. Epeisodion: Io, die von der von Hera auf sie gehetzten Bremse verfolgt wird, trifft ein. Ihr vergangenes und zukünftiges Schicksal, das durch Zeus' Schuld qualvoll ist, wird entrollt:

- 561–608: Monodie der Io
- 609–630: Stichomythie Io – Prometheus
- 631–686: Ios Erzählung
- 687–695: Chorlied
- 696–741: Prometheus' 1. Erzählung (Ios Künftige Wanderungen)
- 742–781: Stichomythie Io – Prometheus
- 782–822: Prometheus' 2. Erzählung (Ios Künftige Wanderungen)
- 823–876: Prometheus' 3. Erzählung (Ios Vergangenheit und zukünftige Geburt des Epaphos)
- 877–886: Ios Abgang

887–906: 3. Stasimon: Zeus' Geliebte zu sein bringt Unglück.

907–1093: Exodos: Hermes kommt und versucht, Prometheus zur Preisgabe seines Geheimnisses zu bewegen, hat aber keinen Erfolg. Es gibt ein Erdbeben, und begleitet von Donner und Blitz versinkt Prometheus in der Erde.

Einführung

In der Antike gab es, soweit wir wissen, niemals Bedenken, das Drama Aischylos zuzuschreiben – im Gegenteil: Antike Kommentatoren weisen darauf hin, daß nur Aischylos eine Prometheustrilogie verfaßt habe. Erst seit 1856 diskutierte man die Frage, ob das Werk zu den Aischyleischen Dramen zu rechnen sei. Da der Antike das Werk offensichtlich als echt galt, muß methodisch der Beweis von denjenigen geführt werden, die die Unechtheit vertreten. Die Debatte um die Authentizität ist vielschichtig. Vor allem folgende Gründe sind es, die die Diskussion um die Echtheit bestimmen und auf jeden Fall erwogen werden müssen: Der *Prometheus* weist metrische und sprachliche Besonderheiten auf, die von den anderen uns erhaltenen Aischyleischen Tragödien abweichen. Ein zentrales inhaltliches Argument bietet die Gestalt des Zeus, der als tyrannischer Gewaltherrscher gezeichnet ist. Dies wird von vielen Forschern als Widerspruch zum Zeusbild der anderen Aischyleischen Tragödien empfunden. Befürworter der Authentizität wiederum weisen unter anderem darauf hin, daß das Vergleichsmaterial von nur sechs vollständig erhaltenen Tragödien des Aischylos zu gering sei, um statistisch verwertbare Aussagen über Metrik oder Sprache zu machen, und daß Zeus sich innerhalb der Trilogie, zu der der *Prometheus* gehörte, wandele. Als Folge der Echtheitsdiskussion gilt den meisten Vertretern der Authentizität das Drama für ein nach der *Orestie* entstandenes Spätwerk des Aischylos, in dem dieser bereits auf die Weiterentwicklung der Tragödie rekurriere. Bei den Befürwortern der Unechtheit lassen sich verschiedene Datierungen finden, wobei sich die auf die Zeit um 430 v. Chr. durchzusetzen scheint. *Communis opinio* herrscht darüber, daß das Werk auf alle Fälle vor 414 v. Chr. anzusetzen ist, da sich in Aristophanes' *Vögeln* (V. 1434–1552)eine Anspielung auf den *Prometheus* findet. Martin West, der Editor der Aischyleischen Tragödien, vermutete, daß Euphorion, der älteste Sohn des Aischylos, der ebenfalls Tragödien verfaßte, der Autor des Stückes gewesen sei, es aber unter dem Namen seines Vaters aufgeführt habe, um damit im Tragödienwettbewerb bessere Chancen zu haben (Studies in Aeschylus, 68 ff.).

Angesichts des Streits um die Echtheit des *Prometheus* kann man es sozusagen als eine Ironie der Literaturgeschichte bezeichnen, daß gerade dieses Drama nicht nur eine reiche und vielfältige Rezeption, vor allem in der Neuzeit, anregte (vgl. S. 192), sondern daß ihm mitunter die Bedeutung einer Art Prototragödie zugeteilt wurde. Friedrich Nietzsche (Geburt der Tragödie, Kapitel 9) urteilte im Rahmen eines Vergleichs von Goethes Prometheusgedicht mit dem Drama *Prometheus*, indem er gerade das Zeusbild, das den Verfechtern der Unechtheit als eines der Hauptargumente dient, als spezifisch aischyleisch bezeichnete: «... das unermeßliche Leid des kühnen «*Einzelnen*» auf der einen Seite, und die göttliche Noth, ja Ahnung einer Götterdämmerung auf der andern, die zur Versöhnung, zum metaphysischen Einssein zwingende Macht jener beiden Leidenswelten – dies alles erinnert auf das Stärkste an den Mittelpunkt und Hauptsatz der aeschyleischen Weltbetrachtung, die über Göttern und Menschen die Moira als ewige Gerechtigkeit thronen sieht.» Ernst Bloch bezeichnete den *Prometheus* als «die griechische Zentraltragödie».

Auch wenn man bei einer wissenschaftlichen Auseinandersetzung mit dem *Prometheus* die vielfältigen Argumente gegen die Echtheit der Tragödie nicht unberücksichtigt lassen kann, ist das letzte Wort in der regen Diskussion noch nicht gesprochen und wird wohl auch ausbleiben, solange nicht Papyrusfunde o. ä. neuen Aufschluß bringen. Wie problematisch chronologische Einordnungen von Tragödien auf der Basis statistischer Untersuchungen sein können, zeigt der Fall der *Hiketiden*. Lange glaubte man aufgrund der umfangreichen Chorpartien, daß sie ein frühes Stück seien, bis ein Papyrusfund die Erkenntnis brachte, daß sie in die späten 60er Jahre des 5. Jahrhunderts v. Chr. gehören. Aus diesem Grunde darf eine Einführung in die Aischyleischen Tragödien nicht auf eine Behandlung des *Prometheus* verzichten.

Wie die Zuweisung des *Prometheus Desmotes* («Der gefesselte Prometheus») ist auch die der gesamten Trilogie umstritten, doch läßt sich aufgrund der antiken Überlieferung sagen, daß ein Drama *Prometheus Lyomenos* («Der gelöste Prometheus») auf den *Prometheus Desmotes* folgte (TrGF III, S. 304–305). Von ihm sind immerhin 17 Fragmente überliefert (TrGF III F 190–204). Nach einer auf dieser Grundlage erfolgenden Rekonstruktion hat man vermutet, daß Herakles auf dem Weg zu den Hesperiden den Adler, der die Leber des Prometheus anfrißt, erschießt, Prometheus Zeus sein Geheimnis, er möge sich vor Thetis als Geliebter hüten, verrät und es dann zu einem Ausgleich zwischen Zeus und Prometheus kommt. Der Inhalt und die Stellung eines dritten Stückes *Prometheus Pyrphoros* («Prometheus der Feuerbringer») ist allerdings unsicher. Man vermutete in ihm das erste Drama der Trilogie, das Prometheus' Feuerraub gezeigt habe. Die Mehrheit wiederum setzt dieses Stück an dritter Stelle an und spekuliert, in ihm habe Aischylos die Begründung der athenischen *Promethia*, eines Festes zu Ehren des Prometheus in seiner Funktion als Feuergott, dargestellt. Dies alles bleibt, wie gesagt, Spekulation. Darum soll hier eine Interpretation gegeben werden, die das Drama ohne Ausgriff auf eine mögliche weitere Entwicklung im Verlauf der Trilogie zu deuten versucht.

Interpretation

Der *Prometheus* weist, vergleichbar mit den *Hiketiden*, wenig äußere Handlung, dafür um so mehr innere Dramatik auf. Prometheus, an den Felsen geschmiedet, kann sich nicht bewegen. Die anderen kommen zu ihm. Ebenfalls vergleichbar mit den *Hiketiden*, die von mehreren Ortswechseln geprägt sind, war die Ankunft der anderen Protagonisten mit viel Aufwand verbunden: Die Okeaniden kommen in einem geflügelten Wagen an, Okeanos reitet auf einem vierfüßigen Vogel. In der Forschung wird das Drama gerne als episodenhaft bezeichnet. Dieser Ausdruck ist meines Erachtens nicht zutreffend. Denn das einigende Moment der Szenen besteht in dem unbrechbaren Willen des Prometheus, weder physischer noch rhetorischer Gewalt nachzugeben, und die Figur der Io ist, wie wir noch sehen werden, in mehrfacher Hinsicht eng mit der Handlung verwoben.

Mit seinem Drama nimmt Aischylos den Prometheusstoff auf, den Hesiod im 7. Jahrhundert v. Chr. in seinen Epen *Theogonie* und *Werke und Tage* dargeboten hatte. Die *Theogonie* führt die Entstehung des Kosmos und der Götter sowie den Kampf des Zeus um die Herrschaft vor. Bei Hesiod sind Prometheus und Zeus Vettern. Sie sind Nachkommen der Titanen, der Söhne von Uranos, Himmel, und Gaia, Erde. Zeus ist Sohn des Titanen Kronos, Prometheus Sohn des Titanen Iapetos. Als Zeus die Herrschaft übernehmen will, versuchen die Söhne des Iapetos, dies zu verhindern. Alle kann Zeus überwinden, aber sein Vetter mit dem sprechenden Namen Prometheus («Vorbedacht») unternimmt es, sich nicht an körperlicher Gewalt, sondern an Intelligenz mit ihm zu messen (V. 521–616). Bei einem Opfer – die Geschichte spielt zu einer Zeit, da die Menschen noch Mahlgemeinschaft mit den Göttern hatten – versucht er, Zeus zu betrügen und so den Menschen den besseren Anteil am Opferfleisch zu sichern. Zeus durchschaut sofort Prometheus' Vorhaben und erweist sich somit als der auch geistig Überlegene. Aber Zeus bestraft nicht Prometheus, sondern die Menschen, indem er ihnen das Feuer vorenthält. Prometheus wiederum stiehlt das Feuer und gibt es den Menschen. Daraufhin bestraft Zeus erneut die Menschen, indem er ihnen – die Menschen waren bis dahin nur Männer – als Übel die Frauen schickt. In den *Werken und Tagen* sendet Zeus den Menschen als Strafe Pandora mit dem Faß voll von Übeln (V. 60–89). Prometheus wird zur Strafe an eine Säule gebunden, und ein Adler frißt an seiner Leber.

In Hesiods Konzeption betrügt Prometheus beim Opfern Zeus nicht aus Menschenliebe, sondern weil er beweisen möchte, daß er klüger als Zeus ist. Die epische Darstellung will also darlegen, daß Zeus sich im Kampf um die Herrschaft als der Klügste erwiesen hat und nichts ihm verborgen bleiben kann. Prometheus ist negativ gezeichnet, insofern er durch seinen Opferfrevel und seinen Feuerraub an der Trennung der Menschen von den Göttern und der Bestrafung der Menschen schuld ist. Zeus rächt sich an den (männlichen) Menschen für Prometheus' Tat, indem er ihnen die Frau bzw. Pandora schickt und sie zur Arbeit zwingt.

In der Tragödie erfährt Prometheus eine Neubewertung: Er tritt als Gott, der von Menschenliebe, Philanthropie, geleitet ist, auf. Um dies zu illustrieren, führt der Dichter, wie Robert Bees (Das Feuer des Prometheus) herausgearbeitet hat, ein neues Element ein: Zeus beabsichtigte, die Menschheit zu vernichten, und Prometheus bewahrte sie davor.

Gleichzeitig gestaltet die Tragödie die Auseinandersetzung zwischen den beiden Göttern als einen Generationenkonflikt. Denn Prometheus ist nicht mehr, wie bei Hesiod, der Vetter des Zeus, sondern als Sohn der Gaia sein Onkel. Da er damit selbst ein Titan ist, kommt seiner Anklage gegen Zeus, er, Prometheus, habe ihm im Kampf gegen die Titanen geholfen, besonderes Gewicht zu. Und auch diesen Punkt hat Aischylos geändert. Denn bei Hesiod war es nicht Prometheus, sondern Gaia, die Zeus im Kampf gegen die Titanen half. Der Generationenkonflikt zwischen den Göttern, der in den *Eumeniden* der *Orestie* in den Erinyen auf der einen Seite und Apollon und Athena auf der anderen Seite repräsentiert ist, kennzeichnet im *Prometheus* also das Verhältnis von Zeus und den Titanen. In den *Eumeniden* beziehen sich alle göttlichen Protagonisten – Erinyen, Apollon, Athena – darauf, daß der höchste Gott

Stammbaum 5: Die in der Tragödie Prometheus konstruierte Genealogie des Prometheus

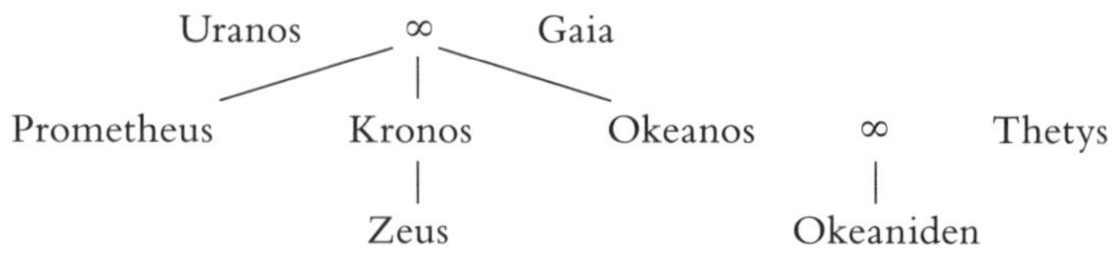

sie eingesetzt habe, sie also mit seiner Zustimmung handelten. Er selbst bleibt im Hintergrund. Allerdings gilt die Wut der Erinyen allgemein den «jungen Göttern», und an einer Stelle weisen sie sogar auf das dubiose Vorgehen des Zeus hin, der, um die Macht an sich reißen zu können, seinen Vater Kronos fesselte (*Eumeniden*, V. 640–643). In diesem Punkt bietet der *Prometheus* eine aufschlußreiche Parallele. Kronos selbst nämlich – so informiert Prometheus die Okeaniden und die Zuschauer am Schluß (V. 909–911) – verfluchte seinen Sohn Zeus, als dieser ihn vom Thron stürzte. Damit ist der Vater-Sohn-Konflikt aus Hesiods Epos überhöht. Eine Verfluchung des Zeus durch Kronos bei dessen gewaltsamer Herrschaftsübernahme kennt es nicht, und auch sonst taucht dieses Motiv nicht vor dem *Prometheus* auf. Vielmehr haben wir hier eine für die Aischyleischen Dramen typische Vertiefung des Eltern-Kind-Konflikts. Das Interesse an familiären Generationenkonflikten, das die sechs anderen Tragödien zeigen, weist also auch der *Prometheus* auf und trifft sich mit den *Eumeniden* darin, daß er ihn auf Götterebene behandelt.

Eine weitere Innovation besteht darin, daß Aischylos den Prometheus-Plot mit der Geschichte von Io verbindet. Das zentrale Motiv, daß jemand ein Geheimnis zurückhält, dessen Kenntnis zur Aufrechterhaltung von Zeus' Herrschaft wichtig ist, kennt auch der Dichter Pindar (*Isthmische Ode* 8,30–41). Bei diesem ist es allerdings die Göttin Themis, die Zeus und Poseidon davor warnt, Thetis zu heiraten, da der Sohn aus einer Verbindung mit ihr seinen Vater übertreffen werde.

Darüber, daß Zeus ein Tyrann ist, der nach eigenem Recht willkürlich herrsche, sind sich die Protagonisten einig (Kratos: V. 10; Hephaistos: V. 34–35; Okeaniden: V. 150; Okeanos: V. 324; Prometheus: V. 186, 224–225). Im Hinblick auf das Vergehen des Prometheus formuliert dies Kratos am Beginn des Prologs (V. 8–11):

Solche Fehler muß Prometheus den Göttern büßen,
damit er lernt, die Alleinherrschaft des Zeus
zu lieben sowie von seiner
menschenfreundlichen Art abzulassen.

Und Hephaistos bestätigt Zeus' tyrannisches Verhalten (V. 34–35):

Der Sinn des Zeus ist ja unversöhnlich.
Denn jeder, der frisch an die Macht kam, ist hart.

Die physische Gewalt, mit der der neue Tyrann Zeus operiert, kommt gleich bei Eröffnung des Stückes leibhaftig auf die Bühne – in Gestalt der Götter Kratos und Bia, Personifikationen von Macht und Gewalt. Sie begleiten Hephaistos, der als Gott des Handwerks von Zeus die Aufgabe übertragen bekam, Prometheus zur Strafe für seine Philanthropie (V. 9) mit ehernen Fesseln und einem durch die Brust getriebenen Eisenkeil an den Felsen zu schmieden. Doch Hephaistos ist zögerlich, da er sich scheut, dem verwandten Gott Gewalt anzutun (V. 39). Kratos, als echter Henkersknecht gezeichnet, stachelt ihn dazu an, indem er ihn an den Zorn des Zeus erinnert (V. 52–62, Übersetzung Ebener):

Kratos:	Beeil dich also, ihm die Fesseln anzulegen,
	damit nicht erst der Vater wahrnimmt, wie du säumst!
Hephaistos:	Hier sind die Fesseln, schon gebrauchsbereit, zu sehen.
Kratos:	Leg sie um seine Arme, triff aus Leibeskräften
	sie mit dem Hammer, hefte sie am Felsen fest!
Hephaistos:	Die Arbeit schreitet fort, es geht kein Hieb daneben.
Kratos:	Schlag stärker zu, schnür ein, laß ja nicht nach! Er ist
	wohl fähig, auswegloser Enge zu entschlüpfen.
Hephaistos:	Der eine Arm ist festgeschmiedet, unauflöslich.
Kratos:	Jetzt hefte auch den andern fest, damit er lernt,
	daß er, trotz seiner Schläue, dümmer ist als Zeus!

Zeus' Herrschaft ist die eines Alleinherrschers, eine Tyrannis (V. 10). Dieses Verhalten begründet Hephaistos damit, daß er erst vor kurzem seine Herrschaft angetreten hat (V. 34–35) – ein Gedanke, den später Okeanos wieder aufgreift (V. 311). Kratos beschließt seine Schmähworte mit einem Angriff auf Prometheus' Klugheit (V. 82–87, Übersetzung Ebener):

Hier sei jetzt überheblich, raube Göttergaben
und schanze sie den Eintagswesen zu! Was können
die Sterblichen an deinen Qualen dir erleichtern?
Zu Unrecht nennen dich die Götter «Vorbedacht»;
du brauchst ja selber einen Vorbedacht, um dich
aus diesem kluggespannten Netz herauszuwinden!

Doch Kratos verkennt die Lage. Es sind – anders als bei Hesiod – nicht Vorbedacht, Klugheit und Intelligenz, die Zeus in die Lage versetzten, Prometheus zu überwinden, sondern sein Gewaltmonopol. Diese Möglichkeit, einen uneinsichtigen Gegner zum Einlenken zu bringen, erwähnt in den *Eumeniden* auch Athena kurz, als sie auf die über den Freispruch des Orestes erzürnten Erinyen einzuwirken versucht. Sie erinnert sie an die Blitze des Zeus, die ihr, Athena, zur Verfügung stünden, sollten ihre rhetorischen Bemühungen (*Peithó*) bei den Erinyen nicht fruchten (*Eumeniden*, V. 827–836). Doch da die Erinyen schließlich einlenken, bedarf es keiner Gewalt. Prometheus hingegen bleibt verbohrt. Das hat der Dichter auch dadurch sinnfällig in Szene gesetzt, daß er Prometheus bis zu diesem Zeitpunkt schweigen läßt – ein Mittel, zu dem Aischylos offenbar gerne griff: Im *Agamemnon* schweigt Kassandra, bis Klytämestra ins Haus gegangen ist. Im Drama *Niobe* verharrte Niobe, aus Schmerz über die Ermordung ihrer Kinder, während des ersten Teils des Dramas mit verhülltem Haupt in Schweigen, ähnlich Achilleus in der Trilogie *Achilleis* aus Trauer um den Tod des Patroklos.

Erst als seine Folterknechte sich entfernt haben, ergreift Prometheus das Wort. Die Form seiner Klage, eine Monodie, also ein Schauspielergesang, ist für Aischyleische Dramen, wie wir sie kennen, ungewöhnlich, was aber wohl nicht ausreicht, um Aischylos das Werk abzusprechen. Der Wechsel der chorlyrischen Versmaße (iambische Trimeter, V. 88–92; Anapäste, V. 93–100; iambische Trimeter, V. 101–113; lyrische Iamben, V. 114–119; Anapäste, V. 120–127) drückt Prometheus' Gefühlsleben aus, das zwischen der sachlichen Beschreibung seiner Lage und Affektivität schwankt. Prometheus ist sich bewußt, daß er seine Marter durchstehen muß. Die Unausweichlichkeit seiner Lage steht ihm vor Augen (V. 103–105), da er weiß, was ihm angelastet wird und aus Sicht des Zeus einen Verrat darstellt: Feuerbringer- und darüber hinaus Kulturbringer für die Menschen zu sein. Er ist ein «Lehrer jeglicher Kunst und Technik» (V. 110–111) für die Menschen – ein Motiv, das er auch später wiederholen wird.

Als er das Geräusch von Flügelschlagen hört, erschrickt Prometheus – wahrscheinlich, weil er bereits von der Androhung weiß, daß der Adler des Zeus seine Leber anfressen soll. Doch es sind die Okeaniden, die ankommen, auf einem, wie sie selbst erklären, «geflügelten Wagen» (V. 135). Es ist ein Rätsel, wie man sich die Inszenierung vorzustellen hat. Saßen die Choreuten in einem oder mehreren Wagen, die von dem Bühnenkran in die Höhe gehoben wurden? Oder kamen sie auf einem oder mehreren geflügelten Wagen hereingerollt? Das zweite dürfte aus technischen Gründen wahrscheinlicher sein. In der im Wechsel mit Prometheus gesungenen Parodos versichern sie ihn ihrer Sympathie und trösten ihn, daß er sich nicht mit seinem so bloßgestellten Leiden vor den anderen Göttern zum Gespött mache (V. 160–167):

Wer von den Göttern wäre so abgestumpft,
daß ihm dies gefallen würde?
Wer ist nicht mit dir zusammen über deine schlimme Lage zornig,
außer Zeus?

Doch nun bricht wieder die Hartnäckigkeit des Prometheus hervor. Er spielt seinen Trumpf aus (V. 168–176): Zeus wird ihn noch brauchen, um von ihm zu erfahren, wer seiner Herrschaft gefährlich werden kann. Aber Prometheus' Bedingung, von der er nicht abweichen wird, lautet: Erst muß der höchste Gott ihn aus seiner schändlichen Lage befreien, bevor er ihn an seinem Wissen teilhaben läßt. Zeus wird – dessen ist sich Prometheus gewiß – die Versöhnung mit ihm wollen (V. 186–192):

Ich weiß, daß er unnahbar ist und nur nach eigenem Ermessen
das Recht gebraucht.
Dennoch, glaube ich, wird er einst nachgiebig
sein, wenn er auf diesem Wege scheitert.
Seine unbändige Wut wird er besänftigen
und sich mir in Freundschaft verbinden – einst.
Beide werden wir uns dann bemühen.

Die Verse 190–192 bildeten ein wichtiges Argument für die Rekonstruktion des *Prometheus Lyomenos*, weil man aus der Sicherheit, mit der Prometheus eine künftige Versöhnung mit Zeus formuliert, schloß, daß diese Bestandteil des folgenden Dramas gewesen sei.

Wenn im Folgenden Prometheus auf die Bitte der Okeaniden hin seine Tat schildert, werden zugleich die Zuschauer über den Grund von Prometheus' Leiden näher informiert. Prometheus' Vergehen lag in der Hilfe für die Menschen. Denn er bewahrte sie vor der Vernichtung, die Zeus ihnen eigentlich – aus welchem Grund, erfährt man nicht – zugedacht hatte. Diesen Plan des höchsten Gottes hat Aischylos neu in die Erzählung von Prometheus eingefügt, um das Verhältnis von Göttern und Menschen und Prometheus' Stellung zu beiden zu charakterisieren. Doch noch mehr verdanken die Sterblichen Prometheus: Er nahm ihnen das Wissen um die Zukunft und schenkte ihnen die Hoffnung (V. 248–250). Daß die Hoffnung hier «blind» (V. 250) genannt wird, bedeutet, daß die Menschen ihren Tod nicht voraussehen können. Die Befreiung von dem Wissen um das Ende – so muß man diese Stelle wohl deuten – erlaubt es ihnen, handlungsfähig zu sein. Die positive Wertung der Hoffnung hier ist erstaunlich, denn in der Literatur der frühgriechischen Zeit ist sie eher ambivalent oder sogar negativ gekennzeichnet. Hinzu kam die Gabe des Feuers, die den Menschen das Erlernen von Künsten und Techniken möglich machen wird. All dies tat er, Prometheus, freiwillig und nahm Zeus' Strafe stellvertretend auf sich. Ja, er bekennt, aus freiem Willen gefehlt zu haben und nun für seine Menschenfreundlichkeit zu büßen (V. 266–267, Übersetzung Droysen):

> Ich habe gern gefehlet, gern – ich leugn' es nicht –
> Zum Heil der Menschen dieses Leid mir selbst erzeugt.

Während die Okeaniden sich entfernen, um ihren Platz in der Orchestra einzunehmen, kommt ihr Vater Okeanos an. Sein Auftreten dient dazu, die Sympathie der anderen Götter, von denen seine Töchter sprachen, zu beweisen und die Konsequenz des Prometheus herauszustreichen, der sich von ihm nicht bereden läßt, Zeus nachzugeben. Auch will Prometheus es nicht annehmen, daß sich sein Schwiegervater für ihn verwendet. Geradezu erleichtert, sich nicht für Prometheus in Schwierigkeiten bringen zu müssen, zieht dieser als Typ des Opportunisten gezeichnete Gott ab.

Das folgende kurze Chorlied führt das Motiv des Generationenkonflikts weiter aus: Alle Menschen fühlten mit Prometheus und seien nicht damit einverstanden, wie die alten Götter behandelt würden. Damit ist eine geschickte Überleitung zu einem Höhepunkt des Dramas geschaffen. Denn im Folgenden legt Prometheus in zwei Monologen den Okeaniden dar, daß die Menschen ohne ihn nicht das wären, was sie sind (V. 442–453, Übersetzung Droysen):

> Aber hört, welch Leiden einst
> die Menschen beugte, Träumer sonst und stumpfen Sinns,
> die geistesmächtig und bewußt ich werden ließ;
> und nicht zum Vorwurf für die Menschen sag' ich es,
> nur um die Wohltat meiner Gabe darzutun.
> Denn sonst mit offnen Augen sehend sah'n sie nicht,
> es hörte nichts ihr Hören; ähnlich eines Traums
> Gestalten mischten und verwirrten fort und fort
> sie alles blindlings, wußten nichts vom Ziegelbau
> der Häuser, sonnwärts offen, nicht von Zimm'rers Kunst;
> erdeingegraben wohnten sie, den wimmelnden
> Ameisen gleich, in Höhlenwinkeln sonnenlos.

Alles verdanken die Menschen Prometheus: die Kunst des Hausbaus, die Fähigkeit, das Nahen der Jahreszeiten an bestimmten Anzeichen zu erkennen, die Astronomie, die Mathematik, die Schrift, die Fähigkeit, Tiere für die Arbeit zu nützen, die Seefahrt, die Medizin, die Kunst der Traumdeutung und andere Seherkünste wie Vogeldeutung und Eingeweidedeutung, den Bergbau. Dabei geht es aber nicht einfach um die Vermittlung von Techniken. Vielmehr hat Prometheus durch sein Tun den Menschen überhaupt erst das Denken ermöglicht (V. 443–444, 456–457). Im Bewußtsein seiner Kulturtat grämt sich Prometheus darüber, sich selbst nicht befreien zu können, doch er weiß, daß er einst frei sein wird. Die Okeaniden drängen ihn zur Preisgabe seines Geheimnisses. Aber Prometheus gibt nicht nach.

Im 3. Epeisodion tritt ein zweiter Handlungsstrang hinzu: Eine junge Frau, die Hörner auf dem Kopf trägt, betritt die Bühne: Io. In mehreren Stufen wird ihr vergangenes und künftiges Schicksal vorgestellt. Warum hat der Dichter das Leiden des Prometheus mit Ios Schicksal verbunden? Vier Aspekte lassen sich nennen:

1) Erstens wird Io als Opfer von Zeus' Willkür vorgeführt. Das vertieft

das Bild des tyrannischen Gottes. Denn hat Prometheus mit seiner Philanthropie immerhin einen Fehler begangen, so ist Io völlig unschuldig.

2) Zweitens ist Io über das gemeinsame Leid hinaus mit Prometheus dadurch verbunden, daß ein ferner Nachkomme von ihr, Herakles, Prometheus befreien wird.
3) Drittens ist Io ein Opfer von Zeus' ungezügelter sexueller Gier und verweist damit auf Prometheus' Geheimnis: Die Macht des Eros, die auch den höchsten Gott beherrscht und ihn auf die Erde in die Betten sterblicher Frauen führt, könnte Zeus zu Fall bringen.
4) Viertens wird mit den Erzählungen über Ios Wanderungen rund über die Erde die ganze Menschheit integriert und so auf Prometheus' Verbundenheit mit ihr verwiesen. Das Interesse an Geographie und Auseinandersetzung mit den nicht-griechischen Völkern konnte auch in den *Persern* und den *Hiketiden* beobachtet werden. In den *Hiketiden* ist ebenfalls die Figur der Io gewählt, die wohl erst Aischylos mit den Danaiden verband. Daß Zeus' Verhalten gegenüber Io in den *Hiketiden* positiv geschildert, also die Ursache für Ios schlimmes Schicksal ganz bei Hera gesehen ist, im Prometheus hingegen Io als Opfer auch des Zeus erscheint, muß nicht unbedingt dagegen sprechen, daß Aischylos der Autor ist. Die Tragiker konnten in verschiedenen Stücken durchaus unterschiedliche Konzeptionen bestimmter mythischer Gestalten auf die Bühne bringen. Das beste Beispiel sind die Euripideischen Helenafiguren: Während sie in den *Troerinnen* den Typ der femme fatale darstellt, ist sie in seiner *Helena* der Inbegriff einer treuen Ehefrau.

Io ist das Opfer des Zeus, weil er sie zu seiner Geliebten machte und dadurch Heras Eifersucht erregte. Seitdem muß Io, von der Bremse verfolgt, stets rastlos unterwegs sein. Ausführlicher als in den *Hiketiden* wird Zeus' Werben um das Mädchen geschildert. Sie wurde nachts von Traumbildern heimgesucht, die ihr kundtaten, der höchte Gott begehre sie. Schließlich suchte sie ihren Vater Inachos auf und klagte ihm ihr Leid. Dieser ließ bei verschiedenen Orakeln anfragen und erhielt die Anweisung, er solle seine Tochter verstoßen. Obwohl darüber unglücklich, befolgte er den Befehl. Sofort in eine Kuh verwandelt, verfiel Io dem Wahnsinn und irrte, von einer Bremse getrieben, umher, bewacht von Argos, der auch noch nach seinem Tod, als Schatten aus der Unterwelt, ihr auflauert. Auf ihre Bitte hin offenbart Prometheus ihr ihren künftigen Irrweg: Sie werde über verschiedene Stationen schließlich nach Asien gelangen. Die Stelle, an der sie das Meer überqueren werde, werde Bosporos («Kuhfurt») heißen. Für Prometheus ist Ios Leiden ein neuer Beweis für Zeus' Tyrannenherrschaft (V. 735–738):

> Scheint euch nicht der Alleinherrscher der Götter in allen Dingen auf gleiche Weise gewalttätig zu sein?
> Da mit dieser Sterblichen er – ein Gott! – zu
> schlafen wünschte, schlug er sie mit diesen Irrfahrten.

Doch einen Vorteil hat Io dem Prometheus voraus: Sie könnte durch Suizid ihrem Leben ein Ende setzen. Prometheus hingegen ist als Gott unsterblich und damit zu ewiger Qual verdammt. Die Vorstellung, daß er als Gott im Nachteil sei, weil er nicht sterben könne, sondern ewig leiden müsse, überhöht Prometheus' Leiden. Doch im Grunde ist das Moment der Ewigkeit seiner Folter nur ein Gedankenspiel, denn Prometheus weiß ja um das Ende seiner Qual, auch wenn er seine Zukunftsprophezeiung verrätselt: Zeus ist durch eine Liaison, die er eingehen wird, bedroht, da der Sohn aus dieser Verbindung stärker als er sein wird. Einziges Mittel, dies abzuwehren, wird sein, Prometheus aus seinen Fesseln zu befreien. Das wird geschehen, aber es wird nicht von Zeus ausgehen, der das nicht will (V. 771), sondern von einem Nachkommen der Io – dem hier nicht namentlich genannten Herakles.

Zu wenige Informationen über die Tragödie *Prometheus Lyomenos* sind auf uns gekommen, um den weiteren Verlauf der Trilogie zuverlässig zu rekonstruieren. Auf welche Weise konnte es zu einer Versöhnung zwischen Zeus und Prometheus, von der Prometheus ja sicheres Wissen hat (V. 190–192), kommen, wenn Herakles gegen Zeus' Willen Prometheus befreit?

Nachdem Io wieder davongestürzt ist und der Chor der Okeaniden in dem folgenden Chorlied das Schicksal von Zeus' Geliebten beklagt hat, steigert sich die Dramatik. Nun reden selbst die Okeaniden Prometheus zu, sich der Macht des Zeus zu beugen, und bezeichnen seine Prophezeiung, Zeus' Herrschaft sei gefährdet, als Wunschdenken (V. 928). Da kommt der Götterbote Hermes mit Zeus' Forderung, Prometheus möge ihm sagen, welche erotische Verbindung ihm schaden werde. Doch Prometheus, der Hermes als subordiniert-unwürdigen

Götterknecht bezeichnet (V. 954, 984) und behandelt, bleibt hart – ja weitet seinen Haß jetzt sogar auf alle Götter aus (V. 955–961):

Neu, ihr Neuen, herrscht ihr und glaubt also,
ihr könntet leidlos die Burg bewohnen. Habe
ich nicht von dort zwei Tyrannen schon stürzen sehen?
Als dritten werde ich den, der jetzt herrscht, sehen,
gar schmählich und schnell. Scheine ich
dir etwa Angst zu haben und mich zu ducken
vor den Göttern? Weit gefehlt!
...

(V. 975–976):

Kurzum: ich hasse alle Götter!
Die, obwohl sie Gutes von mir erfuhren, mich zu Unrecht schlecht behandeln!

Hermes erklärt Prometheus daraufhin für verrückt, sich auf solche Art gegen Zeus aufzulehnen, dreimal fällt das Wort von der «Selbstvermessenheit» (*authadía*) des Prometheus. Nicht nur Hermes charakterisiert ihn so (V. 1012, 1034), sondern auch die Okeaniden schließen sich der Empfehlung des Götterboten an, nicht in Selbstüberhebung zu verharren (V. 1037), sondern umzudenken. Doch dafür ist es zu spät. Denn mit dem Wechsel des iambischen Trimeters in Anapäste in V. 1040 kündigt sich das Ende an. Prometheus provoziert Zeus, die ihm zur Verfügung stehenden Naturgewalten einzusetzen (V. 1044–1052, Übersetzung Droysen):

So fahr' auf mich feuermähniger Blitz
Mit Speeres Schärfe hinab, und die Luft
Sie zerreiße vom Krachen des Donners, vom Krampf
Des empörten Okeans, und die Tiefen der Erd'
Von den Wurzeln empor aufwühle der Sturm;
Es vermische gepeitscht in verwilderter Wut
Sich die heulende See mit der schweigenden Bahn
Der Gestirne; hinab in die ewige Nacht,
In den Tartaros stürze zerschmettert der Leib
Mit des Schicksals reißendem Strudel hinab –
Und doch nicht wird er mich töten!

Die Okeaniden sind trotz ihrer Ermahnungen bereit, mit Prometheus zu leiden, und Bühneneffekte begleiten das Ende des Dramas: Mit einem Erdbeben, unter Donner, Blitz und Stürmen, versinkt der trotzig leidende Gott zusammen mit dem Chor in die Tiefe, bis zuletzt davon überzeugt, daß ihm Unrecht widerfahre (V. 1080–1093).

Den *Prometheus* bestimmt der Konflikt zwischen Macht und geistiger Auflehnung, der signifikanterweise als Generationenkonflikt zwischen Göttern konzipiert ist. Das Handeln des Protagonisten, Prometheus, entspringt seinem Charakter, der von Geistesschärfe und Vermessenheit gleichzeitig geprägt ist. Gerade diese Figur sollte die Rezeptionsgeschichte auf besondere Weise beeinflussen.

9 Die Satyrspiele

In der Antike galten die Satyrspiele des Aischylos als besonders gelungen. Das Satyrspiel schloß eine Trilogie von Tragödien ab, so daß man von einer Dramentetralogie spricht. Die Hauptfiguren waren Satyrn, also jene Mischwesen, die aller Wahrscheinlichkeit nach auch in der Genese der Tragödie eine Rolle gespielt haben. Wohl um 520/510 v. Chr. literarisierte Pratinas die ursprünglich simplen Satyrgesänge. Sie erreichten einen solchen Beliebtheitsgrad, daß sie als Bestandteil der an den Großen Dionysien aufgeführten tragischen Tetralogien aufgenommen wurden. Allerdings nahm ihre Bedeutung bereits mit dem Ende des 5. Jahrhunderts wieder ab. Danach konnten sie sich weder in der Antike noch in der Neuzeit richtig durchsetzen und sind unserem Verständnis fremd. Eine Folge ihrer mangelnden Bedeutung ist die schlechte Überlieferungslage. Abgesehen von einem Satyrspiel des Euripides sind alle anderen Dramen nur fragmentarisch überliefert. Allerdings erweiterten Papyrusfunde in den letzten 100 Jahren die Materialbasis, auf der man Rekonstruktionen versuchen kann, und eine intensivere Forschungstätigkeit hat zu einem vertieften Verständnis dieser Gattung geführt.

Anders als die ihnen voraufgehenden Tragödien, die einen problematischen Stoff darboten, hatten die Satyrspiele heitere Sujets. Wie Vasenbilder zeigen, waren die Satyrn als nackte, nur mit einem Lendenschurz und einem riesigen, meist erigierten Phallos versehene Mischwesen aus Mensch und Tier – meist mit Pferdeschwänzen, gelegentlich auch mit kleinen Hörnern, spitzen Ohren und auch mit Ziegenbeinen – gestaltet. Oft traten sie zusammen mit ihrem Vater, dem als komische Figur gezeichneten Papposilen, auf. Im Unterschied zu der burlesken Erscheinung der Satyrn waren die anderen Protagonisten des Satyrspiels wie in der Tragödie gewandet. Diese äußerlichen Merkmale spiegeln die Charakteristik des Satyrspiels wider. Denn wie neuere Forschungen von Bernd Seidensticker erhellen konnten, stellte ein Satyrspiel weder eine Tragödienparodie noch eine Mythosparodie oder -travestie dar, sondern es brachte eine heitere Episode eines mythischen Helden auf die Bühne, aber ohne daß die in den Tragödien vorgeführten Problematiken bzw. Helden verulkt wurden und somit der Autor seine eigenen im vorhergehenden gezeigten Stücke entwertet hätte. Wenn es in der Tetralogie eine inhaltliche Verbindung zwischen den Tragödien und dem Satyrspiel gab, also etwa eine Person der Tragödien auch im Satyrspiel auftrat, so präsentierte das Satyrspiel einen heiteren Seitenaspekt des in der Tragödie dargestellten Problems. Die Zwischenstellung des Satyrspiels kommt gut in der antiken literaturtheoretischen Bezeichnung, es sei eine «scherzende Tragödie» (Demetrios, *De elocutione* 169), zum Ausdruck. Gerade Aischylos nutzte gerne diese Möglichkeit, eine inhaltliche Verbindung zwischen den Tragödien seiner Trilogie und dem jeweiligen Satyrspiel herzustellen.

Worin lag die Funktion dieses Schlußdramas, das den ernsten, problematisierenden Tragödien einen heiteren Kontrapunkt entgegensetzte und das nicht nur kürzer war, sondern auf die komplexen Handlungsstrukturen der Tragödien mit einer einfachen Handlung antwortete und zahlreiche tänzerische Elemente aufwies? Der antiken Theorie zufolge diente es schlicht der Unterhaltung und Zerstreuung des Publikums. Die moderne Forschung betont den emotionalen und sozialen Effekt der Entspannung, weist aber auch verstärkt auf eine politische Funktion des Satyrspiels, vergleichbar der der Tragödie, hin. Denn die Satyrn stehen dadurch, daß sie häßlich, schamlos, faul, frech und feige sind, *ex negativo* für diejenigen Werte, auf denen für das – ja vor allem männliche – Publikum das Wohlergehen des Stadtstaats Athen beruhte: Männlichkeit, Tapferkeit, Ordnung, Selbstbeherrschung.

Reizvoll war die Verbindung mythischen Geschehens mit dem Agieren der Satyrn, die als weinliebende und geile, faule und nichtsnutzige Gesellen auftraten. Man kann sich gut vorstellen, daß gerade die Gattung des Satyrspiels die Einfallskraft der Autoren besonders herausforderte. Da die Satyrn meistens in einen mythischen Plot integriert werden, in den sie eigentlich nicht hineingehören, haben sie die Funktionen von Dienern und Helfern. Soweit die Fragmente es erkennen lassen, wird die eigentliche mythische Handlung reduziert, und Nebenhandlungen, in denen die Satyrn eine prominente Rolle spielen, stehen im Zentrum.

Von Aischylos' Satyrspielen sind nur Fragmente erhalten, und Rekonstruktionen erweisen sich als problematisch. Aber es läßt sich die

Wiederkehr gattungsspezifischer Motive ausmachen. Dazu gehören ein athletischer Agon oder Kampf, die Überwindung eines Ungeheuers durch einen Helden, das Staunen der Satyrn über neue Entdeckungen wie im *Prometheus Pyrkaeus*, das Auftreten von Tieren oder Ungeheuern und wohl stets eine ländliche Szenerie. Zu den Satyrspielen, die man mit den uns vollständig überlieferten sieben Tragödien verbindet, wurde an entsprechender Stelle etwas gesagt.

Einem Papyrusfund aus dem 20. Jahrhundert verdanken wir größere Stücke aus dem Satyrspiel *Diktyoulkoi* («Die Netzfischer») (P. Oxy. 2161, Fr. 46a–49), die das positive Urteil der Antike über Aischylos als Satyrspieldichter bestätigen. Die «Netzfischer» behandeln ein Sujet aus dem Mythos der Danae, die von Zeus geschwängert und von ihrem Vater zusammen mit ihrem kleinen Sohn Perseus auf dem Meer ausgesetzt wurde. Aischylos fügte die Satyrn in das mythische Geschehen ein, indem er sie bei der Bergung der schönen Frau und ihres Söhnchens Hilfe leisten läßt. Eine Nebensache des Mythos, die Bergung, wird also nun zur Hauptsache des Geschehens. Wenn man einer plausiblen Rekonstruktion folgt, trat am Beginn auch der Königssohn Diktys auf, der nach den gängigen mythischen Versionen der eigentliche Retter der Königstochter Danae war, und ebenso dürfte sie am Schluß seine Frau geworden sein.

Im Satyrspiel strandet die Kiste, in der Danae und ihr Baby auf dem Meer getrieben haben, auf Seriphos. Nachdem die beiden geborgen sind, wird Danae zu ihrem Entsetzen von dem Silen bedrängt. Sehr witzig ist es, wie der Silen, soweit der Text zu sagen erlaubt, das Herz des Söhnchens Perseus zu gewinnen versucht, um auf diesem Wege bei der Mutter ans Ziel zu gelangen: Er stellt dem Kleinen sein künftiges genießerisches und spaßiges Leben, das er mit seiner Mutter bei ihm und den Satyrn verbringen werde, vor Augen. Das Wort «schwanzliebend» (Fr. 47a, V. 795) zeigt, welche sprachliche Obszönität in einem Satyrspiel möglich war und es so von den vorausgehenden Tragödien absetzte. Das Fragment bricht ab mit einem anapästischen Lied (V. 821 ff.), das zu Hochzeitsvorbereitungen aufruft. Allerdings dürfte die Erwartung des Silens, Danae zu bekommen, im weiteren Verlauf des Stückes enttäuscht worden sein und Diktys Danae heimgeführt haben.

10 Die Fragmente

Das aus den erhaltenen Tragödien gewonnene Bild soll durch einen Blick auf die Fragmente abgerundet werden. Denn sie geben Aufschluß über die vielfältigen Themen, mit denen sich die Aischyleischen Tragödien beschäftigten. Freilich muß man die Problematik berücksichtigen, daß man Handlungsabläufe und Charaktere nicht mit Sicherheit rekonstruieren kann, auch wenn es reizvoll ist, dies zu versuchen. Gerade die Plots aber machen die spezifischen Merkmale eines Dramas aus. So können Ausführungen über die Fragmente nur einen vagen Ausblick darstellen.

Der Konflikt zwischen Alt und Jung und Alt und Neu, Tradition und Traditionsbruch scheint Aischylos auch in den anderen Werken beschäftigt zu haben. So verfaßte er etliche Dramen um den Gott Dionysos. Sowohl die *Lykurgie*, die als Tetralogie bereits antik bezeugt ist, als auch Dramen um Pentheus dürften den Konflikt behandelt haben, der mit der Ablehnung des neuen Gottes Dionysos durch die jeweiligen Protagonisten entstand. Möglicherweise übte die Tragödie *Pentheus* Einfluß auf die Konzeption der Euripideischen *Bakchen* aus.

Ebenfalls dem thebanischen Sagenkreis, aber mit einer anderen, nämlich einer den *Sieben gegen Theben* verwandten Thematik, entstammte wohl eine andere Trilogie, die man gewöhnlich aus den *Eleusinioi*, *Argeioi*, *Epigonoi* rekonstruiert. Der Titel *Epigonoi* deutet darauf hin, daß es um die Söhne der gegen die Thebaner gefallenen Argeier ging. Die *Eleusinioi* sind deshalb aufschlußreich, weil in ihnen nach Plutarch (*Thes.* 29,4 = Radt, S. 175), der einzigen Quelle, der wir den Inhalt entnehmen können, Theseus die Gebeine der vor Theben Gefallenen bergen ließ und dies nicht wie in Euripides' Tragödie *Supplices* durch Waffengewalt, sondern durch Überzeugungsarbeit und Vertrag erreichte. Dies wäre eine interessante Parallele zu der Bedeutung, die die Macht der Überzeugung, *Peithó*, in der Danaidentrilogie und der *Orestie* hat. Von einer Intervention des Theseus haben wir keine frühere Tradition. Daß die *Eleusinioi* tatsächlich um 475 v. Chr. entstanden, als

Kimon Theseus' Gebeine nach Athen holen ließ, ist freilich nur eine Vermutung.

Eine zusammenhängende Trilogie, die aus dem trojanischen Sagenkreis stammte, wurde aufgrund der sich ähnelnden Thematik mit hoher Wahrscheinlichkeit für die Stücke *Myrmidones*, *Nereides* und *Phryges* vermutet, die man *Achilleis* oder *dramatische Ilias* nannte. Sie kreiste um den Rückzug des Achilleus aus dem Kampf, den Tod des Patroklos und Achilleus' Reaktion. Die Trilogie war ganz auf Achilleus fixiert, der wohl, einer ansprechenden Vermutung Sommersteins zufolge, fast während der ganzen Zeit auf der Bühne präsent war. Wie auch in der *Ilias* gab es im ersten Stück eine Gesandtschaft der Griechen, die Achill dazu bewegen sollte, wieder in den Kampf einzutreten. Wenn der Chor im ersten Stück tatsächlich aus den Myrmidonen bestand, wie dies mit guten Gründen zu vermuten ist, und der Anführer der Gesandtschaft Phönix, der frühere Erzieher des Achill, war (dies wird durch das Fragment ⋆⋆ 132b nahegelegt), dann würden auch in diesem Fall Jung (Achill) und Alt (Phönix) und Individuum (Achill) und Gemeinschaft (Chor) in Kontrast zueinander gesetzt. Bei Homer (*Ilias* 9,177 ff.) lehnt Achill die von den Vetretern der Gesandtschaft (Odysseus, Phönix, Aias) vorgetragenen Bitten schroff ab. Gegenüber dieser Interaktion, die doch immer noch einen Dialog darstellt, beweist der aischyleische Achill eine Art von Trotzhaltung gegenüber der die Heeresgemeinschaft repräsentierenden Gesandtschaft. Für den Konflikt von Individuum und Gemeinschaft sprechen allein die Fragmente (fr. 131. 132), in denen Achill vorgeworfen wird, tatenlos dem Gemetzel an seinen Gefährten zuzusehen und sich in seine Hütte zurückzuziehen.

Für den Konflikt von Individuum und Kollektiv hat vor allem die Neuerung Bedeutung, daß die Myrmidonen Achill eine Steinigung androhen. Diese kommt bei Homer nicht vor, wird aber zweimal bei Aischylos als Mittel der Volksbestrafung genannt (*Sieben gegen Theben*, V. 199; *Agamemnon*, V. 1616). Im Zusammenhang mit dieser Bedrohung scheint Achill auf seine Bedeutung für das Gelingen des Kampfes hinzuweisen, die ihn als Individuum über die Heeresgemeinschaft erhebt (fr. ⋆⋆132c, 9–11). Man nimmt allgemein an, daß, wie in der *Ilias*, Achill dem Patroklos seine Ausrüstung gab und dieser so in den Kampf zog und dort fiel. Dann würde sich Achills Selbstbezogenheit, die in gewisser Weise an die des Xerxes in seiner Schlußklage erinnert, in den zwei

Versen zeigen, die als seine Reaktion auf Antilochos' Kunde von Patroklos' Tod betrachtet werden können (fr. 138): «Antilochos, beklage eher mich, den Lebenden, als den Toten; denn das Meine ist dahin.»

Die im Homerischen Epos nur dezent angedeutete Zuneigung Achills zu Patroklos war im Drama zu einer intensiv erotischen Beziehung umgedeutet. So bejammert Achilleus den gefallenen Patroklos (fr. 135):

Unseren heiligen Bund der Schenkel hast du nicht respektiert,
hast dich in keiner Weise dankbar für die unzähligen Küsse gezeigt.

Die *Phryger*, die antike Quellen auch unter dem Zweittitel «Lösung des Hektor» anführen und deren Chor aus Priamos' trojanischen Gefolgsleuten bestanden haben dürfte, behandelten die Auslösung von Hektors Leichnam durch Priamos. Daß Aischylos diese neu gestaltete, heben einige Scholiasten hervor. Denn sein Priamos gab nicht wie bei Homer dem Achill Geschenke als Gegengabe, sondern wog das Gewicht von Hektors Körper in Gold auf. Es ist gut möglich, daß Aischylos damit einen Gedanken fortspann und dramatisch umsetzte, den man in *Iias* 22,351 findet. Hier weist Achill die Bitte des sterbenden Hektor, seinen Leichnam den Eltern gegen Gold und Erz zurückzugeben und ihn nicht den Vögeln und Hunden zum Fraß zu überlassen, mit den Worten zurück, er werde dies nicht einmal tun, wenn Priamos ihn gegen Gold aufwiegen lasse. Aischylos hat also dieses Motiv konkret umgesetzt: Was in der *Ilias* nur eine übertreibende Redeweise des Achill in einer Extremsituation war, überführt der Tragiker in eine sinnfällige Handlung. Damit stellt er eindrucksvoll die Brutalität der Situation dar: Der alte Vater, der seinen Sohn überlebt hat, muß sich vor dem jungen Feind seines Sohnes demütigen, der auf eine kaltblütige Art für seinen toten Freund Rache nimmt.

Bereits in der Antike berühmt war die dem thebanischen Sagenkreis entstammende Tragödie *Niobe*, weil in ihr Niobe, ähnlich wie Achill in den *Myrmidonen*, während des ersten Teils des Dramas mit verhülltem Haupt in Schweigen verharrte. Damit wurde wohl die Situation nach ihrer Bestrafung gezeigt: Sie hatte sich mit ihrer Zahl von sieben Söhnen und sieben Töchtern prahlend gegen die Göttin Leto erhoben, die nur zwei Kinder, Apollon und Artemis, habe. Daraufhin brachten Apollon und Artemis Niobes Kinder um. Bei näherer Betrachtung der Fragmente erkennt man Züge, wie sie auch die *Perser* aufweisen. So beklagt Niobe in fr. 154a ihr Schicksal, daß ihr Vater sie so gut habe verheiraten wollen, alles nun aber eine schlimme Wendung genommen habe. Niobes Vater Tantalos, dem mit hoher Wahrscheinlichkeit fr. 158, 159, 160, 161 zuzuordnen sind, beklagt offensichtlich den Sturz seines *Thymós*, derselben Eigenschaft, die auch in den *Persern* verantwortlich für Xerxes' Fehlhandeln ist, und verbindet dies mit einer allgemeinen Warnung davor, den menschlichen Dingen zuviel Wert beizumessen. Wir haben hier also nicht nur die Thematik der zu Fall kommenden Vermessenheit oder Hybris vor uns, sondern, in den Worten der Niobe zu fassen, die Klage über die aus einer bestimmten Generationenrelation folgende Katastrophe: Die Tochter klagt über den schlechten Ausgang, den die Pläne, die ihr Vater mit ihr verwirklichen wollte, nahmen.

Aus der *Niobe* stammt auch der Satz, wenn Gott ein Haus verderben wolle, pflanze er den Menschen eine Schuld ein (fr. 154a, 15–16). Diese Aussage führt Platon in seinem Idealstaat (*Politeia* II 380 A) als Beispiel für eine solche Art von Dichtung an, die die Jugend nicht hören dürfe, da sie das falsche Bild vermittele, die Götter seien am Leid der Menschen schuld. Im Gegensatz zu manchen modernen Interpreten scheint Platon Aischylos also nicht als Vorläufer seiner eigenen Philosophie empfunden zu haben.

11 Ausblick auf die Rezeption

Die Bedeutung, die Aischylos für die Literatur-, Theater- und darüber hinaus für die Geistesgeschichte hatte, ist kaum zu ermessen. Sie läßt sich überhaupt nur für die Stücke, die vollständig erhalten sind, nachvollziehen. Denn wir wissen etwa nicht, welchen Einfluß sein verlorenes Drama *Ödipus* auf die Sophokleische Gestaltung und damit auf die Tradition des Ödipusstoffes ausübte. Angesichts des Umfangs und der Bedeutung, die die Rezeption der Aischyleischen Dramen erlangt haben, kann an dieser Stelle nur ein summarischer Ausblick gegeben werden, der sich als Anreiz zu der weiteren Beschäftigung mit der facettenreichen Rezeptionsgeschichte versteht.

Bei der Rezeption stehen der Atridenstoff der *Orestie* und der *Prometheus* im Mittelpunkt. Demgegenüber waren die *Perser* aufgrund ihrer zeitgebundenen Thematik für spätere Autoren kaum von Interesse. Auch die Konzeption des Danaidenmythos, wie sie die *Hiketiden* bieten, verzeichnet keinen nennenswerten Niederschlag in späteren literarischen Werken.

Die in den *Sieben gegen Theben* präsentierte Thematik hingegen faszinierte die Folgezeit unter zwei Aspekten: Sie konnte verwendet werden, um familiär-individuelle Konflikte darzustellen, aber auch als eindrucksvolles Bild für die Leiden des Bürgerkrieges fungieren. Beides vereint Euripides in seinem ca. 50 Jahre nach Aischylos' Drama entstandenen *Phönissen*. Euripides vertieft die bereits bei Aischylos angelegte ambivalente Zeichnung der Brüder Eteokles und Polyneikes. Beide handeln aus höchst eigennützigen Motiven und lassen sich auch von ihrer Mutter Iokaste nicht vom Bruderkampf abbringen. Anders als im Drama des Aischylos ist nicht nur sie, sondern auch der Vater Ödipus noch am Leben. Mit seiner Integration unterschiedlichster Versionen der thebanischen Mythen in einem Stück – Euripides verarbeitet neben der Bruderkampfthematik auch das mit Ödipus verbundene Inzestmotiv sowie die Bestattungsproblematik aus Sophokles' *Antigone* und integriert zudem das Motiv des freiwilligen Opfertodes – ruft der Dichter die Bearbeitungen seiner literarischen Vorgänger und Dichterrivalen in Erinnerung. Iokaste gelingt es nicht, ihre Söhne zu versöhnen, und tötet sich nach deren gegenseitiger Ermordung. Das Drama *Hiketiden* des Euripides greift eine Thematik auf, die Aischylos in seiner thebanischen Trilogie nicht kennt: Die Mütter der sieben vor Theben gefallenen Krieger bitten den athenischen König Theseus, sich in Theben dafür einzusetzen, daß sie ihre toten Söhne bestatten dürfen.

Für die Literatur Roms, das einen Bruderstreit, den Konflikt zwischen Romulus und Remus, als Bestandteil seiner Gründungsgeschichte kannte, war der thebanische Mythos vom Bruderkampf sozusagen *per se* interessant. Eine eindrucksvolle Gestaltung bietet das Epos *Thebais* (Ende des 1. Jhdts. n. Chr.) des Statius. Neben dem griechischen Epos und den griechischen Tragödien bilden Vergils *Äneis*, Senecas Tragödien und das Bürgerkriegsepos des Lucan die Bezugspunkte. Das komplexe Handlungsgefüge, in das auch die Götter eingebunden sind, vermittelt ein düsteres Bild menschlichen Handelns, das von *Furor* (Raserei) bestimmt ist.

Statius' Epos war für das Mittelalter der maßgebliche Text und lag auch dem französischen *Roman de Thèbes* (12. Jahrhundert) zugrunde. Für die neuzeitlichen Bearbeitungen spielte die Euripideische Tragödie – mitunter in Verbindung mit Sophokles' *Antigone* – eine wichtigere Rolle als das Aischyleische Drama. So verschärft Racine in *La Thébaïde ou les Frères ennemis* (1664) Iokastes Charakter und macht Kreon zu einer Hauptfigur. Bei Alfieri (*Polinice*, 1783) ist Eteokles ein negativer Charakter, der sogar vor dem heimtückischen Mord an seinem Bruder nicht zurückscheut. Eine Verbindung von Aischylos' Drama mit Euripides' *Hiketiden* realisierte in jüngerer Zeit Einar Schleefs Antikenprojekt «Die Mütter» (1986 in Frankfurt). In Form einer experimentellen Theaterarbeit versuchte Schleef in diesem Stück, das den Kampf der Mütter um ihre vor Theben gefallenen Söhne zeigt, das Verhältnis von Chor, Individuum und Zuschauer neu erfahrbar zu machen.

Die Tragödie *Prometheus* birgt viele Züge, die spätere Dichter und Denker vertieften und modifizierten – und gegensätzlich deuten konnten: den Dulder, den Revolutionär, die positiven Seiten des Fortschritts, die negativen Aspekte und Gefährdungen der Technik. Die letztgenannte Sichtweise kann sich allerdings eher auf die Hesiodeische Konzeption berufen; denn im Gegensatz zu dieser haben das Feuer und die Folgen seines Raubs in Aischylos' Tragödie positive Bedeutung, weil es die Ursache für vielerlei Künste ist, die der Mensch erwirbt und die dem Menschen ein besseres Leben ermöglichen. Durch sein Wissen befreit Prometheus die Menschen von ihren Leiden und muß darum stellvertretend Leid erfahren.

Als Befreier des Menschen vom Tod konnte Prometheus in der christlichen Rezeption mit Jesus Christus verglichen und seine Anschmiedung an den Fels mit dem Kreuzestod parallelisiert werden. Doch daß Prometheus dem höchsten Gott dank seines Wissens überlegen ist, konnte in der Rezeption auch als Sinnbild für den Widerstand des Geistes gegen Gewalt und Unterdrückung gedeutet werden.

Eine etwas andere Gewichtung als Aischylos gab dem Prometheusmythos Platon in seinem Dialog *Protagoras* (320–323): Seine Erzählung ist nach Hesiod und Aischylos die wichtigste Quelle für die Überlieferung des Prometheus-Mythologems. Gleichzeitig ist sie ein zentrales Zeugnis für die Rezeption des Aischyleischen Prometheus-Mythos. Der Sophist Protagoras erzählt einen Mythos von der Entstehung des Menschen, der illustriert, daß der Mensch – im Gegensatz zu den Tieren – ein Mängelwesen sei: Nachdem die Götter die sterblichen Lebewesen aus Erde und Feuer geschaffen hatten, trugen sie Prometheus und seinem dümmeren Bruder Epimetheus auf, sie mit Kräften und Fähigkeiten auszustatten. Epimetheus bat Prometheus, ihm diese Aufgabe zu überlassen, hatte aber nach der Ausstattung der anderen Lebewesen keine spezifischen Fähigkeiten mehr übrig, die er dem Menschen hätte mitgeben können. Da der Mensch also nackt und unbewaffnet war, stahl Prometheus Hephaistos und Athena die technischen Fähigkeiten und verlieh sie dem Menschen. Doch die Fähigkeit zum Gemeinschaftsleben konnte ihnen allein Zeus geben. In dieser mythischen Version ist Prometheus nicht der sich gegen Zeus auflehnende Titan, sondern dessen Instrument.

Noch einen Schritt über Protagoras hinaus ging Ovid – im Rückgriff auf ältere Traditionen – in seinen *Metamorphosen* (1,76–88). Hier tritt Prometheus als Schöpfer der Menschen auf. Diese Konzeption hatte einen weitreichenden Einfluß. Denn sie wirkte sich über die christliche Apologetik, die sich davon distanzierte, auf die Renaissance aus und wurde als Ausdruck des schöpferisches Selbstbewußtseins des sich selbst bildenden und kulturschaffenden Menschen gedeutet. Boccaccio schilderte in seinem zwischen 1347 und 1360 verfaßten Werk *Genealogia deorum gentilium*, in dem er antike Mythen sammelte und sie mit dichtungstheoretischen Anschauungen verknüpfte, die doppelte Menschwerdung eines «Naturmenschen» (*homo naturalis*) durch einen ‹ersten Prometheus› und eines «Kulturmenschen» (*homo civilis*) durch einen ‹zweiten Prometheus›.

Zum Symbol der neuzeitlichen Wissenschaftskultur, die die Idee des Fortschritts in den Mittelpunkt stellt, avancierte die Figur des Prometheus bei Francis Bacon (*De sapientia veterum*, 1609). Eine einflußreiche Pointierung nahm Shaftesbury (*Soliloquy, or, Advice to an Author*, 1710) vor. Er nennt den Dichter aufgrund seines schöpferischen Vorgehens einen Prometheus.

Von Shaftesbury beeinflußt, konzipierte Johann Wolfgang von Goethe in seiner Prometheus-Hymne, einem typisches Produkt des Sturm und Drang, Prometheus als Prototyp des Genies, das in allen Bereichen nach Emanzipation strebt. In dem Fragment eines Dramas *Prometheus*, das Goethe 1773 begann, aber erst 1830 veröffentlichen ließ, spielt der in den antiken Mythen grundlegende Konflikt des Feuerraubs keine Rolle. Vielmehr ist Prometheus als Menschenfreund gezeichnet, der sich aus dem Götterhimmel entfernt, um das Menschengeschlecht zu erschaffen und zu unterrichten. Aus dem allgemeinen Generationenkonflikt bei Aischylos wird ein Vater-Sohn-Konflikt, weil Goethe Prometheus als Sohn des Zeus zeichnet.

Eine kritische Adaptation der Prometheusfigur hingegen bietet der Roman von Mary Wollstonecraft Shelley *Frankenstein or The Modern Prometheus* (1818). Er hinterfragt kritisch die von Francis Bacon vollzogene Überhöhung des Prometheus zur Leitfigur der neuzeitlichen Wissens- und Wissenschaftskultur. Dagegen rückt das 1820 entstandene Drama *Prometheus Unbound* von Percy Bysshe Shelley das Motiv der Menschenliebe in den Mittelpunkt.

Für Friedrich Nietzsche (*Die Geburt der Tragödie*, 1872) ist Prometheus die Repräsentation des freien und autonomen Menschen (9): «Der Mensch, in's Titanische sich steigernd, erkämpft sich selbst seine Cultur und zwingt die Götter, sich mit ihm zu verbinden, weil er in seiner selbsteignen Weisheit die Existenz und die Schranken derselben in seiner Hand hat.»

Eine parodistische Adaptation des Prometheus-Stoffes bietet André Gide (*Le Prométhée mal enchaîné*, 1899), in der Prometheus am Schluß den Adler verspeist. In der Folge entstehen im 20. Jahrhundert Anverwandlungen des Prometheusmythos, die als explizite Mythenkritik und

Mythendekonstruktion verstanden werden sollen. Radikal zeigt dies Franz Kafkas Prosaskizze *Prometheus* (1918). Sie bringt vier mögliche Ausgänge des Prometheus-Mythos, wobei die erste Variante der Hesiodeischen und Aischyleischen Version – Prometheus wird zur Strafe für seine Menschenfreundlichkeit festgeschmiedet – entspricht, während die drei folgenden Möglichkeiten sich immer mehr davon entfernen und es am Schluß nur noch lapidar heißt: «Blieb das unerklärliche Felsgebirge».

Bert Brecht konzipierte in einer Reflexion über Prometheus im «Arbeitsjournal» (2.10.1945) unter dem Eindruck des Atombombenabwurfs auf Hiroshima und Nagasaki einen Prometheus als Sinnbild der Vernichtungspotenz moderner Technik und der Verantwortungslosigkeit moderner Forschung. Albert Camus (*L'Homme révolté*, 1953) schließlich deutet die Prometheus-Figur völlig um: Aus dem Menschenfreund des Aischylos wird ein Tyrann, der seine Untertanen unterdrückt. Heiner Müller, der sich zu verschiedenen Gelegenheiten mit dem Prometheus beschäftigte, verfaßte ein Drama *Prometheus. Nach Aischylos* (1968), in dem er die antike Vorlage mit neuer Übersetzung und provokanten Abänderungen darbot. In seinem Drama *Zement* (1974) hat sich Prometheus so in sein Schicksal gefügt, daß er eine Befreiung durch Herakles sogar ablehnt. Damit hat Prometheus eine ganz konträre Deutung erhalten. Er ist nicht mehr ein Symbol für die Autonomie des Menschen, sondern für den Versklavten, der sich vor der Freiheit fürchtet.

Eine vergleichbar umfangreiche, wenn auch in den Deutungen nicht ganz so konträre Rezeption erfuhr die *Orestie* des Aischylos. Bereits im 5. Jahrhundert v. Chr. verfaßten unter ihrem Einfluß – der vielleicht durch eine Wiederaufführung der *Orestie* in den 420er Jahren v. Chr. verstärkt wurde – Sophokles und Euripides ihre Atridendramen. Diese sind bestimmten Aspekten gewidmet und fokussieren gegenüber der Komplexität der Aischyleischen Trilogie einzelne Personen und Gesichtspunkte. Dabei dominiert das Interesse an der dritten Generation, der mit Orestes und Elektra verbundenen Muttermordproblematik und der Figur der Iphigenie; hingegen nimmt die Aufmerksamkeit für die ‹Ehetragödie› Agamemnons und Klytämestras ab. Ausnahmen stellen Senecas *Agamemnon* und Alfieris *Agamemnone* dar.

Bereits bei Sophokles und Euripides steht im Mittelpunkt Elektra, bei Euripides zudem Iphigenie. Mit der Ausgestaltung dieser weiblichen Charaktere entfalten beide Dramatiker das Potential von Frauenrollen, deren Grundlage Aischylos geschaffen hat. Denn er ist zwar der erste, der Elektra eine wichtige Rolle im Atridenmythos zuweist, doch ist nicht sie, sondern Orestes in den *Choephoren* im Zentrum des Mordgeschehens. In den Elektradramen des Sophokles und Euripides, deren genaue Datierung nicht geklärt ist, stellt Elektra die Hauptperson dar. Sophokles charakterisiert sie als monoman leidende Heldin, die von abgrundtiefem Haß gegenüber ihrer Mutter erfüllt ist. Orestes, aus der Fremde zurückgekehrt, erscheint als noch junger und unreifer Mann, der der Unterstützung seines alten Dieners bedarf, um ein Mordkomplott auszuführen. Während bei Aischylos zuerst Ägisthos und dann Klytämestra umgebracht wird und so der Muttermord den Höhepunkt des Geschehens darstellt, ist die Reihenfolge der Morde bei Sophokles umgekehrt, und das Stück endet sogar direkt vor der eigentlichen Ermordung des Ägisthos. Das Interesse gilt nicht der Problematisierung des Muttermordes, sondern dem verbissenen Leiden und Hassen der Elektra, die bei der Ermordung der Mutter ihren Bruder ermuntert, ein zweites Mal zuzuschlagen (V. 1415). Dementsprechend ist das Stück relativ handlungsarm, auch wenn einzelne Möglichkeiten tragischer Handlungsführung stärker ausgereizt werden. Das Motiv, daß Ägisthos Elektra aus Angst vor der Geburt eines möglichen Rächers für seinen Mord an Agamemnon nicht verheiratet, spinnt Euripides in seiner *Elektra*, die wohl nach der Sophokleischen *Elektra* entstanden ist, weiter. Elektra lebt, mit einem armen Bauern verheiratet, auf dem Lande. Anders als bei Aischylos und Sophokles hat sie den Hauptanteil an der Intrige, durch die sie zusammen mit dem zurückgekehrten Orestes Rache an den Mördern ihres Vaters üben will. Elektra lockt Klytämestra, die bei Euripides recht versöhnlich dargestellt ist, unter dem Vorwand, sie habe ein Kind geboren, ins Haus. Dort ermordet Orestes seine Mutter, nachdem er bereits Ägisthos während eines Opfers erschlagen hat. Doch die von Elektra so sehr ersehnte Rache verschafft den Geschwistern keine Befriedigung, sondern Gewissensqualen. Schließlich erscheinen die Dioskuren, die göttlichen Brüder der Klytämestra, als *Dei ex máchina*. Sie geben Anweisungen, wie alles zu einem glücklichen Ende gelangen kann: Elektra soll Orestes' Freund Pylades heiraten und mit ihm gehen, Orestes sich in Athen dem Gericht stellen, um den Erinyen zu entkommen. Wie in den anderen Euripideischen Dramen, bei denen am Schluß ein *Deus ex machina* schnell und künstlich die Probleme löst, stellt gerade dieser unrealistische, ja märchenhafte Schluß, der eine Spannung zu den vorher verhandelten Problemen erzeugt, den Zuschauer vor die Erkenntnis, daß es für die menschlichen Probleme kein so einfaches ‹happy end› gibt.

Die Figur der Iphigenie steht in zwei anderen Euripidestragödien im Zentrum, die in der weiteren Literaturgeschichte besonders einflußreich wurden. Die wohl 412/410 aufgeführte *Iphigenie bei den Taurern* rekurriert auf einen Mythos, demzufolge die Göttin Artemis die Opferung Iphigenies verhinderte. In dem spannungsarmen Drama lebt Iphigenie bei den Taurern, über die König Thoas herrscht. Im Rahmen des Artemiskultes muß sie alle Fremden, die an die Küste gelangen, der Göttin opfern. So droht auch Pylades und Orestes, die, einem Orakelspruch folgend, unerkannt zu den Taurern gelangt sind, dieses Schicksal. Doch dann kommt es zur erlösenden Wiedererkennung der Geschwister. Mit Hilfe einer List gelingt ihnen beinahe die Flucht, aber im letzten Moment wird ihr Schiff an den Strand zurückgetrieben. Der Strafe des Thoas entgehen sie nur durch die Intervention der Göttin Athena, die als *Dea ex machina* auftritt. Ein Intrigenmotiv bestimmt auch Euripides' Tragödie *Iphigenie in Aulis*, die postum aufgeführt wurde. Sie thematisiert eindrucksvoll die Entscheidungsnot des Agamemnon, der seine Tochter den Interessen des griechischen Feldzuges gegen Troja opfern soll. Nachdem er sich nach einigem Hin und Her entschließt, dem Kollektivinteresse nachzugeben, erklärt sich Iphigenie, durch seine Argumente bewegt, zum Opfertod bereit. Eine geradezu burleske Tragödie stellt der *Orestes* dar. Da er 408 v. Chr. auf die Bühne gebracht wurde, kann man vermuten, daß Euripides sich vom 50jährigen Jubiläum der 458 v. Chr. aufgeführten *Orestie* dazu anregen ließ. In der Tragödie *Orestes* gestaltet Euripides die Situation, in die Orestes und Elektra nach der Mordtat geraten sind, aus: Das Volk von Argos beschließt die Todesstrafe für die beiden Mörder. Da entschließen sie sich im Verein mit dem Freund Pylades, Helena als Verursacherin des Trojanischen Krieges und damit auch als diejenige, die für die jetzige Situation verantwortlich ist, umzubringen. Zusätzlich nehmen sie Hermione, die Tochter von Menelaos und Helena, als Geisel, um sich an Menelaos dafür zu rächen, daß er nicht für sie beim Volk von Argos eingetreten ist. Das handlungsreiche Stück, das streckenweise wie ein Spiel mit der Gattung Tragödie erscheint, endet in gewohnt Euripideischer Manier mit dem Auftritt eines *Deus ex machina*, in diesem Falle Apollons, der Anweisungen gibt, wie wieder alles ins Lot zu bringen sei.

Die römischen Autoren interessierten sich für das Motiv des Bruderzwists zwischen Atreus und Thyestes, das in Aischylos' *Orestie* in Rückblenden erscheint. Die republikanischen Tragödien sind uns nicht mehr erhalten, aber Seneca schrieb einen *Thyestes*, in dem das von Atreus veranstaltete Thyestesmahl dargestellt wird. In Senecas Tragödie *Agamemnon* erscheint zu Beginn der Schattes des Thyestes, um das Kommende zu verkünden. Agamemnon selbst hat im gleichnamigen Drama nur einen kurzen Auftritt. Aber Seneca läßt ihn aus verschiedenen Perspektiven als Herrscher, der durch seine Machtposition gefährdet ist, charakterisieren. Gleichzeitig wird der Kampf der Affekte in der Figur der Klytämestra gezeigt, die sich nur schwer zum Mord an Agamemnon entschließen kann. Ein typisch römisches Motiv ist der *pudor*, das Schamgefühl, das Klytämestra hinderlich ist. Im Unterschied zu Aischylos bringt Seneca alle drei Generationen – Thyestes, Agamemnon / Klytämestra / Ägisth und Elektra / Orestes – in einem einzigen Stück auf die Bühne.

In der mittelalterlichen Rezeption stand die Figur der Klytämestra weniger im Mittelpunkt, da man mit einer Gattenmörderin im christlichen Kontext nicht viel anzufangen wußte.

Ein verstärktes Interesse am Atridenstoff läßt sich wieder in der Renaissance und frühen Neuzeit feststellen. Hans Sachs greift in seiner Tragödie *Die mörderisch Königin Clitimestra* (1554), die Orestes' Rache und seinen Freispruch in Athen auf die Bühne bringt, das von Seneca genutzte Motiv auf, daß Ägisth die Wut Klytämestras mit dem Verweis auf Agamemnons Seitensprung mit Kassandra befeuert. Überhaupt gewinnt das Eifersuchtsmotiv an Gewicht, das zwar in Aischylos' *Agamemnon* bereits angelegt ist, für seine Klytämestra aber nicht so ein starkes Tatmotiv wie Agamemnons Ermordung der gemeinsamen Tochter bildet. Damit aber erhielt Ägisth wieder eine wichtigere Rolle, die Aischylos in Absetzung von den Homerischen Epen zugunsten der Rolle der Klytämestra abgeschwächt hatte. Die Problematik des Muttermords tritt demgegenüber zurück. So tötet Orestes in Voltaires gleichnamigem Stück (aufgeführt 1750) seine Mutter versehentlich, als diese Ägisth zu Hilfe eilt. Dasselbe gilt für Alfieris *Oreste* (aufgeführt 1781). In seinem *Agamemnone* (1776) macht er Ägisth zum Haupttäter, und Klytämestra erscheint als Instrument für Ägisths Machtinteressen.

Die Goethezeit interessierte sich mehr für die Gestalt der Iphigenie, wobei für diese Rezeption die Euripideische Iphigenien-Figur wichtiger als die Aischyleische Gestalt war. Goethes Iphigenie in seinem Drama *Iphigenie auf Tauris* (1787) ist, wie Goethe selbst bemerkte, «verteufelt human» (Brief an Schiller vom 19. Januar 1802). Sie hat Thoas, der sie umwirbt, dazu gebracht, von den Menschenopfern abzulassen. Als Orest und Pylades kommen und Iphigenie sowie das Bild der Göttin Artemis heimlich mitnehmen wollen, gelingt es Iphigenie, Thoas davon zu überzeugen, sie in Frieden ziehen zu lassen. Sie verkörpert eine von göttlicher Autorität losgelöste absolute Moral.

Die *Orestie*, insbesondere ihre künstlerische Form, beeindruckte Richard Wagner so nachhaltig, daß er aus ihr die Anregung zu seiner Konzeption eines ‹Gesamtkunstwerks› schöpfte. Für ihn bedeutete Aischylos den Höhepunkt der griechischen Tragödie. Ähnlich urteilte, wie bereits gesehen, Friedrich Nietzsche. Seine Deutung der griechischen Tragödie hatte neue Adaptationen des Atridenstoffes zur Folge. Gegen die Humanisierungstendenzen des 18. und 19. Jahrhunderts betonte er den dionysischen und archaischen Aspekt der griechischen Tragödie. Die aufkommende Psychoanalyse wiederum regte zu Anverwandlungen der Orestie-Thematik an, in denen ein Inzestmotiv herausgearbeitet wurde. Die Ehelosigkeit der Elektra, die in den antiken Dramen vor allem als Problem des Statusverlusts gesehen wird, deuten die Autoren nun gerne im Sinne einer sexuell pathologischen Erscheinung. Als Beitrag zu einer antihumanen Deutung des Atridenstoffs ist auch Hofmannsthals *Elektra* (1903), die Richard Strauss vertonte, zu sehen. Zwar entspricht seine Darstellung darin, daß er eine reuevolle Klytämestra zeichnet, anderen modernen Rezeptionen, aber er macht Elektra zu einer sexuell verkümmerten, pathologischen Erscheinung. Nach der Ermordung der Mutter, für die Elektra ihren Bruder Orestes instrumentalisiert, bricht sie in wilde Freude aus und führt einen ausgelassenen Tanz auf, bei dem sie schließlich tot zusammenbricht.

In Eugene O'Neills Atridentrilogie *Trauer muß Elektra tragen* («Mourning becomes Electra») (1931), die zur Zeit des amerikanischen Bürgerkrieges spielt, prägt ein inzestuös motivierter Haß auf die Mutter die Tochter Lavinia, das Pendant zu Elektra. O'Neill hat sich sehr bewußt mit der *Orestie* beschäftigt. Von den Belastungen seiner geistigen Auseinandersetzung mit dem literarischen ‹Übervater› Aischylos bzw. dessen Atridentrilogie bei der Ausarbeitung seiner eigenen «damn' trilogy» zeugen Dokumente aus der Zeit der Entstehung seines Werks. Sein Anliegen war es, das Schicksalhafte, das seiner Meinung nach das

Wesen der griechischen Tragödie ausmacht, für ein modernes, säkularisiertes Publikum nachvollziehbar zu machen. Darum ersetzte er die metaphysische Ebene durch eine familiär-psychologische Determination. Das Geschehen der Trilogie ist von der problematischen Vergangenheit der Familie Mannon bestimmt. Denn Ezra Mannons (O'Neills ‹Agamemnon›) Vater vertrieb seinen Bruder, Adam Brants (‹Ägisths›) Vater, aus der Familie, weil beide dieselbe Frau begehrten. Lavinia, Ezras Tochter, liebt ihren Vater übermäßig und verachtet ihre Mutter Christine, insbesondere nachdem sie entdeckt hat, daß diese eine Affäre mit Adam Brant hat. Als Ezra aus dem Krieg heimkehrt, verursacht Christine seinen Tod. Lavinia, die dies bemerkt, sinnt auf Rache und spannt dafür ihren ebenfalls aus dem Bürgerkrieg heimgekehrten Bruder Orin ein. Orin, der auf inzestuöse Weise an der schönen Mutter hängt, kommt, nachdem er sie in den Selbstmord getrieben hat, von seinen Schuldgefühlen nicht los. Dies ändert sich auch nicht durch eine Reise, die er zusammen mit Lavinia unternimmt. Um nach der Rückkehr zu verhindern, daß Orin die Wahrheit verrät, treibt ihn Lavinia in den Tod. Doch dann erkennt sie die Ausweglosigkeit ihrer Situation und schließt sich als Akt der Selbstbestrafung in das Haus der Mannons ein, um so die Familiengeschichte, lebendig im Haus wie in einem Sarg vergraben, zu beenden.

Jean Giraudoux (*Électre*, 1937) und Jean-Paul Sartre (*Les mouches* – Die Fliegen –, 1943) verbanden mit der Adaptation des Muttermordmotivs ganz unterschiedliche Aussagenintentionen. Giraudouxs Elektra ist von einem übersteigerten Gerechtigkeitsbewußtsein und einem Rachetrieb durchdrungen, mit dem sie die Vernichtung der Stadt und zahlreicher Menschen verschuldet. Denn indem sie fanatisch den Mord an ihrem Vater, den sie nicht miterlebte, aufdecken will, hindert sie Ägisth daran, die von Feinden angegriffene Stadt zu verteidigen. Sartres Orestes ist ein Exempel der existentialistischen Freiheitsphilosophie des Philosophen: Es gibt keinerlei außerhalb des Menschen liegenden Instanzen, die für das Ergehen des Menschen verantwortlich sind, vielmehr ist der Mensch ‹zur Freiheit verdammt›. Orestes' Mordtat ist ein Akt absoluter Freiheit, denn Orestes will schuldig werden. Sein Motiv ist der Wunsch, die Heimatstadt von den Usurpatoren Klytämestra und Ägisth zu befreien. Die Folgen der Schuld, versinnbildlicht in den Fliegen, nimmt er auf sich. Sie bleiben bei ihm, für Sartres Orestes gibt es also keine Erlösung. War Elektra bei Sophokles und Euripides die starke Figur und Orestes der schwächere, von ihr dominierte Charakter, so ist es bei Sartre umgekehrt.

Als Gegenreaktion auf Goethes humane Iphigenie betrachtete Gerhart Hauptmann seine Adaptation des Atridenstoffes in Form einer Tetralogie, die er 1944 vollendete, deren einzelne Dramen aber zu verschiedenen Zeitpunkten aufgeführt wurden. Bereits 1907, auf einer Griechenlandreise, äußerte er seine Auffassung, was eine Tragödie ausmache: «Tragödie heißt: Feindschaft, Verfolgung, Haß und Liebe als Lebenswut! Tragödie heißt: Angst, Not; Gefahr, Pein, Qual, Marter, heißt Tücke, Verbrechen, Niedertracht, heißt Mord, Blutgier, Blutschande, Schlächterei.» (Frick, ‹Die mythische Methode›, 68). Das Zentrum der Tetralogie bildet die Iphigenien-Thematik. Das wichtigste Drama ist das vierte Stück: *Iphigenie in Delphi*, für das Hauptmann auf eine weniger bekannte Mythenversion zurückgriff, die der spätantike Mythograph Hyginus bietet. Ihr zufolge kam es zu einem Treffen der Geschwister Orestes, Elektra und Iphigenie in Delphi und zu einer Wiedererkennung. Mit der Aneinderreihung der vier Dramen vollzog der Dichter einen Schritt in der Darstellung der Kausalität der Geschehensabläufe über Aischylos hinaus. Denn bei ihm erscheint die Vorgeschichte zur Mordserie – Agamemnons Entscheidung zur Opferung der eigenen Tochter – als selbständiges Drama: Das erste Stück *Iphigenie in Aulis* behandelt Iphigenies Opferung, darauf folgen *Agamemnons Tod* mit der Ermordung des Ehemannes und *Elektra* mit dem Muttermord. Das letzte Stück vereint die Geschwister, führt aber zu keinem glücklichen Ende. Vielmehr gibt sich Iphigenie den Tod.

In der Nachkriegszeit entsteht Ilse Langners Tragödie *Klytämnestra* (1949). Darin schildert die Autorin die Konflikte, die sich bei der Rückkehr eines Kriegsheimkehrers ergeben. Agamemnon will nach seiner Heimkehr seine untreue Ehefrau vor Gericht stellen und sie so auch aus ihrer in seiner Abwesenheit erworbenen Machtposition stoßen. Damit baut Langner ein Motiv der Aischyleischen Tragödie, in der Klytämestra anstelle Agamemnons herrscht, aus und nutzt es für einen Beitrag zu dem sie in vielen ihrer Werke beschäftigenden Thema, auf welche Weise Frauen vom Krieg betroffen sind.

Das Verhältnis der Geschlechter steht auch im Focus von Christa Wolfs Auseinandersetzung mit Aischylos. In ihrer Erzählung *Kassandra* (1983) exemplifiziert die Hauptfigur das weibliche Opferdasein in einer von männlicher Unterdrückung und Gewalt geprägten Welt.

Die Beschäftigung mit Aischylos' Dramen ist noch nicht an ein Ende gelangt. Seine Figuren und mythischen Konzeptionen werden immer wieder neu anverwandelt, und dank ihrer überzeitlichen paradigmatischen Kraft wird man auch künftig auf sie zurückgreifen, um Weltdeutung zu betreiben. Auf diese Weise hat Aischylos die Intention, die er einer antiken Überlieferung zufolge mit seinem Werk verfolgte, verwirklicht. Er habe, so heißt es, seine Tragödien der Zeit geweiht, da er wußte, daß sie ihnen die gebührende Anerkennung verschaffen werde (Test. 113a Radt).

Literaturhinweise

Aischylos-Text und Übersetzungen

Für den Text der Tragödien sind die Ausgaben von Page (Aeschyli septem quae supersunt tragoedias edidit D. Page, Oxford 1972) und West (Aeschylus, Tragoediae cum incerti poetae Prometheo ed. M L. West, Stuttgart 1990) maßgeblich. Die Fragmente sind gesammelt bei St. Radt, Tragicorum Graecorum Fragmenta (TrGF), vol. 3, Göttingen 1985.

Eine modernen Ansprüchen genügende deutsche Übersetzung des Gesamtwerks liegt nicht vor. Ältere Übersetzungen sind:

Aischylos. Die Tragödien und Fragmente, übertragen von J. G. Droysen, durchges. und eingel. von Walter Nestle, Stuttgart 1962.

Aischylos. Sämtliche Tragödien und Fragmente. Auf Grundlage der Übersetzung von Johann Gustav Droysen bearbeitet, eingeleitet und teilweise neu übersetzt von Franz Stoessl, Zürich 1952

Aischylos, Tragödien und Fragmente. Hrsg. und übersetzt von O. Werner, 4. Aufl., München/Zürich 1988.

Aischylos. Werke in einem Band. Aus dem Griechischen übertragen von Dietrich Ebener, Berlin/Weimar [2]1987 ([1]1976).

Hinzu kommen die Übersetzungen einzelner Dramen:

Perser:

W. Schadewaldt, Griechisches Theater, Frankfurt/Main 1964.

Sieben gegen Theben:

W. Schadewaldt, Griechisches Theater, Frankfurt/Main 1964.

Hiketiden:

W. Kraus, Der gefesselte Prometheus. Die Schutzsuchenden. Übersetzung, Anmerkungen und Nachwort von W. K., Stuttgart 1965.

Orestie:

Eine für den Theatergebrauch angefertigte Übersetzung bietet Peter Stein (Die Orestie des Aischylos. Übersetzt von Peter Stein. Hrsg. von B. Seidensticker, München 1997).

Die Version von Walter Jens ist eine freie Übertragung (W. Jens, Aischylos, Die Orestie. Agamemnon, Die Choephoren, Die Eumeniden. Eine freie Übertragung, München 1979).

E. Staiger, Aischylos. Die Orestie: Agamemnon, Die Totenspende, Die Eumeniden. Deutsch von E. S. Mit einem Nachwort des Übersetzers, Stuttgart 1987.
U. v. Wilamowitz-Moellendorff, Aischylos, Orestie. Griechisch und deutsch, II: Das Opfer am Grabe, Berlin 1896. Nachdruck ²1969.
Prometheus:
D. Bremer, Aischylos, Prometheus in Fesseln. Zweisprachige Ausgabe. Mit dem griechischen Text hrsg. und übersetzt von D. B., Frankfurt/Main 1988.
W. Kraus, Der gefesselte Prometheus. Die Schutzsuchenden. Übersetzung, Anmerkungen und Nachwort von W. K., Stuttgart 1965.

1. Charakteristika der Aischyleischen Tragödie

Allgemeine Einführungen in die Tragödie: J. Latacz, Einführung in die griechische Tragödie, 2., durchgesehene und aktualisierte Aufl., Göttingen 2003; B. Zimmermann, Die griechische Tragödie. Eine Einführung, München/Zürich 1986; A. Lesky, Die griechische Tragödie, 5. Aufl. mit durchges. u. erweit. Bibliographie, Stuttgart 1984. Allgemein zum Drama: M. Pfister, Das Drama, München ¹¹2001.

Einführungen zu Aischylos: M. J. Lossau, Aischylos, Darmstadt 1998; A. H. Sommerstein, Aeschylean Tragedy, Bari 1996.

Mit den neuzeitlichen Aufführungen der Aischyleischen Dramen beschäftigt sich H. Flashar, Inszenierung der Antike. Das griechische Drama auf der Bühne. Von der frühen Neuzeit bis zur Gegenwart. Zweite, überarbeitete und erweiterte Aufl., München 2009.

Weitere Literatur:

D. Cairns; V. Liapis (Edd.), Essays on Aeschylus and his fellow tragedians in honour of Alexander F. Garvie, Swansea 2007.
M. P. Mittica, Raccontando il possibile. Eschilo e le narrazioni giuridiche, Milano 2006.
K. Reinhardt, Aischylos als Regisseur und Theologe, Bern 1949.

Die Tragödie: Begriff, Entstehung und Funktion

Zur Entwicklung der Tragödie allgemein: Latacz, Einführung in die griechische Tragödie, 53–65. Texte zur Entwicklung der Tragödie finden sich in: Musa Tragica. Die griechische Tragödie von Thespis bis Ezechiel. Ausgewählte Zeugnisse und Fragmente griechisch und deutsch, Göttingen 1991. In der Deutung des Wortes Tragödie und der Rekonstruktion ihrer Genese folge ich Latacz, Einführung in die griechische Tragödie, 51–65. Zur politischen Institutionalisierung: B. Zimmermann, Dithyrambus. Geschichte einer Gattung, Göttingen 1992.

Zur Aristotelischen *Poetik*: Aristoteles: Poetik. Übersetzt und erläutert von Arbogast Schmitt (Aristoteles: Werke in deutscher Übersetzung. Begründet von E. Grumach, hrsg. von H. Flashar, Bd. 5), Berlin 2008; Poetik. Griechisch/Deutsch. Übersetzt und hrsg. von M. Fuhrmann, Stuttgart 1982.

Bei der Deutung des ästhetischen Effekts der Katharsis folge ich J. Holzhausen, Paideía oder Paidiá. Aristoteles und Aristophanes zur Wirkung der griechischen Tragödie, Stuttgart 2000. Zu dem darüber hinausgehenden Aspekt einer moralischen Konnotation vgl. S. Föllinger, Katharsis als ‹natürlicher› Vorgang. In: M. Vöhler; B. Seidensticker (Hrsgg.), Katharsis vor Aristoteles. Zum kulturellen Hintergrund des Tragödiensatzes, Berlin/New York 2007, 3–20.

Zu den Produktionsbedingungen vgl. Latacz, Einführung in die griechische Tragödie, 17–50.

Weitere Literatur:

A. F. H. Bierl, Dionysos und die griechische Tragödie. Politische und ‹metatheatralische› Aspekte im Text, Tübingen 1991.

H. Flashar (Hrsg.), Tragödie. Idee und Transformation, Stuttgart/Leipzig 1997.

M. Schauer, Tragisches Klagen. Form und Funktion der Klagedarstellung bei Aischylos, Sophokles und Euripides, Tübingen 2002.

Bauformen der Tragödie

H. Flashar, Sophokles, München 2000, 11–17.

W. Jens, Die Bauformen der griechischen Tragödie (Poetica Beihefte 6), München 1971.

Autor und Werk

Die Zeugnisse zu Aischylos' Leben und ihre Auswertung finden sich bei Lossau, Aischylos, 11–15.

Zur Deutung der Aischylosfigur in Aristophanes' Fröschen vgl. P. von Möllendorff, Aristophanes, Darmstadt 2001, 159–164.

Mythos und Tragödie

W. Burkert, Mythos und Mythologie, in: Propyläen. Geschichte der Literatur: Literatur und Gesellschaft der westlichen Welt. Erster Band: Die Welt der Antike 1200 v. Chr.-600 n. Chr., Berlin 1981, 11–35.

W. Burkert, Mythos – Begriff, Struktur, Funktionen, in: F. Graf (Hrsg.), Mythos in mythenloser Gesellschaft. Das Paradigma Roms, Stuttgart/Leipzig 1993, 9–24.

S. Föllinger, Genosdependenzen. Studien zur Arbeit am Mythos bei Aischylos, Göttingen 2003, 13–34.

T. Gantz, Early Greek Myth, 2 Bde., Baltimore 1993.

G. S. Kirk, Griechische Mythen. Ihre Bedeutung und Funktion, Berlin 1980.

J. R. March, The Creative Poet. Studies on the Treatment of Myths in Greek Poetry, London 1987.

A. B. Neschke-Hentscke, Griechischer Mythos. Versuch einer idealtypischen Beschreibung, Zeitschrift für Philosophische Forschung 37,1983, 119–137.

A. B. Neschke-Hentschke, Mythe et traitement littéraire du mythe en Grèce Ancienne, Studi Classici et Orientali 37,1987, 29–60.

A. B. Neschke-Hentschke, Über die Wandelbarkeit des Mythos: der Mythos als Erzählung und «Stoff» literarischer Darstellung, in: Dialogos. Festschrift Harald Patzer, Wiesbaden 1975, 289–299.

B. Snell, Mythos und Wirklichkeit in der griechischen Tragödie, in: ders., Die Entdeckung des Geistes. Studien zur Entstehung des europäischen Denkens bei den Griechen, Göttingen 1975, 95–110.

P. Totaro, Eschilo in Aristofane (Rane 1026–1029, 1431a-1432), Lexis 24,2006, 95–125.

J.-P. Vernant; P. Vidal-Naquet, Mythe et tragédie en Grèce ancienne T. I, Paris 1972; T. II, Paris 1986.

P. Veyne, Glaubten die Griechen an ihre Mythen? Ein Versuch über eine konstitutive Einbildungskraft, Frankfurt a. M. 1987 (fr. Original 1983).

Der politische Kontext der Aischyleischen Tragödie

J. Bleicken, Die athenische Demokratie, 4., völlig überarbeitete und wesentlich erweiterte Aufl., Paderborn 1995.

D. Lotze, Griechische Geschichte. Von den Anfängen bis zum Hellenismus, München [3]1999 (guter Kurzüberblick).

M. Stahl, Gesellschaft und Staat bei den Griechen: Klassische Zeit, Paderborn 2003.

Die Rolle der führenden Personen behandelt grundlegend E. Stein-Hölkeskamp, Adelskultur und Polisgesellschaft. Studien zum griechischen Adel in archaischer und klassischer Zeit, Stuttgart 1989.

Religiöser Hintergrund und Religion bei Aischylos

St. Amendola, Donne e preghiera. Le preghiere dei personaggi femminili nelle tragedie superstiti di Eschilo, Amsterdam 2006.

Ch. Auffarth, Artikel «Religion VIII. Griechenland», in: Der Neue Pauly Bd. 10,2001, 903–909.

J. N. Bremmer, Götter, Mythen und Heiligtümer im antiken Griechenland, Darmstadt 1996.

W. Burkert, Griechische Religion der archaischen und klassischen Epoche, Stuttgart/Berlin 1977.

F. Geisser, Götter, Geister und Dämonen. Unheilsmächte bei Aischylos – Zwischen Aberglauben und Theatralik, Leipzig 2002.

F. Graf, Griechische Mythologie. Eine Einführung, Düsseldorf 2004.

R. Muth: Einführung in die griechische und römische Religion, Darmstadt 1988.

L. Bruit Zaidman; P. Schmitt Pantel, Die Religion der Griechen. Kult und Mythos, München 1994.

Ch. Sourvinou-Inwood, Tragedy and Athenian Religion, Lanham 2003.

Zu dem unterschiedlichen Götter- und Menschenbild von *Ilias* und *Odyssee* vgl. W. Kullmann, Gods and Men in the Iliad and the Odyssey, Harvard Studies in Classical Philology 89,1985, 1–23 (= Homerische Motive. Beiträge zur Entstehung, Eigenart und Wirkung von Ilias und Odyssee, hrsg. von R. J. Müller, Stuttgart 1992, 243–263) und ders., Das Bild des Menschen in der Odyssee, in: Homerische Motive, 272–290.

Gewalt auf der Bühne

M. Janka, Der Leidensleib im Schauspiel der attischen Tragödie, Gymnasium 116,2009, 1–28.

S. Muth, Gewalt im Bild. Das Phänomen der medialen Gewalt im Athen des 6. und 5. Jahrhunderts v. Chr., Berlin/New York 2008.

B. Seidensticker; M. Vöhler (Hrsgg.), Gewalt und Ästhetik. Zur Gewalt und ihrer Darstellung in der griechischen Klassik, Symposion Berlin 2005, Berlin 2006, hierin vor allem: B. Seidensticker, Zur Darstellung von Gewalt in der griechischen Tragödie, 91–122 und S. Goldhill, Der Ort der Gewalt: Was sehen wir auf der Bühne?, 149–168.

Psychologie bei Aischylos

E. S. Belfiore, Tragic Pleasures. Aristotle on Plot and Emotion, Princeton/New Jersey 1992.

Die Bedeutung der Frauenrollen

Mit Frauenrollen in der attischen Tragödie allgemein beschäftigen sich: S. des Bouvrie, Women in Greek Tragedy. An anthropological Approach, Oxford 1990; P. E. Easterling, Women in Tragic Space, Institute of Classical Studies 33–35, 1986–1988, 15–26; H. P. Foley, Female Acts in Greek Tragedy, Princeton/Oxford 2001; M. Griffith, Antigone and Her Sister(s). Embodying Women in Greek Tragedy, in: A. Lardinois; L. McClure (eds.), Making Silence Speak: Women's Voices in Greek Literature and Society, Princeton/Oxford 2001, 117–136.

Zu Aischylos:

St. Amendola, Il grido di Clitemestra. L' ololygmos e la «donna virile», Lexis 23,2005, 19–29.

J. Auer, The Aeschylean Electra, Greek, Roman and Byzantine Studies 46,2006, 249–273.

Die Rolle des Chores

L. Käppel, Die Rolle des Chores in der Orestie des Aischylos. Vom epischen Erzähler über das lyrische Ich zur dramatis persona, in: P. Riemer; B. Zimmermann (Hrsgg.), Der Chor im antiken und modernen Drama (Drama 7), Stuttgart/Weimar 1999, 61–89.

R. Thiel, Chor und tragische Handlung im ‹Agamemnon› des Aischylos (Beiträge zur Altertumskunde 35), Stuttgart 1993.

Fragen der Inszenierung

H.-D. Blume, Einführung in das Theaterwesen, Darmstadt [3]1991 ([1]1984).

O. Taplin, The Stagecraft of Aeschylus. The Dramatic Use of Exits and Entrances in Greek Tragedy, Oxford 1977.

Wichtige Hinweise finden sich auch in den Kommentaren zu den einzelnen Dramen.

2. Die Überlieferung der Aischyleischen Tragödien

M. L. West, Studies in Aeschylus, Stuttgart 1990. Dem Überblick über die Überlieferung liegt zugrunde M. J. Lossau, Aischylos, Darmstadt 1998. Die Fragmente sind gesammelt bei S. Radt, Tragicorum Graecorum Fragmenta (TrGF), vol. 3, Göttingen 1985. Es sind 489 Nummern, von denen 281 bestimmten Dramen zugewiesen werden können.

3. Aischylos: Theologe, Lehrer, Dramatiker?

R. Bees, Aischylos. Interpretationen zum Verständnis seiner Theologie, München 2009.

L. Käppel, Die Konstruktion der Handlung in der *Orestie* des Aischylos. Die Makrostruktur des ‹Plot› als Sinnträger in der Darstellung des Geschlechterfluchs, München 1998.

A. Lesky, Decision and Responsibility in the Tragedy of Aeschylus, Journal of Hellenic Studies 86,1966, 78–85 (= Entscheidung und Verantwortung in der Tragödie des Aischylos, in: H. Hommel [Hrsg.], Wege zu Aischylos I, 330–46).

H. Lloyd-Jones, The Justice of Zeus, Berkeley, Los Angeles/London 1971.

H. Lloyd-Jones, Zeus in Aeschylus, JHS 76,1956, 55–77 (= Zeus bei Aischylos, in: H. Hommel [Hrsg.], Wege zu Aischylos I, Darmstadt 1974, 265–300).

Ch. Meier, Die Entstehung des Politischen bei den Griechen, Frankfurt 1980.

Ch. Meier, Die politische Kunst der griechischen Tragödie, München 1988.

S. Melchinger, Geschichte des politischen Theaters, Velber 1971.

W. Nestle, Menschliche Existenz und politische Erziehung in der Tragödie des Aischylos, Stuttgart 1934.

W. Nestle, Die Religiosität des Aischylos, in: Griech. Religiosität von Homer bis Pindar u. Aischylos, Berlin 1930, 117–132 = Wege zu Aischylos I, 251–264.

W. Nestle, Vom Mythos zum Logos. Die Selbstentfaltung des griechischen Denkens von Homer bis auf die Sophistik und Sokrates, Stuttgart 1940.

W. Rösler, Polis und Tragödie. Funktionsgeschichtliche Betrachtungen zu einer antiken Literaturgattung, Konstanz 1980.

A. Schmitt, Selbständigkeit und Abhängigkeit menschlichen Handelns bei Homer. Hermeneutische Untersuchungen zur Psychologie Homers (Akademie der Wissenschaften und der Literatur. Abh. d. geistes- und sozialwiss. Klasse 1990,5), Mainz 1990.

A. Schmitt, Wesenszüge der griechischen Tragödie. Schicksal, Schuld, Tragik, in: H. Flashar (Hrsg.), Tragödie. Idee und Transformation (Colloquium Rauricum 5), Stuttgart/Leipzig 1997, 5–49.

A. Schmitt, Zur Aristoteles-Rezeption in Schillers Theorie des Tragischen. Hermeneutisch-kritische Anmerkungen zur Anwendung neuzeitlicher Tragikkonzepte auf die griechische Tragödie, in: B. Zimmermann (Hrsg.), Antike Dramentheorien und ihre Rezeption, Stuttgart 1992, 191–213.

B. Snell, Aischylos und das Handeln im Drama (Philologus, Supplementband XX, Heft 1), Leipzig 1928.

R. Thiel, Chor und tragische Handlung im ‹Agamemnon› des Aischylos (Beiträge zur Altertumskunde 35), Stuttgart 1993.

4. Die *Perser*

Kommentare:

L. Belloni, Eschilo. I Persiani, a cura di L. B., Mailand [2]1994 ([1]1988).

H. D. Broadhead, The Persae of Aeschylus. Edited with Introduction, Critical Notes and Commentary by H. D. B., Cambridge 1960.

P. Groeneboom, Aischylos' Perser, Göttingen 1960, 2 Bde. (Original Groningen/ Den Haag 1930).

E. Hall, Aeschylus, Persians. Edited with an Introduction, Translation and Commentary by E. H., Warminster 1997.

J. de Romilly, Eschyle. Les Perses. Edition, introduction et commentaire par un group de Normaliens sous la direction de J. de R., Paris 1974.

Die hier vorgelegte Interpretation integriert – teilweise mit wörtlicher Wiedergabe – meinen Beitrag «Genealogie und Herrscherlegitimation in Aischylos' *Persern*», in: Th. Baier (Hrsg.), Die Legitimation der Einzelherrschaft im Kontext der Generationenthematik, Berlin/New York 2008, 11–24.

Zu dem Bildprogramm der Stoa Poikile vgl. K.-J. Hölkeskamp, Marathon – vom Monument zum Mythos, in: D. Papenfuß; V. M. Strocka (Hrsgg.): Gab es das Griechische Wunder? Griechenland zwischen dem Ende des 6. und der Mitte des 5. Jahrhunderts v. Chr., Mainz 2001, 329–353; H. Th. Grütter, Die athenische Demokratie als Denkmal und Monument: Überlegungen zur politischen Ikonographie im 5. Jahrhundert v. Chr., in: W. Eder; K.-J. Hölkeskamp (Hrsgg.),

Volk und Verfassung im vorhellenistischen Griechenland, Stuttgart 1997, 113–142.

Weitere Literatur:

D.J. Conacher, Aeschylus' *Persae*: A Literary Commentary, in: J. Heller (Hrsg.): Serta Turyniana. Studies in Greek Literature and Palaeography in honor of Alexander Turyn, London 1974, 143–68.
J. Grethlein, Das Geschichtsbild der Ilias. Eine Untersuchung des Geschichtsbildes der Ilias aus phänomenologischer und narratologischer Perspektive, Göttingen 2006 (Hypomnemata 163).
E. Hall, Inventing the Barbarian, Oxford 1989.
B. Hutzfeldt, Das Bild der Perser in der griechischen Dichtung des 5. vorchristlichen Jahrhunderts (Serta Graeca. Beiträge zur Erforschung griechischer Texte Bd. 8), Wiesbaden 1999.
S. Muth, Gewalt im Bild, Berlin 2008.
W. Nicolai, Aischylos' *Perser*, in: W. Düsing (Hrsg.), Aspekte des Geschichtsdramas. Von Aischylos bis Volker Braun, Tübingen 1998, 12–30.
S. Saïd, Darius et Xerxès dans les *Perses* d'Eschyle, Ktema 6,1981, 17–38.
J. Wiesehöfer, Das antike Persien von 550 v. Chr. bis 650 n. Chr., Düsseldorf/Zürich 1993. Neuaufl. 1998.

5. *Sieben gegen Theben*

Kommentare:

G. O. Hutchinson, Aeschylus. Septem contra Thebas. Edited with Introduction and Commentary, Oxford 1985.
L. Lupas; Z. Petre, Commentaire aux «Sept contre Thèbes» d'Eschyle, Paris 1981.

Zu einer genauen Begründung, warum das überlieferte Finale für unecht gehalten werden müsse, vgl. Sommerstein, Aeschylean Tragedy, 130–134.

Daß der Sinn der *Sieben gegen Theben* in der allmählichen Enthüllung der Bedeutung des väterlichen Fluches liege, vertraten vor allem H. Patzer, Die dramatische Handlung der *Sieben gegen Theben*, Harvard Studies in Classical Philology 63,1958, 99–119; H. C. Baldry, The Dramatization of the Theban Legend, Greece & Rome 3,1956, 24–37; W. G. Thalmann, The Lille Stesichorus and the ‹Seven against Thebes›, Hermes 110,1982, 385–9.

Weitere Literatur:

D. W. Berman, Myth and Culture in Aeschylus' *Seven Against Thebes*, Rom 2007.
H. D. Cameron, ‹Epigoni› and the Law of Inheritance in Aeschylus' *Septem*, Greek, Roman and Byzantine Studies 9,1968, 247–57.
H. D. Cameron, The Power of Words in the *Seven against Thebes*, Transactions and Proceedings of the American Philological Association 101,1970, 95–118.

H. D. Cameron, Studies on the *Seven against Thebes* of Aeschylus, The Hague 1971.

D. J. Conacher, The Earlier Plays and Related Studies, Toronto / London 1996.

K. von Fritz, Die Gestalt des Eteokles in Aischylos' ‹Sieben gegen Theben›, in: ders., Antike und moderne Tragödie. Neun Abhandlungen, Berlin 1962, 193–226.

M. Giordano-Zecharya, Ritual appropriateness in Seven Against Thebes. Civic religion in a time of war, Mnemosyne 59,2006, 53–74.

A. Lesky, Eteokles in den Sieben gegen Theben, Wiener Studien 74,1961, 5–17 (= H. Hommel [Hrsg.], Wege zu Aischylos II, 23–37).

H. Lloyd-Jones, The End of the *Seven Against Thebes*, Classical Quarterly N. S. 9,1959, 80–115.

P. J. Parsons, The Lille ‹Stesichorus›, Zeitschrift für Papyrologie und Epigraphik 26, 1977, 7–36.

H. Patzer, Die dramatische Handlung der *Sieben gegen Theben*, Harvard Studies in Classical Philology 63,1958, 99–119.

A. J. Podlecki, The Character of Eteocles in Aeschylus' *Septem*, Transactions and Proceedings of the American Philological Association 95,1964, 283–99.

M. Pohlenz, Die griechische Tragödie, Göttingen ^{2}1956 (^{1}1930).

O. Regenbogen, Bemerkungen zu den Sieben des Aischylos, Hermes 68,1933, 51–69.

C. Robert, Oidipus. Geschichte eines poetischen Stoffs im griechischen Altertum Bd. I, Berlin 1915.

W. Schmid; O. Stählin, Geschichte der griechischen Literatur, 1.2, München 1934.

B. Schnyder, Angst in Szene gesetzt. Zur Darstellung der Emotionen auf der Bühne des Aischylos, Tübingen 1995.

K. Sier, Zwei Bemerkungen zu den ‹Sieben gegen Theben›, Rheinisches Museum 134,1991, 1–22.

E. Simon, Das Satyrspiel Sphinx des Aischylos (SB Heidelberg 1981.5), Heidelberg 1981.

B. Snell, Aischylos und das Handeln im Drama (Philologus, Supplementband XX, Heft 1), Leipzig 1928.

E. Stehle, Prayer and curse in Aeschylus' Seven against Thebes, Classical Philology 100,2005, 101–122.

W. G. Thalmann, Dramatic Art in *Aeschylus's Seven Against Thebes*, New Haven/ London 1978.

W. G. Thalmann, The Lille Stesichorus and the ‹Seven against Thebes›, Hermes 110,1982, 385–391.

E. Wolff, Die Entscheidung des Eteokles in den *Sieben gegen Theben*, Harvard Studies in Classical Philology 63,1958, 89–95.

6. *Hiketiden*

Kommentare:

F. H. Johansen; E. W. Whittle, Aeschylus. The Suppliants, ed. by H. F. J. and E. W. W., Vol. I: Bibliography, Introduction, Text and Apparatus; Vol. II: Commentary: Lines 1–629; Volume III: Commentary: Lines 630–1073, Appendixes, Addenda, Indexes, Kopenhagen 1980.

P. Sandin, Aeschylus' Supplices. Introduction and Commentary on vv. 1–523, Göteborg 2005.

J. Vürtheim, Aischylos' Schutzflehende. Mit ausführlicher Einleitung, Text, Kommentar, Exkursen und Sachregister, Amsterdam 1928.

Zur Datierungsfrage vgl. Garvie, Aeschylus, *Supplices*: play and trilogy, 1–28. Zu den Ortsveränderungen der Protagonisten während des Stücks vgl. Sommerstein, Aeschylean Tragedy, 158–162.

Weitere Literatur:

R. Bernek, Dramaturgie und Ideologie. Der politische Mythos in den Hikesiedramen des Aischylos, Sophokles und Euripides, München 2004.

S. Föllinger, ‹Fremde› auf der Bühne des Aischylos, in: Ch. Balme (Hrsg.), Das Theater der Anderen. Alterität und Theater zwischen Antike und Gegenwart (Mainzer Forschungen zu Drama und Theater 26), Tübingen 2001, 37–54.

A. F. Garvie, Aeschylus' *Supplices*: play and trilogy, Cambridge 1969.

S. Gödde, Artikel «Hikesie», in: Der Neue Pauly. Enzyklopädie der Antike, Bd. 5, Stuttgart/Weimar 1998, 554–555.

S. Gödde, Das Drama der Hikesie. Ritual und Rhetorik in Aischylos' *Hiketiden*, Münster 2000.

J. Grethlein, Asyl und Athen. Die Konstruktion kollektiver Identität in der griechischen Tragödie (Drama. Beiträge zum antiken Drama und seiner Rezeption. Beiheft 21), Stuttgart/Weimar 2003.

J. N. Rash, Metre and Language in the Lyrics of the *Suppliants* of Aeschylus, New York 1981.

W. Rösler, Der Schluß der Hiketiden und die Danaiden-Trilogie des Aischylos, Rheinisches Museum 136,1993, 1–22.

Ch. Rohweder, Macht und Gedeihen. Eine politische Interpretation der *Hiketiden* des Aischylos, Frankfurt, M./Berlin 1998.

M. Sicherl, Die Tragik der Danaiden, Museum Helveticum 43,1986, 81–110.

U. von Wilamowitz-Moellendorff, Aischylos. Interpretationen, Berlin 1914.

F. Zeitlin, La Politique d'éros. Féminin et masculin dans les *Suppliantes* d'Eschyle, Metis 3,1988, 231–239.

7. *Orestie*

Kommentare:

D. J. Conacher, Aeschylus' *Oresteia*. A Literary Commentary, Toronto/Buffalo 1987.

E. Fraenkel, Aeschylus. Agamemnon ed. with a commentary by E. F., Oxford 1950, 3 Bde.

A. F. Garvie, Aeschylus, Choephori. With an introduction and commentary by A. F. G., Oxford 1986.

A. J. Podlecki, Eumenides ed. with an introd., transl. & comm. by A. J. P., Warminster 1989.

K. Sier, Die lyrischen Partien der Choephoren des Aischylos. Text, Übersetzung, Kommentar, Stuttgart 1988.

A. H. Sommerstein, Aeschylus, Eumenides ed. by A. H. S., Cambridge 1989.

G. Thomson, The Oresteia of Aeschylus ed. with an Introduction and Commentary, in which is included the work of the late W. Headlam, by G. T., Amsterdam 1966, 2 Bde.

Zur Auswertung der bildlichen Zeugnisse vgl. Föllinger, Genosdependenzen, 64–66 und 77–80. Eine detaillierte Analyse des Motivgeflechts der *Orestie* gibt L. Käppel, Die Konstruktion der Handlung in der Orestie des Aischylos. Die Makrostruktur des ‹Plot› als Sinnträger in der Darstellung des Geschlechterfluchs, München 1998. Bei der Deutung von Artemis' Zorn stütze ich mich auf die von Käppel gegebene Interpretation (ebd., 86 ff.), die Furleys Deutung (W. Furley, Motivation in the Parodos of Aeschylus' Agamemnon, Classical Philology 81,1986, 109–121) aufnimmt und weiterführt.

Zu Agamemnons Entscheidung und die Deutung des Zeus-Hymnos vgl. die Arbeit von R. Thiel, Chor und tragische Handlung im ‹Agamemnon› des Aischylos (Beiträge zur Altertumskunde 35), Stuttgart 1993.

Wertvolle Hilfe für das Verständnis der schwierigen Passage *Eumeniden* V. 470–489 bietet der Kommentar von Alan Sommerstein.

Beispiele für die positive Interpretation der *Orestie* stellen die Deutungen von Christian Meier (Die Entstehung des Politischen bei den Griechen; Die politische Kunst der griechischen Tragödie) und Joachim Latacz (Einführung in die griechische Tragödie) dar.

Zu Zeugungstheorien im 5. Jhdt. vgl. S. Föllinger, Differenz und Gleichheit. Das Geschlechterverhältnis in der Sicht griechischer Philosophen des 4. bis 1. Jahrhunderts v. Chr., Stuttgart 1993, vor allem 49.

Den juristischen Hintergrund erläutert F. Jacoby, Die Fragmente der griechischen Historiker 3 b (Supplement) I und II, Leiden 1954, hier: I, 22–25 und II, 19–25. Einen Einblick in die komplizierte Forschungsdebatte zur Areopagreform bietet M. Braun, Die «Eumeniden» des Aischylos und der Areopag, Tübingen 1998; vgl. auch H. Flashar, Orest vor Gericht, in: W. Eder; K.-J. Hölkeskamp (Hrsgg.), Volk und Verfassung im vorhellenistischen Griechenland, Stuttgart 1997, 99–111.

Weitere Literatur:
P. Bergmann, Der Atridenmythos in Epos, Lyrik und Drama, Diss. Erlangen-Nürnberg 1970.
B. Feichtinger, Zur Kassandra-Szene in Aischylos' ‹Orestie› und ihren poetischen Funktionen, Würzburger Jahrbücher für Altertumswissenschaft N. F. 17,1991, 49–67.
S. Goldhill, Language, sexuality, narrative: the *Oresteia*, Cambridge 1984.
A. Lesky, Der Kommos der Choephoren (SB Phil.-hist. Kl. der Akademie der Wissenschaften in Wien 221.3), Wien 1943.
A. Lesky, Die Schuld der Klytaimestra, Wiener Studien 80 = N. S. 1,1967, 5–21.
H. Neitzel, Artemis und Agamemnon in der Parodos des aischyleischen ‹Agamemnon›, Hermes 107,1979, 10–32.
H. Neitzel, Funktion und Bedeutung des Zeus-Hymnus im ‹Agamemnon› des Aischylos, Hermes 106,1978, 406–425.
H. Neitzel, πάθει μάθος – Leitwort der aischyleischen Tragödie?, Gymnasium 87,1980, 283–293.
H. Neitzel, Das Thyestes-Mahl im ‹Agamemnon› des Aischylos (1096–1097. 1217–1222. 1590–1602), Hermes 113,1985, 403–416.
H. Neitzel, Zur Interpretation von Aischylos, ‹Agamemnon›, 783–809, Hermes 114,1986, 19–36.
W. Nicolai, Zum doppelten Wirkungsziel der aischyleischen Orestie, Heidelberg 1988.
W. Nicolai, Zur Theodizee des Aischylos (am Beispiel der Orestie), Zeitschrift für Religions- und Geistesgeschichte 29, 1977, 18–28.
A. J. N. W. Prag, The Oresteia. Iconographic and Narrative Tradition, Warminster 1985.
W. Schadewaldt, Der Kommos in Aischylos' «Choephoren», Hermes 67,1932, 312–54.
A. Shapiro; P. Burian, Aeschylus: The Oresteia, New York 2004 ([1]2003).
M. L. West, Ancestral Curses, in: J. Griffin (Hrsg.), Sophocles Revisited. Essays Presented to Sir Hugh Lloyd-Jones, Oxford 1999, 31–45.
B. Zimmermann, Generationenkonflikt im griechisch-römischen Drama, Würzburger Jahrbücher für Altertumswissenschaft 22,1998, 21–32.

8. Der *Gefesselte Prometheus*

Kommentare:
M. Griffith, Aeschylus, Prometheus Bound. Ed. by M. G., Cambridge 1983.
A. J. Podlecki, Aeschylus. Prometheus bound. Ed. with an introd., transl. and commentary by A. J. P., Oxford 2005.
Detaillierte Auseinandersetzungen mit der Echtheitsfrage bieten M. Griffith, The authenticity of ‹Prometheus Bound›, Cambridge 1977, und R. Bees, Zur Datie-

rung des Prometheus Desmotes, Stuttgart 1993, die beide den *Gefesselten Prometheus* für unecht halten. E. Lefèvre, Studien zu den Quellen und zum Verständnis des *Prometheus Desmotes*, Göttingen 2003, vermutet, die Tragödie sei das eine Generation nach Aischylos entstandene Werk eines aus Sizilien stammenden Dichters. In der Ausgabe der Aischylostragödien von Martin West ist der *Prometheus* zwar aufgenommen, wird aber dem Aischylos abgesprochen. Einen guten Kurzüberblick über die Kriterien in der Diskussion über die Echtheitsfrage findet man im Kommentar von Griffith, 31–35. Eine ausführliche Darstellung der Forschungsgeschichte bietet Lefèvre, 11–19.

Unterschiedliche Rekonstruktionen der Trilogie geben Lossau, Aischylos, 44–47, und Sommerstein, Aeschylean Tragedy, 314–321.

Weitere Literatur:

R. Bees, Das Feuer des Prometheus. Mythos des Fortschritts und des Verfalls, in: E. Pankow; G. Peters (Hrsgg.), Prometheus. Mythos der Kultur, München 1999, 43–61.

R. Bees, Prometheus in griechischen Kulturentstehungsmythen, Drama 8,1999, 1–42.

D. Bremer, Prometheus-Variationen. Ein Mythos in der Renaissance und die Renaissance eines Mythos, Wiener Studien 104, 1991, 261–284.

D. Bremer, Prometheus. Die Formation eines Grundmythologems, in: E. Pankow; G. Peters (Hrsgg.), Prometheus. Mythos der Kultur, München 1999, 35–41.

F. Nietzsche: Sämtliche Werke. Kritische Studienausgabe in 15 Bänden. Hrsg. von G. Colli und M. Montinari, Bd. 1, Berlin 1980.

J. M. Marston, Language of Ritual Cursing in the Binding of Prometheus, Greek, Roman and Byzantine Studies 47,2007, 121–133.

S. Saïd, Les dons de Prométhée et leur valeur dans le «Prométhée enchaîné» à la lumière d'une comparaison avec Hésiode, Platon et Aelius Aristide, 24,2006, 247–263.

9. Satyrspiele

Die neueste Forschungslage und die Fragmente der griechischen Satyrspiele in Originaltext und Übersetzung präsentiert der von R. Krumeich u. a. hrsg. Band: Das griechische Satyrspiel, Darmstadt 1999. Den darin gegebenen Ausführungen von B. Seidensticker (S. 1–40) zur Eigenart und Funktion der Satyrspiele folgen meine Ausführungen.

10. Die Fragmente

S. Radt, Tragicorum Graecorum Fragmenta (TrGF), vol. 3, Göttingen 1985.

K. Deichgräber, Die Lykurgie des Aischylos. Versuch einer Wiederherstellung der dionysischen Tetralogie (NGG N. F. III 8), Göttingen 1939.

T. Gantz, The Aischylean Tetralogy: Prolegomena, The classical Journal 74,1979, 289–304.

T. Gantz, The Aischylean Tetralogy: Attested and Conjectured Groups, American Journal of Philology 101.2,1980, 133–64.

T. Gantz, Aischylos' Lost Plays: The Fifth Column, Rheinisches Museum 123,1980, 210–22.

H. Mommsen, Achill und Aias pflichtvergessen?, in: H. A. Cahn; E. Simon (Hrsgg.), Tainia. Festschrift für R. Hampe, Mainz 1980, 139–52.

R. Pfeiffer, Die Niobe des Aischylos, Philologus 89,1934, 1–18.

K. Reinhardt, Zur Niobe des Aischylos, Hermes 69,1934, 233–61 (= Tradition und Geist. Gesammelte Essays zur Dichtung, hrsg. von C. Becker, Göttingen 1960, 136–66).

W. Schadewaldt, Aischylos' Achilleis, Hermes 71,1936, 25–69 (= Hellas und Hesperien. Gesammelte Schriften zur Antike u. zur neueren Literatur in zwei Bänden, 1, Zürich/Stuttgart 1970, 308–54).

R. Seaford, Death and wedding in Aeschylus' Niobe, in: F. McHardy u. a. (Hrsgg.), Lost dramas of classical Athens. Greek tragic fragments, Exeter 2005, 113–127.

11. Ausblick auf die Rezeption

M. Altmeyer, Unzeitgemäßes Denken bei Sophokles (Hermes-Einzelschriften 85), Stuttgart 2001.

D. Beyerle, Die feindlichen Brüder von Aeschylus bis Alfieri, Berlin/New York 1973.

R. Engert, Iphigenien-Dichtungen von der Antike bis zur Gegenwart, Leipzig 2001.

M. Falke (Hrsg.), Mythos Kassandra. Texte von Aischylos bis Christa Wolf, Leipzig 2006.

H. Flashar, Sophokles. Dichter im demokratischen Athen, München 2000.

E. Frenzel, Stoffe der Weltliteratur. Ein Lexikon dichtungsgeschichtlicher Längsschnitte, Stuttgart ^{10}2005.

W. Frick, Die ‹mythische Methode›. Komparatistische Studien zur Transformation der griechischen Tragödie im Drama der klassischen Moderne, Tübingen 1998.

St. Füssel (Hrsg.), Hans Sachs im Schnittpunkt von Antike und Neuzeit. Akten des interdisziplinären Symposions vom 23./24. September 1994 in Nürnberg, Nürnberg 1995.

A. Gide, Sämtliche Erzählungen, Stuttgart 1865.

K. Glau, Christa Wolfs «Kassandra» und Aischylos' «Orestie». Zur Rezeption der griechischen Tragödie in der deutschen Literatur der Gegenwart, Heidelberg 1996.

Goethes Werke. Hamburger Ausgabe in 14 Bänden. Hrsg. Von E. Trunz, Band V: Dramatische Dichtungen III, München ^{10}1982.

K. Hamburger, Von Sophokles zu Sartre. Griechische Dramenfiguren antik und modern, Stuttgart/Berlin ⁴1968.

E. Hilscher, Gerhart Hauptmann. Leben und Werk, Frankfurt am Main 1988.

H. Höhne, Percy Bysshe Shelley, Leben und Werk, Frankfurt 1998.

M. Hose, Euripides. Der Dichter der Leidenschaften, München 2008.

E. Lefèvre, Die Schuld des Agamemnon. Das Schicksal des Troja-Siegers in stoischer Sicht, Hermes 101,1973, 64–91.

E. Lefèvre, Senecas Atreus – die Negation des stoischen Weisen?, Drama 5,1997, 119–134.

E. Lefèvre, Die Unfähigkeit, sich zu erkennen: Sophokles' Tragödien, Leiden/Boston 2001.

E. Lefèvre, Die Konzeption der ‹verkehrten Welt› in Senecas Tragödien, in: L. Castagna; G. Vogt-Spira (Hrsgg.), Pervertere: Ästhetik der Verkehrung. Literatur und Kultur neronischer Zeit und ihre Rezeption (Beiträge zur Altertumskunde 151), München/ Leipzig 2002, 105–122.

M. Manheim (Hrsg.), The Cambridge Companion to Eugene O'Neill, Cambridge 1998, 69–81.

St. Matuschek (Hrsg.), Mythos Iphigenie. Texte von Aischylos bis Volker Braun, Leipzig 2006.

H. Müller, Die Stücke 2, Frankfurt am Main 2001.

E. O'Neill: Working Notes and Extracts from a Fragmentary Work Diary. In: American Playwrigths on Drama, ed. by H. Frenz, New York 1965 (die Bemerkung «dam'n trilogy» stammt vom 11. Juli 1930).

E. Neis, Erläuterungen zu Jean-Paul Sartre, Hollfeld ²1980 (¹1976).

F. Nietzsche: Sämtliche Werke. Kritische Studienausgabe in 15 Bänden. Hrsg. von G. Colli und M. Montinari, Bd. 1, Berlin 1980.

Ph. Rippel, Francis Bacon, Weisheit der Alten. Hrsg. und mit einem Essay von Ph. R., Frankfurt am Main 1990.

Roman de Thèbes. Der Roman von Theben. Übersetzt, kommentiert und mit einem Nachwort versehen von F. Olef-Krafft, München 2002.

J. Schondorff (Hrsg.), Elektra: Sophokles, Euripides, Hofmannsthal, O'Neill, Giraudoux, Hauptmann. Vollständige Dramentexte. Hrsg. von J. S. Mit einem Vorwort von Karl Kerényi, München/Wien 1965.

B. M. Schulte, Ich möchte die Welt hinreißen ..., Ilse Langner 1899–1987. Ein Porträt, Rüsselsheim 1999.

E. G. Schulz, Ilse Langner: Dramen II. Hrsg. von E. G. S., Würzburg 1991.

W. Storch; B. Damerau (Hrsgg.), Mythos Prometheus. Texte von Hesiod bis René Char, Leipzig ⁴2005 (¹1995).

B. Stuplich, Zur Dramentechnik des Hans Sachs, Stuttgart-Bad Cannstatt 1998.

F. A. Voigt, Gerhart Hauptmann und die Antike, Berlin 1965.

L. Walther (Hrsg.), Antike Mythen und ihre Rezeption. Ein Lexikon, Leipzig 2003.

O. Walzel, Das Prometheussymbol von Shaftesbury zu Goethe, Darmstadt 1932.

F. I. Zeitlin, Redeeming Matricide? Euripides Rereads the Oresteia, in: V. Pedrich; St. M. Oberhelman (Edd.), The Soul of Tragedy. Essays on Athenian Drama, Chicago/London 2006, 199–226.

B. Zimmermann, Aischylos-Rezeption im 5. Jahrhundert v. Chr., Lexis 24,2006, 53–62.

Register

Eine kursiv gesetzte Seitenangabe bezeichnet die Seite, auf der der jeweilige Begriff erklärt wird.

Bildnachweis

Abb. 1, 3, 4: zitiert nach Susanne Muth: Gewalt im Bild. Das Phänomen der medialen Gewalt im Athen des 6. und 5. Jahrhunderts v. Chr., Berlin/New York 2008 (Abb. 1: © Museo Archeologico Nazionale, Neapel; Abb. 3: © Metropolitan Museum, New York; Abb. 4: © Museo Civico Archeologico, Bologna); *Abb. 2:* zitiert nach Joachim Latacz, Einführung in die griechische Tragödie, Göttingen [2]2003 (© Corinna Newiger); *Abb. 5:* zitiert nach «Die Orestie des Aischylos», übersetzt von Peter Stein, hrsg. von Bernd Seidensticker, München 1997 (Photo: © Ruth Walz, Berlin)